Tristan Garcia

WIR

Aus dem Französischen
von Ulrich Kunzmann

Suhrkamp

Titel der Originalausgabe: *NOUS*
© Éditions Grasset & Fasquelle, 2016

Bibliografische Information der Deutschen Nationalbibliothek
Die Deutsche Nationalbibliothek verzeichnet diese Publikation
in der Deutschen Nationalbibliografie;
detaillierte bibliografische Daten sind im Internet
über http://dnb.d-nb.de abrufbar

Erste Auflage 2018
© dieser Ausgabe Suhrkamp Verlag Berlin 2018
Alle Rechte vorbehalten, insbesondere das
des öffentlichen Vortrags sowie der Übertragung
durch Rundfunk und Fernsehen, auch einzelner Teile.
Kein Teil des Werkes darf in irgendeiner Form
(durch Fotografie, Mikrofilm oder andere Verfahren)
ohne schriftliche Genehmigung des Verlages reproduziert
oder unter Verwendung elektronischer Systeme
verarbeitet, vervielfältigt oder verbreitet werden.
Satz: Satz-Offizin Hümmer GmbH, Waldbüttelbrunn
Druck: Pustet, Regensburg
Printed in Germany
ISBN 978-3-518-58724-9

Inhalt

Buch I

Bildschichten

Die erste Person Plural

Erkennen wir es an: »Wir« ist das Subjekt der Politik.

Die Besonderheit der ersten Person Plural besteht darin, dass sie im Gegensatz zur ersten Person Singular einen ständigen Wechsel des Geltungsbereichs ermöglicht, denn sie kann ebenso »dich und mich« wie die Gesamtheit des Lebendigen und mehr als das bezeichnen. Denken wir uns einen Kreis, den wir den »Kreis des Wir« nennen wollen, und stellen wir uns vor, dass er sich äußerst eng um unsere nahen Angehörigen, unsere Familie, unseren Klan, unseren Stamm, unsere Gemeinschaft zusammenzieht oder dass er sich im sozialen Raum stattdessen auf die Gesamtheit der empfindenden Wesen, der Tiere, ja sogar mancher Pflanzen, ausweitet. Jedem Durchmesser dieses sich vergrößernden oder verkleinernden Kreises entspricht ein gegebener Zustand des »Wir«. Somit gibt es ebenso viele politische Subjekte wie Zustände von »Wir«, das heißt mögliche Ausdehnungen dieses imaginären Kreises.

»Wir« ist diese ektoplasmatische Form der meisten menschlichen Sprachen, die nacheinander alles umfassen kann, was sich zwischen mir und der übrigen Welt befindet und wodurch sich mehrere Subjekte positionieren, sich abgrenzen und aushandeln, was sie an Identischem und Unterschiedlichem haben und womit sie Politik machen.

Wie stark ausgeprägt auch unser Engagement, unsere

Verbindung und unser Lager ist, ob wir professioneller Aktivist oder bloßer Sympathisant sind, skeptischer Staatsbürger mit schwankenden Überzeugungen, Sozialist, Sozialdemokrat, LGBTI-Aktivist, takfiristischer Wahhabit, Trotzkist der Internationalen Kommunistischen Organisation, Unabhängigkeitskämpfer, Pablist, Interessenvertreter der Dritten Welt, Neokonservativer, Autonomer, Indigenist, Antikolonialist, Unberührbarer der Bahujan Samaj Party, Republikaner, Baathist, Nationalpatriot, Faschist, Apolitischer, Christdemokrat, Mormone, Befürworter des Dritten Weges, Tierschutzaktivist, zionistischer Jude, Panafrikanist, *Deep Ecologist*, der sich zur Ökosophie-T bekennt, Suffragette, Bolivarier, Anarchist, Neonazi, Homonationalist oder Femonationalist, Labour-Anhänger, Befürworter einer Wachstumsrücknahme, libertärer Liberaler, konstitutioneller Monarchist, Anhänger des *Black Nationalism*, Menschewik, Buddhist der Soka Gakkai, Abolitionist, Bürgerrechtler, sunnitischer Dschihadist, Reformer, Pro-Life-Aktivist – wir können nicht umhin, »wir« zu sagen.

Und der Wesenskern des politischen Diskurses besteht in der Definition dessen, was wir unter diesem »Wir« verstehen, was unsere Rechte sind, unsere legitimen Ansprüche, unsere Vorstellung von der Gesamtgesellschaft, doch auch darin, diejenigen *als Negativ* zu identifizieren, die sich gegen uns stellen, die Feinde, die wir mit »ihr« oder »die« bezeichnen. Bemühen Sie sich einen Augenblick, nicht zwischen allen möglichen Vereinigungen oder Bruderschaften zu unterscheiden, denen Sie sich nahe fühlen, und denen, die Ihnen allzu weit entfernt, beinahe exotisch scheinen. Berücksichtigen Sie nicht mehr die kollektiven Identitäten, die Sie als fundiert, universell und bedeutsam ansehen, und die Gemeinschaften, von denen

Sie meinen, dass sie lediglich irrationale, lächerliche oder gefährliche Haltungen vertreten. Halten Sie Ihr moralisches Urteil zurück. Versuchen Sie also, gedanklich eine Art von imaginärem Plan aufzustellen, anhand dessen Sie ebenfalls, jedoch auf andere Weise, alles beachten könnten, was in unserem Namen spricht. Nun machen Sie die Übung – da ja alles, was »wir« sagt, dieselbe Person benutzt –, *diese Person zu sein*, selbst wenn eine Ihren Prinzipien widersprechende Identität Sie irritiert, anwidert oder empört. Sagen wir zusammen mit ihnen »wir«. Nehmen wir diese Schwindel erregende Vielfalt und diese Kakophonie von Ansprüchen, uns zu vertreten, die den größten Skeptikern als ein Zeichen des Fanatismus oder als Beweis für das fantasievolle Wesen aller identitären Proklamationen scheinen kann, gemeinsam ernst. Wetten wir, dass die starke Vermehrung von divergierenden oder widersprüchlichen »Wir« gleichwohl nicht irrational ist und dass sie einen edlen Zug der Subjektivität veranschaulicht: ihre Neigung, sich politisch zu organisieren.

Was geschieht, sobald wir »wir« sagen? Dank der gnädigen Sprache, die es uns erlaubt, dieses Pronomen zu übernehmen, können wir beanspruchen, nacheinander auf allen Seiten zu stehen, selbst auf der unseres heftigsten Gegners. Nichts von dem, was im Namen eines »Wir« geäußert wird, ist uns vollkommen fremd. Allerdings bedeutet »wir« auch *unser* »Wir«, das nicht das eurige ist. Wir wissen, dass ihr »wir« sagt, aber ihr sagt es nicht *wie wir*. Wir wissen es durch unsere andersartigen Erfahrungen, Gewohnheiten und Ideen. Genau das heißt »Wir«: die Möglichkeit, alle zu sein, die vage sprachliche Verheißung einer allumfassenden Zugehörigkeit und zugleich die konkrete Zuordnung zu einer besonderen Identität, zu dem, was wir sind und was ihr nicht seid, selbst wenn ihr auf eure Art »wir« sagt.

Dieses »Wir« ist eine Art von plastischem Subjekt,[1] das anpassungsfähig genug ist, um von Wesen aller Art übernommen zu werden, jedoch ausreichend verpflichtend wirkt, damit man Lager unterscheiden kann, je nachdem, wer das Wort benutzt und wie er es benutzt. Man darf nicht so naiv sein, zu glauben, alle sich auf das »Wir« berufenden Menschen verstünden darunter etwas Gleichbedeutendes – andererseits geht es deshalb nicht darum, anzunehmen, dass »wir« ein bedeutungsloses Wort sei, mit dem jeder verbinden könne, was er wolle, oder ein bloßer indexikalischer Begriff, ein Spiegelwort, das lediglich auf seine Äußerungsbedingungen verweisen würde, auf diejenigen, die es sagen, wo und wann sie es sagen. Das stimmt: Selbst wenn es nur ein einziges Wort gibt, um es zu sagen, gibt es nicht nur ein einziges »Wir«; aber es gibt auch nicht so viele unterschiedliche »Wir« wie Anwendungen dieses Begriffs. Um nicht in die eine oder andere dieser zwei symmetrischen Fallen zu geraten, sollte man das »Wir« eher als eine zugleich freie und bestimmte Form ansehen, die nicht nur Sprache ist, sondern auch den Geist dessen strukturiert, der sie benutzt und ihre Anwendung in eine bestimmte Richtung lenkt, ohne ihr ganz und gar Zwang anzutun. »Man kann von ›wir‹ in Bezug auf eine ganz kleine Personenzahl sprechen« – oder in Bezug auf beinahe alle. Etwas in diesem »Wir« – eine Art von innerem Widerstand dieser ektoplasmatischen Form – richtet sich nach einer Logik. Doch nur wenn man sehr viele Erscheinungsformen abwechselnd benutzt, tritt diese Logik zutage. Damit man versteht, was »wir« bedeutet, muss man also – im Widerspruch zu allen methodischen Empfehlungen in der Soziologie – auf gleiche Weise von der Horde oder dem Staat sprechen.

Je größer die Zahl von »Wir« ist, deren Existenz wir anerkennen, desto deutlicher zeigen sich uns ihre gemeinsamen Züge, wenn man von der Besonderheit jedes einzelnen Gebrauchs der ersten Person Plural absieht. Um zu verstehen, was »wir« im Allgemeinen bedeutet, ist nichts weiter als eine moralische Qualität erforderlich: eine gewisse Empathiebereitschaft, die es einem ermöglicht, die Festigkeit seiner Überzeugungen und Prinzipien in seinem Innern zu verringern, um seine Fähigkeit zu erweitern, sich gedanklich an jeder beliebigen Gemeinschaft zu beteiligen. Dann genügt es, rund um sich alles zu hören, was gesagt wird, und sich in aller Unschuld jedes Mal vorzustellen, dass wir »unsere Brüder«, »die Unsrigen« oder »unsere Genossen« hören, dass wir uns ihnen anschließen und ihre Vorstellungen und Identität teilen, zusammen mit ihnen ein Ganzes bilden könnten. Aber wo soll man beginnen? Zeichnen wir einen ersten Kreis um uns und verändern wir hierauf seinen Umfang, zerschneiden wir ihn in Teilmengen und verschieben wir deren Grenzen, damit wir die größtmögliche Menge von Identitätsmanifestationen in der jüngeren Geschichte ermitteln.

Wenn wir zunächst um alle Menschen eine imaginäre Linie ziehen, verfügen wir über eine unermesslich große, mehr oder weniger kreisförmige Ausgangsfigur, und wir wissen genau, dass sich in ihrem Innern die Kreisausschnitte vervielfachen. Der bedeutendste Kreis, auf jeden Fall der mit der größten Fläche, der in politischen Diskursen am meisten vorkommt, ist der, der wie in *Woyzeck* »wir arme Leut« sagt,[2] der der Landlosen oder Enterbten, der

Proletarier, Werktätigen, Ausgebeuteten, kleinen Leute. Der Name ändert sich, und je mehr er sich wandelt, desto weniger ist der Kreis noch ganz derselbe. Dem größten und grundsätzlichen Kreis entspricht das »Wir« des Slogans der *Occupy*-Bewegung: »Wir sind die 99%.«[3] Dies ist das namenlose »Wir«, das »Wir«, dessen Zahl sich der winzigen, die wirtschaftlichen Reichtümer der Welt besitzenden Minderheit entgegenstellt. Dieses quantitativ bestimmte »Wir« verwischt die Unterschiede zwischen all denen, die nicht »die Herren« oder »die Chefs« sind, und in der Geschichte des Marxismus ist es die Hauptperson. Die berühmten Strophen der *Internationale* feiern seinen Namen: »Ein Nichts zu sein, tragt es nicht länger. / Alles zu werden, strömt zuhauf!«[4]

Doch dieses »Wir« der Zahl, dem das Recht zukommt, alles zu beanspruchen, dieses unermesslich große »Wir« all derer, die fühlen, dass man ihnen die wirtschaftlichen Mittel, das Erbe, die Geschichtsschreibung und die Herrschaft über die Kultur, den Gebrauch des Gesetzes und des Staatsapparats genommen hat – dieses »Wir« ist schwach bestimmt. Es müsste das demokratische Geschichtssubjekt sein. Doch kaum will man es benennen und einkreisen, da teilt es sich in eine Vielzahl von *etwas spezifischeren* »Wir«, die sich manchmal überschneiden und manchmal gegeneinanderstellen, sich meistens überlagern und überlappen. Der Kreisdurchmesser verkleinert sich, oder vielmehr ändert sich die Kontur und wird immer schwerer vorstellbar.

Im Jahre 1913 erklärte die Suffragette Emmeline Pankhurst in einer berühmten Rede: »In unserem Krieg gegen die Regierung könnt ihr uns nicht ausfindig machen. Wir tragen kein Kennzeichen. Wir gehören zu allen Klassen;

wir dringen in alle Klassen der Gemeinschaft ein, von der höchsten bis zur niedrigsten [...]. Ihr könnt uns nicht ausfindig machen, und ihr könnt uns nicht aufhalten.«[5] Nun verstand sie aber unter diesem »Wir« nicht die Besitzlosen im Allgemeinen, sondern ein geschlechtlich differenziertes »Wir«: »wir Frauen«. Ihr kam es so vor, als wirkte dieses »Wir« wie ein Querschnitt durch alle sozialen Klassen: Unter den 99% wie in der kleinen Gruppe von 1%, innerhalb des Proletariats und der Bourgeoisie, in den kolonisierten Ländern und den kolonisierenden Ländern gibt es Frauen. Sie sind nicht gleichmäßig auf alle Klassen und alle Stellungen verteilt, doch ihre Identität lässt sich auch nicht auf Klassenbegriffe reduzieren: Eine Frau ist kein *Teil* der unteren Gesellschaftsklassen. Was ist sie dann? Pankhurst entreißt allen sozialen Untergruppen ein sie transzendierendes »Wir«, eine universelle weibliche Identität, und bezeichnet mit »wir« ein Prinzip, *das sich der Klassenzuordnung entzieht*: In allen gesellschaftlichen, kulturellen oder ethnischen Gruppen findet man Frauen. Wenn man »wir« sagt, um sie zusammenzuführen, so erzeugt man eine andere Einteilung, ordnet das Ganze neu, zeichnet einen anderen Kreis, der über die üblichen Grenzen, Kasten, Stämme oder Großfamilien hinausgeht, um nicht mehr die Proletarier aller Länder, sondern die Frauen aller Länder und aller Klassen zu vereinigen.

Die Geschichte des Feminismus ist die Geschichte der Herausbildung dieses »Wir«.[6] Dies ist die lange Geschichte der Entstehung eines neuen Kreises der Menschheit, der nicht mehr nach Klassen, sondern nach Geschlechtern getrennt, also zweigeteilt ist, und der verlangt, dass die zwei Teile dieser Figur gleich sein sollen. Dieses »Wir« ist das

Subjekt der berühmten Erklärung Carrie Chapman Catts: »Wir Frauen verlangen gleiches Stimmrecht. Wir geben uns nicht mit weniger zufrieden.«[7] Wir verlangen, wir selber sein zu können, nicht *mehr* und nicht *weniger* als ihr. Das ergibt sich auch aus dem von Simone de Beauvoir verfassten »Manifest der 343 Schlampen«: Beauvoir eröffnet die Erklärung mit einer Tatsachenfeststellung in der dritten Person (»Eine Million Frauen treiben jedes Jahr in Frankreich ab. [...] Diese Million Frauen schweigt man tot.«[8]). Im weiteren Text sagt sie dann »ich« (»Ich erkläre, dass ich eine von ihnen bin.«). So kann sich jede Unterzeichnerin dazu bekennen, dieses »Ich« zu sein. Und zum Schluss sagt sie: »*Wir* fordern die freie Abtreibung.« Auf einigen Zeilen ist dies ein Miniaturmodell der Herausbildung einer politischen Person: zuerst die unpersönliche Tatsache, dann die isolierte subjektive Erfahrung und schließlich die Forderung nach einem Recht, die im Namen von *uns allen Frauen* vorgetragen wird.

Dieses vom Feminismus konzipierte »Wir« wurde nun auch in Abschnitte zerlegt. Es war gewiss immer geteilt und von Anfang an von Widersprüchen durchzogen: Da es die Klassen-, Rassen- oder Sexualitätsunterschiede überdeckte, wurde es auch von diesen Unterschieden überdeckt und hin- und hergerissen. Je aufmerksamer man auf diese Überdeckungseffekte achtet, desto mehr verlagern sich die Grenzen. Als zum Beispiel die sexuellen Minderheiten mit ihren Forderungen hervortraten, haben andere »Wir«, wie etwa das der Homosexuellen, das weibliche »Wir« zwischen lesbischen und heterosexuellen Frauen aufgespalten, wobei es einen Teil des männlichen »Wir«, seinen *Gay*-Teil, einbezog. Diese Verlagerung lässt sich an den militanten Texten Monique Wittigs ablesen. Sie er-

klärt in *La Pensée straight* (»Das straighte Denken«): »Wenn
wir Lesben und Homosexuellen uns weiterhin als Frauen
und Männer bezeichnen und begreifen, tragen wir zum
Fortbestand der Heterosexualität bei.«[9] Wenn man »wir
Frauen« sagt, heißt das nämlich, dass man die Trennung
der Geschlechter für die Begründung des Diskurses aufrechterhält, der die Heterosexualität normiert und naturalisiert (also des als *straight* bezeichneten Diskurses), und
deshalb haben die homosexuellen Frauen ein Interesse
daran, sich *zuerst* als Homosexuelle und nicht als Frauen
darzustellen. Sehr zutreffend analysiert Claire Michard den
strategischen Diskurs Wittigs: »Die Autorin konstruiert
eine privilegierte Solidarität mit den Lesben, doch sie ent-
solidarisiert sich nicht von den Feministinnen, den homosexuellen Männern oder den Unterdrückten im Allgemeinen. Wenn die Solidarität der Autorin durch das
›Wir‹ bezeichnet wird, so gibt es keine derartige Verbindung mit den Verkündern der *straighten* Diskurse. Diese
werden ausschließlich in der dritten Person, das heißt als
Nichtsubjekte des Gesprächspartners vorgestellt, und
die Autorin schließt sich ihnen nie an.«[10] Da es Wittig ablehnt, jemals »wir« zu sagen, wenn die minoritäre Identität überschritten wird, vertritt sie eine neue politische
Einteilung des »Wir«, die über die traditionellen, marxistischen wie auch feministischen Einteilungen hinausgeht.
Man weiß, welche Rolle der Gebrauch dieser *als Querschnitt
verlaufenden* Einteilung bei der Affirmation des homosexuellen Stolzes spielt, und Slogans wie: »We're here, we're
queer. Get used to it« (»Wir sind hier, wir sind queer. Ihr
müsst euch dran gewöhnen«[11]) haben das kämpferische
Engagement für das Recht der Minderheiten geprägt, von
dem man annehmen kann, dass es im Wesentlichen darin

bestand, »wir« aussprechen zu lernen und dieses Wort im öffentlichen Raum ertönen zu lassen.

Dieses mit Stolz geäußerte »Wir« verwirklicht den Wunsch, den die Kämpfer gegen die Diskriminierung von Behinderten geäußert haben: »Nichts wird ohne uns für uns getan werden.«[12] Anders gesagt: Wir wollen nicht nur, dass ihr uns verteidigt; wir wollen, dass wir uns selbst verteidigen können. Während gut der Hälfte des 20. Jahrhunderts entstand und wuchs dieses Bewusstsein unter verschiedenen als Minderheit behandelten Menschengruppen, dass sie fähig waren, für sich selbst zu sprechen. Und während dieser ganzen Zeit hing die Politik mit dem Zugang zum Wort zusammen. Dies war eine Zeit des Enthusiasmus. Das »Wir« konnte als so etwas wie eine wunderbare Lösung, wie eine Zauberformel für eine spontane Politik erscheinen: Dass man »wir« zum Ausdruck brachte, hieß schon, sich zu emanzipieren. »Wir« zu sagen, hieß, es zu werden. Es bedeutete, einen Kreis zu zeichnen, der das Unsichtbare in Sichtbares verwandelte: »wir Frauen«; »wir alleinerziehenden Mütter«; »wir Juden«; »wir Kolonisierte«; »wir Personen mit eingeschränkter Beweglichkeit«; »wir Senioren«.

Nun aber wissen wir: Dieses »Wir« der Minderheiten oder der Subalternen, die Zugang zum Wort und zu einer sichtbaren Identität erlangen, ist nicht einfach und auch kein Zauberkunststück. Nach dem Vorbild aller anderen wird es von Widersprüchen oder vielmehr von Schnittlinien durchzogen, die es aufspalten. Die Kreise sind ineinander verschachtelt. Unter den politisch aktiven, besonders den homosexuellen schwarzen Amerikanerinnen hat das Bewusstsein, dass Rassenunterschiede zu Barrieren zwischen all denen führten, die sich um »wir Frauen«

oder »wir homosexuelle Frauen« zusammenschlossen, unzählige Gewissenskonflikte heraufbeschworen: So bekennen etwa Patricia Haden, Donna Middleton und Patricia Robinson im Jahre 1970, sie seien sich im Unklaren, welche Bedeutung sie dem »Wir« geben könnten, wie es der jeweiligen privilegierten Identität entspreche, die sie vertreten oder die man ihnen vorschreiben möchte. Zusammen mit ihren feministischen Weggefährtinnen definieren sie sich als »wir Frauen«, »doch wir schwarzen Frauen lieben und brauchen in unsrem tiefsten menschlichen Innern schwarze Männer, und darum zögern wir, gegen sie zu revoltieren und uns auf uns selbst zu verlassen«,[13] sodass sie sich manchmal als »wir Schwarze« darstellen, sich dann jedoch nicht als Frauen wahrgenommen fühlen. Dieses Problem hat sich für die homosexuellen schwarzen Aktivistinnen noch verkompliziert: Sie stellten fest, dass zu dem inadäquaten Verhältnis zwischen ihrer Geschlechtssolidarität und ihrer Rassensolidarität die Diskrepanz zwischen ihrer sexuellen Gemeinschaft und den beiden anderen hinzukam: Sie hatten sich mit mehrheitlich weißen und den Mittel- oder Oberschichten entstammenden homosexuellen Frauen zusammengeschlossen, und deshalb empfanden sie auch innerhalb ihrer sexuellen Minderheit ein gewisses Unverständnis und sahen, dass sich Bruchlinien abzeichneten, die das vereinte und von ihnen herbeigesehnte »Wir« schwächten.

Unmerklich geraten wir so vom Kreis der Geschlechter zum Kreis der Rassen. Die Schnittlinie ist nun überhaupt nicht mehr dieselbe, aber man errät gewisse Analogien.

Wie Emmeline Pankhursts »wir Frauen« hat das »wir Schwarze« vor allem während des Kampfes um Bürgerrechte in den Vereinigten Staaten die ergreifende Entdeckung einer Identitätsstruktur sprachlich unmittelbar ausgedrückt, die sich nicht auf andere Identitätsschnittlinien reduzieren lässt: Es gab schwarze Männer und Frauen, schwarze Arbeiter und Bourgeois, amerikanische Schwarze und afrikanische Schwarze. Dennoch gab es durchaus eine offensichtliche Verbindung zwischen der schwarzen Identität und den am stärksten benachteiligten Klassen der amerikanischen Gesellschaft, sodass sich das schwarze Wir zugleich vom proletarischen Wir oder vom Wir der sozial Schwachen unterschied, ohne von ihnen ganz unabhängig zu sein. Dies sind die Schnittpunkte mehrerer unterschiedlicher, wenn auch korrelierter Kreise, und das genaue Maß dieser Korrelation wird weiterhin in unzähligen soziologischen Untersuchungen behandelt. Damit das schwarze »Wir« ein politisches Subjekt wurde und kein bloßes soziologisches Thema blieb, musste es sich jedoch verselbstständigen.

Ralph Ellison, der Autor von *Der unsichtbare Mann*, ist seit den fünfziger Jahren führender Kritiker des marxistischen Universalismus, wobei er sich von Auffassungen leiten ließ, die denen des *New Liberalism* nahekommen: »So haben sie die Schwarzen verloren. Die Kommunisten erkannten keine Interessenpluralität an.«[14] Die Aufspaltung in Klassen vernichtet alle übrigen Aufteilungen der gesellschaftlichen Welt. In seinem Roman erweist sich, dass die »Bruderschaft« – sie steht für die KPUSA (die Kommunistische Partei der USA) – eine entmutigend starre Haltung bei ihrer Sichtweise der Identitäten einnimmt und den Protagonisten zwingt, sich als »farblos« anzusehen. Und ohne seine Hautfarbe wird er unsichtbar. In einer ersten Phase musste man tatsächlich »wir Schwarze« sagen und darunter *alle Schwarzen* verstehen können, ganz gleich, wie ihre Klassenzugehörigkeit war, um hierauf den Schnittpunkt zwischen »wir Armen« und »wir Schwarzen« zum Vorschein zu bringen. Wie in Curtis Mayfields Song »We the people who are darker than blue«[15] musste man seine Hautfarbe *bestimmen*. In den sechziger Jahren ist dies das Thema mehrerer großer Hits von James Brown (»Say it loud – I'm black and I'm proud«[16]), Nina Simone (»Four women«[17]) oder Syl Johnson (»Is it because I'm black?«[18]). Sie alle haben ein Subjekt in Szene gesetzt, das bestätigt, dass es stolz ist, sich mit seiner Hautfarbe zu identifizieren, und das sich nicht mehr schämt, mit ihr identifiziert zu werden. Es ging nicht mehr darum, dass man sich wie der Erzähler von *Der unsichtbare Mann* in der Gesellschaft unsichtbar fühlte: »Ich bin ein Mensch, den man nicht sieht. Nein, das hat nichts mit diesen Gespenstern gemein, die Edgar Allan Poe heimsuchten; ebenso wenig hat es etwas mit diesen Ektoplasmen eurer Hollywoodproduktionen zu tun. Ich bin ein wirklicher Mensch aus Fleisch und Blut, Fasern und Flüssigkeiten – man könnte sogar sagen, dass ich Verstand habe. Ich bin einfach deshalb unsichtbar, versteht ihr, weil sich die Leute weigern, mich zu sehen. Wie bei den körperlosen Köpfen, die man manchmal in den Schaubuden der Jahrmärkte sieht, ist es so, als wäre ich von stark verzerrenden Glasspiegeln umgeben. Wenn die Leute an mich herankommen, sehen sie nur meine Umgebung, sich selbst oder Gebilde ihrer Fantasie – tatsächlich alles und irgendwas, nur mich nicht.«[19] Im ganzen Roman versucht der Erzähler, den seine Hautfarbe paradoxerweise unsichtbar macht, der Hölle dieses »Ich« zu entkommen, das es ihm nicht erlaubt, in der Gesellschaft zu existieren und endlich »wir« sagen zu können.

Im 20. Jahrhundert haben alle ethnischen Minderheiten gelernt, ihr »Wir« nach diesem Modell der Konstruktion eines von Stolz und Sichtbarkeit geprägten sozialen Kreises zu äußern, und man könnte den Standpunkt vertreten, dass der wichtigste Teil der modernen Politik der Erarbeitung und Äußerung dieses »Wir« gewidmet wurde: Dies gilt etwa für die »native Americans«, deren Losung »We native Americans were here!«[20] seit den achtziger Jahren manche überraschende Orte in Amerika schmückte, als sollte sie an eine vergessene Wahrheit erinnern und es den indianischen Stämmen erlauben, die Kriege, die sprachlichen und kulturellen Unterschiede, die sie stets getrennt hatten, zu überwinden und ihre Zugehörigkeit zu einem einzigen »Wir« auszudrücken, das lange vor der Ankunft der Europäer auf dem amerikanischen Kontinent anwesend war.

Manchmal vereinen sich das »Wir« der Hautfarbe, das ethnische »Wir«, das territoriale »Wir« und das nationale »Wir« auf – wenigstens scheinbar – beinahe harmonische Weise, und manchmal überschneiden sie sich gegenseitig. In diesem Gewirr von Kreisen lassen sich die meisten kolonialen Situationen entschlüsseln. Die Menschen, die für Unabhängigkeit oder Befreiung kämpfen, gehören zwar zu einem umfassenderen nationalen Kreis, zeichnen indes andere Kreise, die in die nationalen Grenzen einbezogen sind oder sich an deren Rändern befinden, womit sie die Existenz von bestimmten »Wir« bestätigen, die sich vom »Wir« der Metropole unterscheiden; dabei sind sie jedoch gewaltsam und aus der Ferne in einer Gesamtheit eingeschlossen, die sie als unecht beurteilen.

Aus diesem Grund war die richtige Bezeichnung »unseres Namens« oft der erste Schwerpunkt der Auseinandersetzungen zwischen antikolonialistischen politischen Formationen. Sollte man für die Rechte eines besonderen »Wir« innerhalb des von Siedlern und Ureinwohnern zugleich bevölkerten Landes kämpfen? Oder sollte man vielmehr im Namen eines neuen nationalen »Wir« sprechen und die Siedler allen Ernstes ausschließen? Und dann: Wie sollte man zwischen Klassenzugehörigkeit und nationaler Zugehörigkeit vermitteln, da ja viele Aktivisten in Europa studiert hatten und gefühlsmäßig zu einer aufsteigenden Bourgeoisie gehorten, die sich der Mittelklasse der Kolonialmächte annäherte? Während die Mitglieder der AEMNA (*Association des étudiants musulmans nord-africains* – »Verband der muslimischen nordafrikanischen Studenten«) sich zunächst als »Studenten«, also als Vertreter einer gebildeten Elite, definierten, markiert die Erklärung ihres Kongresses von 1935 einen entscheidenden politischen Kurswechsel, indem sie dieses »Wir« durch ein »Wir Kolonisierten« ersetzt, um ihre vorrangige Solidarität mit denen zu bekunden, die in ihrem Geburtsland nicht studiert haben. Das »wir Kolonisierte« ist nunmehr maßgeblicher und geht dem »wir Studenten oder Gebildeten« voran: »Wir gebildeten Kolonisierten müssen unsere Möglichkeiten und unsere Zeit dafür einsetzen, die Interessen unserer Vaterländer zu verteidigen.«[21]

Diese Entscheidungen über die Priorität zwischen den unterschiedlichen »Wir« erklären beinahe jede Politik: Auf welche Art der Einteilung soll ich mich zuerst berufen, wenn ich »wir« sage? Gehöre ich zuerst zu uns Menschen? Oder sogar in einem weiteren Sinne zu uns, den empfindenden Wesen? Den natürlichen Wesen? Oder verlangt die Situation vielmehr größere Genauigkeit: »Wir

Frauen«? »Wir Schwarzen?« »Wir Weißen?« »Wir arabischen Muslime?« »Wir, die Nachkommen der großen indischen Kultur?« (Man denkt an Nehru, der bei seiner USA-Reise erklärt haben soll: »Ihr Amerikaner seid so jung. Wir Inder sind ein altes Volk mit einer jahrtausendealten Kultur.«[22]) Oder soll man sich vielleicht zuerst mit seiner wirtschaftlichen Identität identifizieren: »Wir ausgebeuteten Proletarier?« Sklaven, Peones, Lohnarbeiter? Welchen Namen soll man sich geben, wenn man auf seine Zugehörigkeit zu der Klasse eingeht, die man als beherrschte einschätzt? Prekär Beschäftigte? Unterdrückte? Untergebene? Subalterne? »Wir Kolonisierten und Gedemütigten«, wie es den Reden Nkrumahs oder Lumumbas entspricht?[23]

Hierbei handelt es sich nicht um eine sprachliche Subtilität, sondern um eine äußerst fein abgestufte, heikle und schwierige Wahl, mit der sich all jene, die auf politischem Gebiet einen Standpunkt eingenommen haben, auseinandersetzen mussten, und die all jene, die es abgelehnt haben, einen Standpunkt einzunehmen, erduldet haben: Wo verläuft der Kreis?

Der in El Bidar geborene Jacques Chevallier war während des Algerienkrieges eine der großen – und heute vergessenen – als »Vermittler« wirkenden Persönlichkeiten. Er befürwortete den Plan eines »föderalen Algerien«, stand Messali Hadj nahe und bemühte sich bis zum Schluss, die Verbindung mit dem Front de Libération Nationale (FLN, der Nationalen Befreiungsfront) und der Organisation Armée Secrète (OAS, Organisation der Geheimen Armee) aufrechtzuerhalten. 1958 veröffentlichte er im Verlag Calmann-Lévy das Buch *Nous, Algériens* (»Wir Algerier«). Chevallier sagte »Wir Algerier«,[24] wobei er sich als französischer Siedler in dieses »Wir« einschloss, weil er in dem Land geboren war, und wobei er auch die Indigenen in dieses »Wir« einbezog. Das letztgenannte »Wir« wurde sowohl von den Pieds-Noirs (Algerienfranzosen), die das Hinzurechnen der Araber nicht ertragen konnten, als auch von den Unabhängigkeitskämpfern als »unannehmbar« abgewiesen, denn diese hielten den Wunschtraum einer Zugehörigkeit von solchen Pieds-Noirs wie Chevallier zum »Wir« Algeriens für unrechtmäßig, sollte dieses »Wir« doch ausschließlich den indigenen Bevölkerungen zustehen.

Dieses »Wir« einer gemeinsamen Zugehörigkeit existierte gewissermaßen im leeren Raum, an einem politischen Nicht-Ort, den keines der einander gegenüberstehenden Lager anerkennen wollte oder konnte. Es verschwand mit der Unabhängigkeit Algeriens.

Während der kolonialen, aber auch der postkolonialen Geschichte findet eine Konfrontation mehrerer *ineinandergeschachtelter* »Wir« statt, denn das »Wir« der Kolonisatoren konstruiert, wie Edward Saïd schrieb, »die Kolonisierten als das Andere«.[25] (Simone de Beauvoir verwendete in *Das andere Geschlecht* denselben Ausdruck in Bezug auf die Frauen.[26]) Aber es beansprucht zugleich, das kolonisierte Andere in die gesamte Menschheit und den Fortschritt der Zivilisation einzubeziehen, sodass das »Wir« für die Kolonisierten eine manipulierte Sprachstruktur ist: Wenn sie sich auf »uns, die universalistischen Menschen« berufen, um gleiche Rechte zu fordern, so beziehen sie sich auf einen Universalismus, den man ihnen genommen hat und in dessen Namen sie als niedrigere Wesen angesehen wurden, die hinter dem Zug der Geschichte, des Fortschritts und der Kultur zurückgeblieben seien;

und das bedeutet, sich der Gefahr auszusetzen, seine besondere Identität als Kolonisierter zu neutralisieren, indem man alle Menschen als einen einzigen, die falschen Unterschiede beseitigenden Block darstellt. Doch wenn man »wir Indigenen« oder »Kolonisierten« *im Gegensatz* zu ihnen, den weißen universalistischen Menschen, sagt, so heißt das, dass man sich auf eine besondere Gemeinschaft beschränkt und sich der Gefahr aussetzt, sich von sich selbst auszuschließen und sich zu rassifizieren, also die ganze Arbeit des Kolonisators an seiner Stelle zu leisten.

Ganz offensichtlich ist kein »Wir« eindeutig: Im Namen unserer Humanität haben manche die Kolonisation bekämpft, und andere haben sie verteidigt.

Ein und dasselbe Wort wird zum Gegenstand eines Kampfes zwischen mehreren Lagern, und das »wir Republikaner«[27] der Reden Jules Ferrys in der französischen Nationalversammlung, das die zivilisatorische Mission der Kolonisierung befürwortete, wurde bereits von manchen Pazifisten infrage gestellt, so etwa von Marie-Isabelle Destriché, die 1896 in dem Artikel »Die Vereinigten Staaten von Europa und der Frieden« erklärte: »Die Abessinier und die Kubaner zeigen Mut. Was wollen sie? Sich verteidigen oder ihre Unabhängigkeit erringen, die ihnen die Monarchien streitig machen. *Wir, die Französische Republik*, wir müssen ihren Erfolg wünschen.«[28] Danach verglich sie den nationalbewussten Kampf der Franzosen, um Elsass-Lothringen von Deutschland loszureißen, mit den Kämpfen der kolonisierten Völker Afrikas und Asiens.

Aber die Unabhängigkeit dieser Länder hat das koloniale Dilemma nicht beendet, ganz im Gegenteil. Jede politische Erklärung, die sich als postkolonial darstellt, ist eine Übung darin, das »Wir« neu zu definieren, und in ihrem Rahmen zählt jedes Wort: »WIR, Nachkommen von Sklaven und verschleppten Afrikanern, Töchter und Söhne von Kolonisierten und Einwanderern, WIR, Franzosen und in Frankreich lebende Nichtfranzosen, an den Kämpfen gegen Unterdrückung und die von der postkolonialen Republik bewirkten Diskriminierungen beteiligte AktivistInnen …«,[29] so verkündet der »Appell der Indigenen der Republik«.

Gegen das »Wir« der Französischen Republik möchte eine solche Organisation am Beginn des 21. Jahrhunderts ein »Wir« hervortreten lassen, das sich über die Einteilungssysteme des sozialen Raums hinwegsetzen kann. Sie hofft, die Einwanderer aller Generationen und die Nachkommen von Bevölkerungen zu vereinen, die Frankreich in Schwarzafrika, im Maghreb oder auf den Antillen kolonisiert hatte. Wenn man die Existenz eines solchen »Wir« bestätigt, setzt dies voraus, dass man glaubt, was sie zusammenführe – selbst wenn dies manchmal lediglich das Gefühl der Diskriminierung sei –, werde stärker als das bleiben, was sie trenne (beispielsweise Gender, Beruf, Religion). Nun ist dies stets, was eine Politik verspricht: das benennen zu können, was wir an *Stärkerem* als das uns Trennende haben.

Die Französische Republik hat lange beansprucht, dieses allen Unterteilungsprinzipien in Bezug auf Rasse, Gender oder Klasse überlegene »Wir« zu sein, aber es ist bemerkenswert, dass die Französische Republik in ihren aufeinanderfolgenden Verfassungen nie »Wir« gesagt hat. Sie spricht in der dritten Person von den »Franzosen«, vom »französischen Volk« und »seinen Vertretern«.[30] Man könnte beinahe eine politische Geschichte Frankreichs konzipieren, die sich ausschließlich für die Wiederaufnahme »in der ersten Person« der in der dritten Person geäußerten republikanischen Prinzipien durch Gruppen, Parteien oder Verbände interessieren würde. Vielleicht ist die republikanische Idee in ihrer entkörperlichten Verfassung immer unpersönlich und unfähig geblieben, sich durch eine oder mehrere konkrete Subjektivitäten zu äußern. Mehrere Erklärungen der Pariser Kommune verwenden das »Wir«, doch es ist gewiss das von Sylvain Maréchal verfasste Manifest der Verschwörung der Gleichen, das diese Tradition des »Protestes der Franzosen in der ersten Person« eröffnet, indem es sich der unpersönlichen Grundsätze der Republik bemächtigt und ihre tatsächliche Anwendung fordert. Auf die Erklärung der Menschen- und Bürgerrechte, die formuliert, dass »alle Menschen« frei und gleich geboren werden und bleiben, antwortet Sylvain Maréchal: »*Wir* sind alle gleich, nicht wahr? […] Wir streben von nun an danach, gleich zu leben und zu sterben, wie wir gleich geboren sind: Wir wollen die wirkliche Gleichheit oder den Tod; das ist es, was wir brauchen.«[31] Die Gleichen stellen den Inhalt der Erklärung der Menschen- und Bürgerrechte nicht infrage, sondern nehmen sie beim Wort, und dann werfen sie ihr im Grunde vor, dass sie unfähig sei, ihn durch die Verwendung eines »Wir« zum Ausdruck zu bringen.

In anderen Nationen, wie etwa den Vereinigten Staaten, gibt es diese Spannung nicht, oder vielmehr verlagert sie sich, denn die Verfassung selbst erklärt in der Präambel: »Wir, das Volk« (»We, the people«).[32] Besonders aus diesem Grunde erfolgen politische Proteste oft im Namen der Verfassung, zum Beispiel des ersten Zusatzarti-

kels, und nicht *gegen* sie. Da sie von vornherein das »Wir«
einschließt, ist sie eine als demokratisch angesehene Waffe gegen autoritäre Fehlentwicklungen, während in Frankreich die Formulierung der Verfassungsgrundsätze selbst dem Vorwurf ausgesetzt ist, niemals »wir« gesagt zu haben und in niemandes Namen oder vielmehr von niemandes politischem Standpunkt aus zu sprechen (die Republik ist alle und niemand, doch sie ist nicht *wir*).

»We, the people« ist dieses amerikanische »Wir«, das angeblich über die Unterschiede zwischen uns Männern und uns Frauen, uns Armen und uns Reichen, uns Schwarzen und uns Weißen, uns Christen und uns Juden, uns Muslimen und uns Buddhisten hinausgehen soll. Nun weiß man aber, dass dieses sehr inklusive Wir auch das ist, was es in Augenblicken nationaler Einigkeit ermöglicht, eine Bevölkerung gegen einen gemeinsamen Feind zu mobilisieren. »In der Unterhaltung sprach Madame Verdurin, um diese Neuigkeiten mitzuteilen, immer nur per ›wir‹, wenn sie Frankreich meinte«,[33] schreibt Proust knapp, um den Aufschwung des Chauvinismus und Deutschenhasses in den Pariser Salons während des Ersten Weltkriegs zu veranschaulichen.

Bekannt ist auch die Bedeutungsverschiebung, die es Stalin in seiner großen Rede von 1941 erlaubt, vom »wir Kommunisten« zum »wir Russen« überzugehen, um die Landesverteidigung gegen den Angriff der Nazis vorzubereiten. Der Kreis des idealen neuen »Wir« ist durch die Macht der Gewohnheit und die Autorität Stalins zum Kreis des alten patriotischen »Wir« geworden, denn die Partei glaubte, ohne diesen den deutschen Heeren nicht widerstehen zu können. Stalins Rede beginnt so: »Genossen Rotarmisten und Matrosen der Roten Flotte, Kommandeure und politische Funktionäre, Arbeiter und Arbeiterinnen, Kollektivbauern und Kollektivbäuerinnen, Kopfarbeiter, Brüder und Schwestern im Hinterland unseres Feindes, die ihr vorübergehend unter das Joch der deutschen Räuber geraten seid, und ihr, unsere ruhmreichen Partisanen und Partisaninnen, die ihr die rückwärtigen Einrichtungen und Dienste der deutschen Eindringlinge zerstört!«[34] (Es kommt auf die Reihenfolge der Begriffe an.) Und bevor er sich unter das Banner Lenins stellt, beendet er seine Ansprache mit: »Es lebe unsere ruhmreiche Heimat, ihre Freiheit, ihre Unabhängigkeit!« »Unsere Heimat«, ein von Lenin geächteter chauvinistischer und großrussischer Begriff, der an den Zaren Iwan und den Kampf gegen die Bojaren erinnert, ist nun wieder der spezifische Kreis, mit dem Stalin definiert, was »wir« sind.

Ein bedeutender Teil der politischen Geschichte des 20. Jahrhunderts beruht auf diesen ungeheuer großen »Wir« der Geopolitik oder der Geostrategie, die alle anderen Identitäten überwältigen. »Entweder wir – oder sie« (»It's either us or them«):[35] Churchills Kernsatz bezeugte den totalen Krieg zwischen den Alliierten und dem nazistischen Feind. Der Kalte Krieg war vielleicht nur der Übergang von der Disjunktion (»oder«) zur erstarrten Konjunktion (»und«), die Koexistenz und irreduziblen Unterschied bezeichnete: »Wir und Die« (»Us and them«),[36] dies wurde der Leitspruch der amerikanischen Doktrin in der Auseinandersetzung mit den Kommunisten. Als das Sowjetregime zusammenbrach, kamen andere große »Wir« und andere große »Die« erstmals oder wieder zum Vorschein, die »Wir« der Weltreiche, wie im »Kampf der Kulturen« Samuel Huntingtons,[37] der seine Zukunftsaussichten mit der Feststellung des »gesunden Menschenverstandes« fundiert, dass die Völker stets versucht seien, sich in »wir« und »die«, in die »Ingroup« und »die anderen«, in »unsere Zivilisation hier« und »die Barbaren dort« einzuteilen. Huntington äußert schon 1993 die Hypothese, dass die zukünftigen Konfliktlinien keine ideologischen oder wirtschaftlichen, sondern kulturelle »Wir« und »Die« einander entgegenstellen werden, sodass es »Wir« der Kulturkreise (wie etwa das »umfassendste Wir« des Westens oder das arabisch-muslimische »umfassendste Wir« und innerhalb dieses »umfassendsten Wir« die kleineren sunnitischen und schiitischen »Wir«) sind, die nunmehr die Teilungs- und Konfliktlinien definieren.

Diejenigen, die Huntingtons Analysen widersprachen,[38] haben ihm selten vorgeworfen, völlig unrecht zu haben, vielmehr erklärten sie, er verdecke mit einem hauptsächlichen Deutungsmuster als »sekundär« angesehene Unterschiede oder Konflikte. Bei alldem geht es um die Priorität der einzelnen Kreise: Obwohl man einen Konflikt zwischen verschiedenen Kulturkreisen und Auseinandersetzungen zwischen Kreisen von sozialen Klassen anerkennt, besteht die wesentliche Entscheidung darin, auszuwählen, welches von diesen Bruchliniensystemen den Vorrang vor dem anderen hat.

Wenn man die Welt in erster Linie nach Kulturkreisen zurechtschneidet, so heißt dies, dass man die ideologischen Kreise oder die Reiche und Arme trennenden wirtschaftlichen Kreise als zweitrangige oder nachgeordnete Kreise ansieht; indem man einen klaren Blick für bestimmte, die Welt durchquerende und einteilende Linien gewinnt, bedeutet dies zwangsläufig, dass man für andere, kaum mar kierte und schlecht kontrastierte Linien blind wird.

Wenn man in der Realität den Verlauf der »Wir« der sozialen Klasse oder der »Wir« des Genders hervorhebt, heißt dies auch, dass man die realen Bruchlinien zwischen den kulturellen oder religiösen »Wir« undurchsichtig oder unkenntlich macht, und das führt dazu, diese systematisch zu unterschätzen. Nun zeichnen die religiösen »Wir« aber auch Kreise, die an der Oberfläche der sozialen Welt wieder auftauchen und die Individuen zusammenschließen und trennen, nachdem der moderne Blick, der an die Laizisierung, Säkularisierung und tendenzielle Entzauberung der Gesellschaft glaubte, sie vernachlässigt hatte. Der regelmäßige Gebrauch des schiitischen »Wir« und des sunnitischen »Wir« zeichnet zum Beispiel im Kreis der muslimischen Welt ein Polarisierungssystem, ohne das Konflikte, Bündnisse und Gegenbündnisse unverständlich werden: Wenn ein irakischer Imam, wie etwa Rafie al-Rifai, meint, den Islamischen Staat zu bekämpfen würde bedeuten, den Iran zu stärken, so setzt er voraus, dass es einen größeren Abstand zwischen »uns Sunniten« und »euch Schiiten« als im Rahmen von »uns Sunniten« zwischen ihm und den Kräften des Islamischen Staates gibt, und er nimmt eine Priorisierung zwischen religiösen »Wir« vor: »Wir Sunniten sind nicht so idiotisch, den Islamischen Staat im Irak und in der Levante zu bekämpfen, damit uns die Schiiten später unterjochen.«[39]

Die religiösen »Wir« waren stets Systeme von Kreisen, die von inneren Trennungen durchzogen wurden; diese können zum Schisma führen, was so etwas wie eine Mitose des religiösen Kreises bedeutet. Zu anderen Zeitpunkten schließen sich die zerstreuten Zugehörigkeitskreise wieder zu einem einzigen höheren »Wir« zusammen, das oft durch einen Sinn der Brüderlichkeit wiederbelebt wird. »Wir Brüder« ist die stärkste Intensität, die man einer politischen Person geben kann. »Unsere Brüder« spielen wie »unsere Genossen« oder »unsere Freunde« eine pastorale Rolle: Wenn man den Kreis eines »Wir« des Glaubens, der Ideen und Werte nachzeichnet, muss man in einen gemeinsamen Schoß zurückbringen, was sich in individuellen Identitäten und partikularen Sekten zerstreut hat.

Das 1936 veröffentlichte Fünfzig-Punkte-Manifest des Verbandes der Muslimbrüder (*Jam'iyat al-Ikhwan al-Muslimin*) von Hassan al-Banna[10] wendet sich an »uns, die wir das Ziel verfolgen, alle Muslime in einer einzigen Umma mit einer einheitlichen Scharia zu vereinigen«, um so eine politische Person mit starker muslimischer Erscheinung neu zu schaffen, die durch den Verfall des Kalifats, die Hegemonie des Osmanischen Reichs und danach die politische und kommerzielle europäische Herrschaft aufgelöst worden war. Mit dem Text »Unsere Mission«[41] wendet sich al-Banna an seine »Brüder« und fragt: »Liebe Brüder, was wollen wir?« Nach seiner Analyse des »Materialismus der europäischen Zivilisation« scheint ihm offensichtlich, dass Wissenschaft und moderne Industrie, die Reichtümer unter der Bevölkerung verbreitet haben, zu einem Ausschluss des Religiösen aus dem Staat, dem Recht oder der Erziehung führten. Die Völker seien nicht mehr durch spirituelle Werte, sondern durch materielle Güter geeint. In der Anfangszeit der Organisation betont al-Banna Solidarität und Altruismus bei der Verbreitung des Islam (Sammeln und Verteilen der *Zakat*, Bau und Reparatur der Moscheen, Gründung von Koranschulen, Sozialarbeit bei den Bedürftigsten), um den ägyptischen Arbeitern das Verständnis ihrer gemeinsamen Zugehörigkeit zu einer vergessenen Brüderlichkeit zurückzugeben. Oft rät er seinen Brüdern, denen zu antworten, die sie beschuldigen, Politik zu machen, dass »der Islam keine derartigen Unterscheidungen kennt«.[42] Al-Bannas ausdrückliches Ziel besteht darin, die von der modernen Zivilisation aufgerissenen Gräben zwischen Klassen und Rassen (seltener erwähnt er die biologischen oder sozialen Geschlechtsunterschiede) durch die Identität des muslimischen »Wir« zu überbrücken: »Der Islam ist für alle gleich und erhöht niemanden zum Nachteil der anderen aufgrund von Unterschieden durch Herkunft, Armut oder Reichtum. Dem Islam zufolge sind alle gleich [...].«[43] Er präzisiert: »Was die Talente und die natürlichen Begabungen betrifft, so ist die Antwort gleichwohl ja. Der Wissende steht über dem Unwissenden [...]. So sehen wir, dass der Islam das System der gesellschaftlichen Klassen nicht gutheißt.«[44] Also werden die »Wir« der Klasse oder Rasse vom muslimischen »Wir« überbrückt, das unter uns Gleichheit und Rangordnung artikuliert und dabei nur auf dem Wissen beruhende Autoritätsunterschiede voraussetzt. Nach und nach hat dieses politische muslimische »Wir« im 20. Jahrhundert neu Gestalt gewonnen.

Ausgehend von Theodor Herzls Erklärung zum Ersten Zionistenkongress, der 1897 in Basel stattfand, wurde einige Zeit früher ein jüdisches »Wir« neu erarbeitet, das sich bei manchen zu einem politischen zionistischen »Wir« entwickelt hat. In seiner Grußbotschaft erklärt Herzl vor allem: »Mit den inneren Zuständen unserer Vaterländer beschäftigen wir uns weder auf dem Kongress noch anderswo in einer gemeinsamen Weise.«[45] Das nationale »Wir« wird somit in Klammern gesetzt. Herzl spricht von »unserem Volk«, doch bei den aufeinanderfolgenden Kongressen beendet er seine Grußbotschaften meistens mit der Vision von »unserer Teilnahme am Fortschritt des ganzen Menschengeschlechts«. Herzl sagt sicher nicht »wir Zionisten«, während ein radikaler Aktivist wie Jabotinsky etwas später die Beziehung zwischen dem allgemeinen Interesse der menschlichen Spezies, den Klasseninteressen, dem jüdischen Interesse und der zionistischen Idee anders interpretiert: Obwohl er Sozialist ist, stellt er sich nicht vorrangig als einen klassenbewussten Politiker, sondern als einen nationalen Politiker (einen *kol-yisroel*-Politiker[46]) dar und erklärt, dass die allgemeinen nationalen Interessen heute beinahe überall die besonderen Klasseninteressen in den Schatten stellen. »Da seine Bewegung über oder jenseits der Klasse stand, hatte sie das Recht und die Pflicht, die Führung der Politik der nationalen Einheit zu übernehmen«, stellt Jonathan Frankel fest, und er zitiert Jabotinsky: »Wir Zionisten betrachten uns nicht als eine Partei, sondern als die Vertreter des ganzen jüdischen Volkes.«[47] Man sieht, wie sich dieses neue politische »Wir« konstituiert, indem es die klassenmäßigen und parteilichen Unterschiede überbrückt. Eine neue Einteilung des politischen Raums führt nun dazu, dass sich Polarisierungen der sozialen Frage (Revolutionäre gegen Konservative) und Polarisierungen der religiösen Frage (Juden gegen Antisemiten) überlappen, an deren Schnittpunkten man revolutionäre Juden und jüdische Revolutionäre (alles ist eine Frage der Priorität), konservative Juden und jüdische Konservative findet – und das Gleiche gilt für die Antisemiten.

In Frankreich ist das antisemitische »Wir« seit dem Ende des 19. Jahrhunderts in den Schriften von Drumont[48] zu einem politischen Subjekt geworden. Es wird von Regnard oder Marchand[49] aufgenommen und weitergeführt, gewinnt klarere Konturen, stellt Übereinstimmungen mit anderen politischen Identitäten fest und wird auf diese Weise zum Beispiel zu »wir revolutionären Antisemiten …«. Nach der russischen Revolution werden sich Aktivisten in der Ukraine äußern, die sich vielmehr als »antisemitische Revolutionäre« definieren.

Diese Prioritätsordnung (zwischen der sozialen Frage und der antisemitischen Frage) wird oft Auseinandersetzungen in den faschistischen Bewegungen zugrunde liegen. Das ist eine der Bruchlinien, die zwischen der Basis der Münchener SA und der von Ernst Röhm geleiteten, der norddeutschen Arbeiterlinken nahestehenden Richtung verlief. Mussolini wollte es vermeiden, zwischen den möglichen Bestimmungen dessen, was er unter »wir Faschisten« verstand, entscheiden zu müssen, und zog es deshalb oft vor, sich auf ein offenes »Wir« zu berufen, das angeblich keine A-priori-Doktrin vermittelte: »Wir Faschisten haben keine vorgefasste Doktrin, unsere Doktrin ist die Tat.« Weiter sagte er: »Wir Faschisten haben stets unsere völlige Gleichgültigkeit gegenüber jederlei Theorie zum Ausdruck gebracht. […] Wir […] sind Aristokraten und Demokraten, Revolutionäre und Reaktionäre, Proletarier und Antiproletarier, Pazifisten und Militaristen.«[50] In Pasolinis Film *Die 120 Tage von Sodom*, der das Ende des Regimes darstellt, erklärt der Anführer sogar: »Wir Faschisten sind die einzig wahren Anarchisten.«[51] Das faschistische »Wir« schwankte somit fortwährend zwischen einem autoritären »Wir« und einem offenen »Wir«, so etwas wie einem vitalen »Wir«, das die Hoffnung vermittelte, allen alten Selbstkategorisierungen, allen korrupten Mächten zu entgehen.

»Warum haben wir uns als Faschisten bekannt?«, fragte sich der französische Schriftsteller Lucien Rebatet, ein Kollaborateur. »Da wir die parlamentarische Demokratie, ihre Heuchelei, Unfähigkeit und Feigheit verabscheuten […], verkörperte der Faschismus Bewegung, Revolution und Zukunft […]. Um die politischen Sekten abzuschaffen, wollten wir die Einheitspartei.«[52] Die Hoffnung des faschistischen »Wir« besteht darin, die falschen Trennungen und die parlamentarischen Schikanen zu überbrücken, die eine lebendige Entwicklung des Landes verhindern. Das einzige »Wir« soll ermöglichen, das Handeln auszurichten, die Zersplitterung der Personen, Gruppen, Cliquen, Interessen und mittelmäßigen »Wir« gewaltsam aufzuhalten. Wie in den kommunistischen Traditionen hat das »Wir« in den faschistischen Bewegungen eine maßgebliche Bedeutung, die aus ihm zugleich einen die höhere Einheit darstellenden und die falschen Trennungen überbrückenden politischen Grundsatz und ein kameradschaftliches oder brüderliches Lebensideal macht. So etwa liest man heute in der Absichtserklärung einer französischen identitären Jugendbewegung: »Wir kämpfen gegen all jene, die uns unsere Wurzeln entreißen und uns vergessen lassen wollen, wer wir sind.« Etwas weiter: »Wir sind Kameraden, Freunde, Brüder, ein Klan. Mehr als eine Jugendbewegung sind wir die Jugend in Bewegung.«[53] Dieses identitäre »Wir« ist ein »Wir« der Herkunft, das auf einem Stamm oder auf Wurzeln und sicher auf einer religiösen (christlichen) Identität und einer (weißen) Hautfarbe beruht, und zugleich ein »Wir« der Generation: Denn »Wir« verbürgt nicht nur eine sexuelle Identität, eine Gender-Identität, eine Identität der Klasse, eine ethnische Identität und eine religiöse Identität, sondern auch eine Identität des Alters.

Der Kreis des nationalen »Wir« verknüpft sich innerhalb der Kreise der Altersklassen mit dem der Jugend. Und
durch einen merkwürdigen Resonanzeffekt kann das
»wir sind die Jugend in Bewegung« dieser national-pat-
riotischen Gruppe an die Textzeile eines sozialistischen
Liedes vom Anfang des 20. Jahrhunderts erinnern, dessen Text der Pazifist Paul Vaillant-Couturier zu einer Musik Arthur Honeggers geschrieben hatte: »Wir sind die
Jugend dieser Zeit, die Jugend, die den Himmel stürmt.«[54]
Die Verwendung des »Wir« zur Bezeichnung einer Altersklasse zerschneidet das 20. Jahrhundert in zwei Teile: In
seiner ersten Hälfte ist es mit den politischen – faschistischen, kommunistischen (man denke an das Revolutions-
lied *La Jeune Garde* – »Die junge Garde«) oder sozialistischen – Bewegungen verbunden, die sich bemühen, die
Jugendlichen zu mobilisieren und ihnen eine politische
Identität zu geben. Charles Péguys *Notre jeunesse* (»Unsere Jugend«)[55] weist bereits auf einen Wandel hin.

Die Jugend mit ihren Zweifeln und Gefühlsausbrü-
chen ist an sich eine Identität; in der zweiten Hälfte des
20. Jahrhunderts wird sie zu einer autonomen politischen
Persönlichkeit, wie biologisches Geschlecht (Sex), soziales Geschlecht (Gender), Ethnie, Hautfarbe. Man könnte
behaupten, dass das, was man die Gegenkultur genannt
hat, vor allem die Entwicklung eines »Wir«, der Jugend,
war, dessen Ausdruck man 1968 auf den Pariser Mauern
findet (»Nous sommes tous des enragés!« – »Wir sind alle
Wütende!«) und das oft infrage gestellt wurde (Pierre
Bourdieu erklärte, aus der Sicht des Soziologen »ist die
Jugend nur ein Wort«), das jedoch das Auftreten eines
neuen politischen Subjekts ermöglicht hat. »Nous sommes
jeunes, nous sommes fiers« (»Wir sind jung, wir sind

stolz«), der Titel eines Songs der Gruppe Taxi Girl, eine Abwandlung des »I'm black and I'm proud« von James Brown, artikuliert diese Konstitution eines »Wir«, das hofft, die traditionellen politischen Einteilungen zu überwinden, um eine Gemeinschaft der Altersklasse zu bestätigen.[56] Das ist das »Wir« der *Kids* aus »The kids are alright« von The Who[57] oder auch das fordernde »Wir« des sprichwörtlich gewordenen Songs von The Doors: »We want the world, and we want it now« (»Wir wollen die Welt, und wir wollen sie jetzt«).[58] Das politische Subjekt des Rock, des Pop und der systematischen Überschreitungsexperimente, die mit ihm einhergegangen sind, ist dieses »wir Jugendliche« oder »wir, die Jugend«, über das die Punk-Band Sham 69 sang: »If the kids are united, then we will never be divided ...« (»Wenn die *Kids* vereint sind, dann werden wir nie geteilt werden ...«).[59]

Wenn man die Geschichte der Pop-Musik verfolgt, kann man eine Entwicklung dieses »Wir« erraten, die in den achtziger Jahren zu der Hoffnung auf ein ökumenisches, aber leeres »Wir« führt. Es hallt in der Hymne »We are the world, we are the children« (»Wir sind die Welt, wir sind die Kinder«) nach, die Michael Jackson, Lionel Richie und die Musiker der Band Toto[60] geschrieben haben, um Geld für unter einer Hungersnot leidende Kinder in Äthiopien zu sammeln.

Heute findet man einige der Tautologie nahe Formulierungen, die entschieden und kämpferisch ein gegenstandsloses »Wir« bejahen, wie etwa in »We R who we R« (»wir sind, was wir sind«) von Ke$ha.[61] Das »Wir« ist hier einerseits ein kleiner Kreis, der sich um den konzentriert, der spricht und allein weiß, was er ist, und andererseits ein allumfassender Kreis, der all jene bezeichnet, *die sind, was sie sind*: alle und keiner, sofern man daraus nicht ein echtes »Wir« macht und die heuchlerischen »Wir« ausnimmt, die nicht wirklich sind, was sie zu sein *vorgeben*.

Schon als manche Slogans der Gegenkultur versuchten, die Gegensätze auszugleichen, setzten sie sich der Gefahr aus, jede Grundlage zu verlieren. Dies gilt etwa für: »Wir sind alle deutsche Juden« als Solidaritätserklärung mit Daniel Cohn-Bendit im Mai 68. Sehr schnell entstand ein Kampflied von Dominique Grange, das in einer Strophe erklärte: »Wir sind alle Juden und Deutsche, wir werden alle mit Auflösung bedroht.«[62] Dreißig Jahre danach erklärte Daniel Cohn-Bendit immer noch optimistisch: »Diese Losung hat als Rückhalt gedient, um Ausgrenzung in allen ihren Formen abzulehnen: ›Wir sind alle Einwanderer‹, ›Wir sind alle Ausländer‹, ›Wir sind alle Flüchtlinge ohne Ausweis‹. Sie gibt wieder, dass sich ein Teil der Jugend mit denen identifiziert, die sich am Rand der Gesellschaft befinden. Diese Losung hat ein selbstständiges Leben gewonnen. Sie hat als Symbol der Solidarität überlebt. Es ist eine gute Losung. Sie verträgt ihre eigene Metamorphose.«[63] Doch im Verlauf seiner Metamorphose hat der Slogan tatsächlich seine Bedeutung eingebüßt. Da er keine widersprüchlichen Identitäten mehr miteinander verbindet, wird er nicht einmal mehr von der Jugend, sondern von der ganzen Zivilgesellschaft und den Medien benutzt: »Wir sind alle Amerikaner«, hieß es am Tag nach dem 11. September, »Wir sind Charlie« nach dem Attentat auf die französische Satirezeitschrift. Dieses im Internet abgewandelte und parodierte »Wir« ist zu allem und keinem geworden.

Nun wimmelt es aber im Internet von Beispielen für »Wir«, die Gegenstand von kleinen pennälerhaften Kämpfen sind, um dem »wir alle« zu entgehen; man denke an den Streit um eine zeitgemäße Interpretation des *Swag*, der eine modernisierte Version von *Cool* bezeichnet. Zu seiner Erklärung gab es mehrere widersprüchliche Backronyme: Manche haben behauptet, *swag* bedeute »secretly we are gay«, und andere, dass es »secretly we are African guys« oder vielmehr »American guys« heiße. »*Swag* haben« und also von anderen, die wie wir sein wollen, begehrt zu werden, heißt, dass man versucht, sich den Begriff des Begehrtseins selbst zu eigen zu machen: Wir sind, was ihr sein möchtet. Das »geheime Wir« offenbart hier das Verlangen, einen kleinen Kreis von Insidern im leeren demokratischen Kreis zu bilden.

Im Widerspruch zum alle und keinen umfassenden »Wir« beruhte die Moderne der ästhetischen und politischen Avantgarden lange auf dieser Logik der Aneignung eines aristokratischen »Wir« innerhalb des demokratischen Systems. Wie sollen wir uns unterscheiden, da ja »Wir« irgendjemand Beliebiges ist? Die Formulierungen Nietzsches »wir Vornehmen, wir Guten, wir Schönen, wir Glücklichen …«[64] oder »wir freigewordnen Geister …«,[65] die alle Variationen zu Stendhals *happy few*[66] sind, waren bereits richtungweisend für jene Pamphlete und Manifeste, die behaupten sollten: »Wir, Dada, wir sind nicht ihrer Meinung« (Tristan Tzara).[67] »Wir Surrealisten legen Wert darauf, den 50. Jahrestag der Hysterie […] zu zelebrieren« (André Breton und Louis Aragon).[68] »Wir, die Suprematisten, bahnen euch den Weg. Beeilt euch!« (Kasimir Malewitsch).[69] »Wir Situationisten protestieren …« (Guy Debord, mehrmals).[70] Manchmal, wie etwa im Futurismus, ähnelt diese ästhetische Aristokratie, die davon ausgeht, allen alten Identitäten ein neues irreduzibles »Wir« zu entreißen, einem Reinigungsritus, der sich der sozialen Norm des »Wir« widersetzt.

Doch wem genau sollen wir uns widersetzen?

Wenn das totalitäre »Wir« triumphiert, wie das der Macht in Jewgeni Samjatins *Wir*[71] – dieser Roman beschreibt Menschen, deren Identität auf Buchstaben und Ziffern kombinierende Kurzbezeichnungen beschränkt ist –, bestätigt der Dissident das singuläre »Ich«. Doch in einer liberalen Gesellschaft, in der sich das »Ich« durchgesetzt hat, müssen die Dissidenten ein neues ideales »Wir« finden.

»Je mehr ich Ich sein will«, stellt das Unsichtbare Komitee in *Der kommende Aufstand* fest, »desto mehr habe ich das Gefühl von Leere. Je mehr ich mich ausdrücke, desto mehr versiege ich.«[72] Das Ich ist die leere Form der liberalen Welt. Das Ich ist eine Sackgasse, mit der uns die Macht verbietet, wir zu sein. »Das Ich ist nicht das, was bei uns in der Krise ist, sondern die Form, die man uns aufzudrücken versucht.« Um »Wir« zu werden, muss man eine »Kommune« bilden. »Die Kommune ist das, was passiert, wenn Wesen sich finden, sich verstehen und beschließen, zusammen ihres Weges zu ziehen. […] Sie ist das, was macht, dass man sich ›wir‹ nennt und dass das ein Ereignis ist.«[73] Das Unsichtbare Komitee äußert politisches Lob für die Freundschaft und setzt, wie im Urchristentum und im utopischen Sozialismus, ein »Wir« der Ideen an die Stelle von allen »Wir« der Interessen (Gender, Klasse, Rasse), die es für Formen einer von der Macht aufgezwungenen Identitätspolizei hält. Das »Wir« der politischen Kommunen »soll sich nicht durch ein Drinnen und ein Draußen definieren – wie Kollektive es im Allgemeinen tun –, sondern durch die Dichte der Verbindungen in ihrem Inneren.«[74] Nach Art der Vereinigung in Christus oder der klassenlosen Gesellschaft ist die Kommune ein »Wir«, das sich nicht euch, ihnen, den anderen oder den Feinden entgegenstellt, sondern sie aufnimmt; es ist die Utopie eines absoluten und autonomen »Wir«, das sich nur von innen heraus strukturieren soll.

Durch ein rhetorisches Verfahren wird dieses utopische »Wir« selbstverständlich zuerst von einer sehr beschränkten Avantgardegruppe *für uns alle* bejaht. So spricht der Teil für das Ganze.

Die Oppositionellen, die Widerstandskämpfer, die Nonkonformisten sagen stets »Wir« in kleiner Zahl, im Namen eines höheren Prinzips, dem sie treu geblieben sind und dessen Geist die anderen verraten haben. Und was ist dieses Ganze, aus dem man nicht herauskommt, das man aber aus Barbarei manchmal vergisst? Es ist das »Wir« aller »Wir«: die Menschheit. So stellt es der ehemalige Deportierte Robert Antelme in *Das Menschengeschlecht* fest: »Die SS kann unsere Gattung nicht verändern. Sie selbst ist in der gleichen Gattung und in der gleichen Geschichte eingeschlossen.«[75] Dieses »Wir« wird von denen, die es verteidigen, und von denen, die es ablehnen, geteilt: das menschliche »Wir«. Wir sagen »Wir« für die Unsrigen, aber damit verpflichten wir alle Menschen.

Und damit sind wir bei dem Kreis angekommen, von dem wir ausgegangen waren.

Es ist das große »Wir« der Menschheit, von dem man schon gelegentlich bei Erasmus liest.[76] Dies ist das menschliche »Wir« bei La Boétie.[77] Es erscheint nicht ausdrücklich in den *Essais* Montaignes, doch wenn Montaigne in der »Apologie für Raimond Sebond« zahlreiche Beispiele für die moralische Überlegenheit der Tiere über die Menschen anführt, unterscheidet er uns Menschen gleichwohl auf negative Weise: Wir sind die, die sich aus Wahnsinn »für höherrangig als die andren Lebewesen halten und [uns] von ihrer Daseinsweise und Gesellschaft absondern«.[78] »Wir Menschen« ist ein grundsätzliches »Wir«, das auf nichts anderem als auf sich selbst beruht: Die Menschheit ist das, was sich selbst als »wir« bezeichnet und keinen *Rest* zulässt. Dieses volle und ganze menschliche »Wir« ist das einzige »Wir«, das keine Entsprechung hat. Während »wir Frauen« eine Entsprechung in »wir Männer« hat, ebenso wie »wir Weißen« auf ein »wir Schwarzen« oder auf ein »wir Inder« reagiert, ist das »wir Menschen« eine Sendung ohne Adresse. Mit ihm öffnet oder schließt sich die totale Form des »Wir«.[79] Das verteidigt Francis Wolff in *Notre humanité* (»Unser Menschsein«):[80] Das menschliche »Wir« beruht im Grunde auf der Fähigkeit, durch die Sprache zu prädizieren, eine Fähigkeit, die nur unsere Spezies beherrscht, sodass die vom Wort begrenzte Seinssphäre kein Draußen hat. So sind wir in *uns selbst* eingeschlossen. Dieses Eingesperrtsein begründet zum Beispiel in Sartres Humanismus die politische Verantwortung, denn nur Menschen können Menschen beurteilen.

Doch wie Francis Wolff anerkennt, tauchten Diskurse in der modernen Politik neu oder wieder auf, die für ein umfassenderes, über unser Menschsein hinausgehendes »Wir« standen: Dies ist das »Wir, jene Tiere, die Anspruch auf praktische Autonomie haben« (Großaffen, Delfine, vielleicht Elefanten) von Steven Wise,[81] dies ist auch das »wir Großaffen«, das Paola Cavalieri und Peter Singer geltend machen. Cavalieri tritt für ein »Menschsein jenseits des Menschseins« ein[82] und erklärt: »Der Begriff ›wir‹ als Gegensatz zu ›den anderen‹, der wie eine immer abstrakter werdende Silhouette im Laufe der Jahrhunderte die Umrisse der Grenzen des Stammes, der Nation, der Rasse und der menschlichen Spezies annahm und der sich eine Zeitlang durch den Einfluss der Artgrenze verhärtete und erstarrte, ist wieder lebendig geworden – bereit für weitere Veränderungen.«[83] Hierbei handelt es sich um die progressive Konzeption (die einige für naiv halten werden) einer linearen Geschichte des »Wir«, als wäre dieses »Wir« im Dunkel von Menschengruppen entstanden, die sich auf sich selbst zurückgezogen haben, bevor sie sich auflockern, ausbreiten und sich den Grenzen von Familien, Klans, schließlich von Ethnien oder Nationen angleichen und mit einer ganzen Spezies übereinstimmen. Cavalieri verfolgt eifrig diese eingleisige Bewegung und nimmt an, dass sich das »Wir« weiterhin ausweitet und dass wir aus diesem Grunde das nutzlose Leiden der Tiere immer weniger ertragen und uns nicht nur mit unserer Spezies, sondern mit allem Empfindungsfähigen identifizieren werden.

Die GESCHICHTE wäre dann die Geschichte der konzentrischen Expansion des »Wir«. Jeder, der sich für wahrhaft progressiv hält, sollte sich nicht auf den Menschen beschränken: Er sollte sich zuerst verstreute, auf kleine Menschengruppen beschränkte »Wir« vorstellen, die sich dann im Umkreis von umfassenderen und abstrakteren Kategorien ordnen, wie etwa Glaube oder Nation, bevor sie die ganze Spezies einschließen. Die GESCHICHTE bleibt nicht bei dieser vom Humanismus gezogenen »unüberwindlichen Grenze«[84] des »Wir« stehen, sofern sie sich nicht unempfindlich für unsere Gemeinschaft mit den anderen empfindenden Wesen zeigt und nicht nur mit den anderen vernunftbegabten oder sprechenden Wesen.

Der Mensch ist weder der *Terminus ab quo* noch der *Terminus ad quem* des »Wir« in der Politik. Es gibt welche, die »wir Tiere und Menschen« sagen, wenn sie die Rechte von nichtmenschlichen Arten verteidigen, und es gibt auch welche, die im Namen von »wir Cyborgs« sprechen, die zugleich Menschen und Maschinen sind, und das in der Hoffnung, »die politische Subjektivität neu zu begründen«.[85] Lange haben alle »Wir« in eine Hülle gepasst, die man für fest hielt, obwohl sie durchlässig war. Welchen Namen man ihr auch gibt, es hat eine Phase in der Geschichte des »Wir« gegeben, die mit der Renaissance beginnt und offenbar vor dem Abschluss steht oder schon vor einigen Generationen geendet hat, in deren Verlauf es nur für diejenigen ein »Wir« gab, die sagen konnten: »wir Menschen«.

Wenn wir die Grenze des Menschen überschreiten, die nicht mehr sehr klar ist, müssen wir also weitergehen und alle großen Primaten, dann die höheren Säugetiere, hierauf alle Säugetiere und schließlich alle Tiere bei uns aufnehmen. Wir müssen »wir« auch im Namen derjenigen sagen, die selber nicht »wir« sagen, aber leben und empfinden wie wir. Alles Lebende ist die »biotische Gemeinschaft«, die der Umweltethiker Aldo Leopold betont hat. Von ihm stammt die in Ökologenkreisen oft zitierte moralische Maxime: »Eine Sache ist richtig, wenn sie die Integrität, Stabilität und Schönheit der biotischen Gemeinschaft bewahren hilft. Wenn sie auf etwas anderes abzielt, ist sie falsch.«[86] In seiner Nachfolge konzipiert John Baird Callicott »die Landethik« als eine »auf die biotische Gemeinschaft ausgerichtete« Ethik.[87] Das »Wir« umfasst dann das ganze Ökosystem und erstreckt sich über die gesamte Erdoberfläche.[88]

Doch wie weit soll man gehen? Keine Lebensform sollte von dieser großmütigen Bewegung ausgeschlossen werden. Was ist nicht »wir«? Was sind wir nicht? Wir werden vom Schwindel gepackt, denn nichts, so scheint es, vermag noch die Ausdehnung dieses Kreises aufzuhalten, sobald die Grenze der Menschheit überschritten ist.

Alles-wir-ich

Stellen wir uns also vor, dass »wir« in konzentrischen Figuren strukturiert wird: der Biosphäre, dem Planeten Erde, der ganzen Gemeinschaft der empfindenden Wesen, denen, die ein zentrales Nervensystem haben, den Säugetieren, denen unter ihnen, die man früher als »höhere Säugetiere« bezeichnete, den Großprimaten, der Menschheit. Stellen wir uns dann im Kreis der Menschheit die Verbindung und Trennung verschiedener Kreise vor, die wie die vielfältigen Ringe eines Wickelrings ineinander verschlungen sind, wobei sich diese überlagern und überschneiden, wie es den sozialen Geschlechtern (Mann und Frau, aber auch androgyn, transsexuell oder *queer*), den sexuellen Orientierungen (Homosexuelle, Heterosexuelle, Bisexuelle, Asexuelle), den Rassen, Hautfarben oder Ethnien (Schwarze, Weiße, Araber, Asiaten, Inder, Melanesier ...), den sozialen Klassen (Proletarier, untere und höhere Mittelschichten, Bourgeois, Rentiers, Aristokraten ...), den Altersgruppen (Kinder, Teenies, Jugendliche, Erwachsene, Senioren), den Glaubensgemeinschaften (Religionen, philosophische Sekten, ideologische Organisationen und politische Parteien) entspricht. Verengen wir dann die Kreise, wie man eine Schlinge zusammenzieht. Wir entdecken ethnische Gruppen, Stämme, Klans, Familien. Verkleinern wir die Öffnung noch weiter. Nun scheint sich alles in *Banden* einzuteilen. Kameradschaften, Freundschaften, Trios. Und dann Paare: dich und mich.

Was gibt es unterhalb davon? Schnüren wir den Kreis des »Wir« ganz zusammen, als wäre er schon beinahe nicht viel mehr als ein Punkt. Was erhalten wir? Das, was man »ich« nennt. Selbstverständlich kann das »Ich« auch ein »Wir« sein, entweder weil ich als schizophren diagnostiziert werde, oder weil ich mir meine eigene Psyche nach Art der Freud'schen Topik vorstelle, die das Ich, das Es und das Über-Ich unterscheidet. Ich bin sicher mehrere, und »wir alle sind Grüppchen«, so die Losung Félix Guattaris für eine »Schizo-Politik«. Gilles Deleuze und Félix Guattari hatten auf die Fragen nach ihrer Zusammenarbeit mit dieser berühmten scherzhaften Bemerkung geantwortet: »Wir haben den ›Anti-Ödipus‹ zu zweit geschrieben. Da jeder von uns mehrere war, machte das schon eine Menge aus.«[89] Die Vorstellung, dass das sichtbare, einzige, freie und selbstbestimmte Ich nicht die unüberwindliche untere Grenze der Politik darstellen darf, weil *es nicht nur mich in mir gibt*, ist eine für die Moderne grundlegende Intuition, für die Marcel Gauchet in *L'Inconscient cérébral* (»Das zerebrale Unbewusste«)[90] eine Genealogie vorgeschlagen hat, die das Studium der reflexhaften Bewegungen, die Psychoanalyse, Nietzsches Tiefenpsychologie, aber auch Paul Valérys Selbstbeobachtungsarbeiten einbezieht. Der Autor von *Tel quel* (»So wie es ist«) spürt: »Allein zu sein bedeutet, *mit sich* zu sein, und das heißt stets, zu *zweit* zu sein.«[91]

Für die Subjekte des 20. Jahrhunderts ist das Ich nicht mehr so sehr das Atom oder der wesentliche Bestandteil jeder Gemeinschaft als vielmehr ein Gemeinschaftsgrad unter mehreren anderen: Ich bin einer von vielen, und es gibt viele in mir. In seinen *Cahiers* notiert Paul Valéry hierzu, der Mensch sei »Einzelwesen in sozialer Hinsicht, doch mehrfach für sich selbst. Die äußere Gruppe sagt ihm: Du bist einer – er aber antwortet: Du bist eine, Welt, und ich bin mehrere darin.«[92] Das Ich, dem von außen eine einzige Identität zugewiesen wird, ist im Innern ein ganzes Volk, das den Gebrauch eines intimen »Wir« verlangt, um dargestellt zu werden. Die Zerrissenheit des Ich und die Existenz eines inneren »Wir« sind ein Gemeinplatz der alten Moderne, der aus der Übergangzeit zwischen dem 19. und dem 20. Jahrhundert stammt, und zu dem Lyrik, Psychologie (die eine Abstufung entdeckt, von der das Selbstbewusstsein nur die letzte, oberflächliche Ebene ist) und Philosophie (die aus dem Ich ein Wort und eine unzählige Zustände des Selbst bedeckende Maske macht) mit vereinten Kräften beigetragen haben. In *Die fröhliche Wissenschaft* ruft Nietzsche: »Dies Alles bin ich«,[93] und Valéry setzt seine Erkundung des Atoms der Subjektivität fort und begreift, dass es kein *Selbst* gibt: Je mehr man sich ihm nähert, desto weniger geeint, fest und substantiell scheint das Ich. Um es wirklich zu verstehen, muss man von Splittern, Fragmenten und Variationen sprechen. Unter dem Mikroskop der modernen Analyse ist das Ich »ganz allein eine Menge«, um die Formulierung Sartres in *Geschlossene Gesellschaft*[94] aufzugreifen. Henri Michaux kann somit dessen Existenzweise nach Art einer kleinen Gemeinschaft beschreiben: »Ich bin bewohnt; ich spreche zu Wer-ich-War, und die Wer-ich-War sprechen zu mir. Zuweilen fühle ich mich befangen, als ob ich ein Fremder wäre. Sie bilden nun eine ganze Gesellschaft, und es kommt vor, dass ich mich selbst nicht mehr höre. Man ist niemals ganz allein in seiner Haut! Ich bin vielfach, und ich vervielfache mich seit Jahren so, dass ich nicht mehr weiß, was ich mit meinen sich häufenden ›Ichs‹ tun soll. Ich habe nie gewusst, wie viele wir genau waren, doch wir leben beengt, wir behindern uns, wir stören uns … Wenn der eine sprechen will, ergreift der andere das Wort, und wir verstehen uns nicht mehr.«[95]

Wenn man diese typische Proliferation des modernen Geistes anerkennt, müsste man sich eine Politik des Selbst vorstellen können, welche die Beziehungen zwischen dem Kind, dem Jugendlichen und dem Erwachsenen, die wir gewesen sind, als diejenige ebenso vieler gewählter Vertreter eines kleinen intimen Parlaments behandelt, wobei jeder über eine Stimme verfügt, um an den Beratungen des Selbst teilzunehmen. Doch durch diese Metapher versteht man, dass die moderne Operation der Zerlegung des Ichs nur die Grenze der *Person* auf die *Persönlichkeit* verschiebt, indem man die Ansicht vertritt, dass es kleinere und wesentlichere »Ichs« im Innern meines sichtbaren »ICHS« gibt.

Anders gesagt: Um zu erfassen, dass »Ich« in Wirklichkeit ein »Wir« ist, das verschiedene Versionen des »Selbst« vereint und gegenüberstellt, die entweder *Schizes* der Person oder eine der früheren Inkarnationen sind, muss man sich auch noch diese »Ichs« als die untere Grenze von »Wir« vorstellen: Es gibt keinen *Regressus ad infinitum*, es gibt keine »Ichs« in jeder von meinen Persönlichkeiten − oder »ich« und »wir« würden schlicht und einfach ein und dasselbe bedeuten. Jedes »Ich« wäre in diesem Fall ein »Wir«, und jedes »Wir« wäre ein »Ich«. Dann geht der Begriff des »Wir« selbst verloren. Um ihn zu bewahren, muss man ihn so weit wie möglich ausdehnen, aber ihn auch begrenzen: Wenn er seine Grundebene erreicht hat, kann er nicht weiter als bis »ich« in dem Sinne von »die eine oder andere meiner Persönlichkeiten« hinabsteigen.

Da wir nun eines Endes des »Wir« (des *minimalen* »Wir«) sicher sind, müssen wir mit einem Mal aufsteigen und am anderen Ende des Spektrums das *maximale* »Wir« bestimmen.

Bei unserer ersten Erkundung auf einzelnen Ebenen waren wir bei dem allen empfindenden Wesen unserer Biosphäre gemeinsamen »Wir« stehengeblieben. Die heutige Vorstellung vom »Anthropozän«[96] ist Ausdruck dieses »Wir«, das die Subjekte der menschlichen Geschichte und die Subjekte der Naturgeschichte unterschiedslos vereinen soll. Jenseits der Gemeinschaft der organischen Wesen hat sich sogar in den Werken von Bruno Latour die Vorstellung von einem »Parlament der Dinge«[97] oder in denen von Levi Bryant von einer »Demokratie der Objekte«[98] entwickelt. Demnach müsste sich das politische »Wir« auf alle − belebten oder unbelebten − Entitäten übertragen, die in der Gesellschaft zirkulieren und sich vernetzen. Um die Wahrnehmungen der Objekte untereinander zu bezeichnen, weist auch Graham Harman auf eine polypsychistische rationale Hypothese hin,[99] die darin besteht, so etwas wie ein geheimes Leben der Objekte untereinander anzuerkennen, das ohne Empfindungen, aber nicht ohne Beziehungen sein soll. Man könnte sich also ein unbelebtes »Wir« der Objekte vorstellen, so etwas wie eine Subjektivität ohne Leben, welche die stille Gemeinschaft der außerhalb unseres Bewusstseins in Verbindung tretenden Dinge bezeichnen würde. Wie aber soll man sie »wir« sagen lassen?

Das menschliche »Wir« könnte sich mit diesen Objekten erweitern und sie durchdringen, und seit langem gibt es politische Spekulationen über das »Wir«, das wir als »Cyborgs«, das heißt als zugleich natürliche und künstliche Subjektivitäten bilden könnten, die wie im Werk Donna Haraways durch Herzschrittmacher, Transplantate, Implantate, elektronische Chips und andere vernetzte Objekte vergrößert werden. Um »über den alten geschlechtlich differenzierten und im Gender verwurzelten menschlichen Plunder hinauszukommen«,[100] schlägt sie einen »modernen ironischen Mythos« vor und wählt hybride Identitäten aus, indem sie Natur und Kultur unterschiedslos miteinander verschmilzt. Als Vorbild nimmt sie den Cyborg, der ein zugleich organisches und künstliches Wesen ist. Um alle identitären Zweiteilungen (Mann-Frau, Weißer-Schwarzer) infrage zu stellen, trifft Haraway die strategische Wahl, das alle »Wir« umfassende »Wir« anzugreifen: das des Menschen. Während uns das menschliche »Wir« zugleich von den anderen Tieren und den Maschinen unterscheidet, bringt sie das »wir Cyborgs« der Zukunft zusammen.[101] Doch diese Identität ist immer noch auf unsere Organismen ausgerichtet und bezeichnet vergrößerte Körper, die gleichwohl Körper geblieben sind.

Sagen wir also »wir« über die Grenzen unserer Körper hinaus. Sagen wir »Wir« in der Hoffnung, alles uns Umgebende einzubeziehen. Dies bezeichnet Arne Naess' *deep ecology* als »Verwirklichung und Entwicklung des Großen Selbst«. Dies ist auch die Aussage des transzendentalistischen Gedichts von Walt Whitman: »Wir sind Natur; lange verbannt, jetzt kehren wir heim, / Pflanzen und Stämme, Laub, Wurzeln und Rinde werden wir, / Wir sind im Boden gebettet, sind Felsen, [...] / Schnee sind wir, Regen und Kälte und Finsternis / Und des Erdballs jegliche Wirkung und Geschöpf, / Wir haben Kreise und

Kreise durchlaufen, bis wir wieder nach Hause gelangt […].«[102] Wir sind von Kreis zu Kreis gelangt und nun so weit, beinahe alles zu umfassen.

Dieses anschwellende ökologische »Wir« nimmt nicht nur alles auf, was – ob lebendig oder nicht – mit uns auf Erden ist, sondern auch unsere Umwelt: die Atmosphäre, den Mond, das Sonnensystem. Whitmans »Wir« nimmt eine kosmische Bedeutung an und kann sich allem nähern, unter der Bedingung, es von seinen Widersprüchen zu entleeren und nicht mehr als ein System von gesellschaftlichen Antagonismen (»Wir zwei, wie lange waren wir genarrt«,[103] erläutert die erste Gedichtzeile, als hätten wir zu Unrecht geglaubt, zweigeteilt zu sein), sondern im Gegenteil als eine spirituelle Form des Einklangs der ganzen Welt zu denken. »Wir sind der bewusst gewordene Kosmos, und das Leben ist das Mittel, womit das Universum sich selbst versteht«, resümiert der Physiker und populärwissenschaftliche Autor Brian Cox.[104] Von einem Theologen wie Don C. Nix wird dies so formuliert: »Wir sind der Kosmos selbst, der seine wunderbare Schöpferkraft in neuen Lebensformen wie etwa uns selbst entdeckt. Wir sind umfassender, als wir dachten.«[105] (In der Metaphysik Whiteheads, aber auch in der Gnosis oder in manchen wedischen Weisheiten würde man vergleichbare Sätze finden.) Sagen wir: Wenn das »Wir« zu den Grenzen alles Seienden gelangt, wird es zum Namen eines Subjekts-Objekts – da wir alles sind, ist alles wir, und wir verstehen uns selbst, indem wir alles verstehen oder indem wir von der Gesamtheit verstanden werden. Aber »Wir« ist dann der *redundante* Name von allem.

Danach scheint es nun durchaus so, dass es nichts Größeres gibt, was wir erfassen können.

An diesem äußersten Ende ist »Wir« nun überhaupt nicht mehr eine politische Form, sondern das Subjekt einer Weisheit, die nach der – fraglichen – Versöhnung von allem mit der Subjektivität strebt. Damit man »Wir« mit allem identifizieren kann, muss man beide wenigstens unterscheiden und zwischen einem Wir-alles-Subjekt und einem Wir-alles-Objekt differenzieren, sodass sich »wir« seiner absoluten Übernahme in die Gesamtheit widersetzt: »Wir« kann *beinahe* alles sein, doch sobald es alles wird, löst es sich auf. Wenn »wir« alles ist, ist es nicht mehr »wir«. Nach und nach werden wir nun im vorliegenden Buch das Modell dieser differenzierten Form von »wir« konstruieren.

In diesem Stadium unseres Unternehmens bedeutet »wir« nichts weiter als eine vage und variable Figur, die sich entlang von konzentrischen oder ineinander verschlungenen Formen auf unterschiedlichen Skalenniveaus zwischen »allem« und »ich« entwickelt, ohne sich vollständig auf das eine oder das andere beschränken zu können. Es gibt nur zwei absolute Grenzen, jenseits derer das »Wir« verschwindet: das Ich und die Totalität. Doch zwischen ihnen scheint »wir« das universelle Ordnungsprinzip der Subjektivität zu sein.

Drei Einwände

In diesem Stadium der Beweisführung werden es viele ablehnen, mit »wir« gleichgesetzt zu werden.

Wir werden auf drei hauptsächliche Einwände stoßen.

Ich bin »ICH«

Der erste Einwand ist bezeichnend für den Typus eines vorsichtigen oder misstrauischen Individuums, das lieber »ich« sagt.

»Ich finde mich nicht mit eurer Art ab, den Menschen in ungeheure Kategorien zu zerteilen, mit denen ich – *ICH* – mich identifizieren sollte. Warum? Weil ich nicht auf mein Gender, meine Sexualität, meine Rasse oder mein Alter zu reduzieren bin. Ich bin ein Individuum über oder unter alldem.« Witold Gombrowicz schreibt in seinem *Tagebuch*: »Ich verehrte die Poesie nicht, ich war weder sehr fortschrittlich noch sehr modern, ich war kein typischer Intellektueller, weder Nationalist noch Katholik, noch Kommunist, noch Rechter. Ich feierte weder die Wissenschaft noch die Kunst, noch Marx – wer war ich denn?«[106] Damit beschreibt er eine individuelle Identität, die er den Zugehörigkeiten abringt, eine ungewisse oder zwiespältige Identität, die es ablehnt, sich zu benennen, die nicht »ihre Papiere zeigen« will. Vor allem im 20. Jahrhundert haben viele Individuen versucht, sich auf negative Weise zu definieren, um so den Fallen des »Wir« zu entgehen und ihre Ehre daranzusetzen, sich nicht an irgendeiner Äußerung des Herdentriebs zu beteiligen, weil sie jede Beschränkung des Selbst auf eine kollektive Kategorie mit Misstrauen ansehen. Das Innenleben eines jeden ist mit allzu vielen Subtilitäten verwoben, als dass man es zuließe, gewaltsam mit kollektiven Kategorien identifiziert zu werden, die so grob wie soziale Herkunft, biologisches Geschlecht (Sex) oder Hautfarbe sind, aber auch, worauf Gombrowicz hinweist, ein politisches oder religiöses Dogma. Wenn John Lennon in »God«[107] die Liste *dessen* aufzählt, *woran er nicht glaubt* (in diesem Fall: Magie, Yi Jing, Bibel, Hitler, Jesus, Präsident Kennedy, Buddha, Bhagawadgita, Kings, Elvis, Bob Dylan und seine eigene Gruppe, die Beatles), entwirft er das Anti-Porträt einer absoluten Individualität, die nicht mehr bereit ist, ihre Singularität zu opfern, um ihre Treue gegenüber irgendetwas zu bekunden, das sie an einem unvermeidlich vulgären »Wir« beteiligen würde, weil es Tausende oder Millionen Personen nur auf das reduzieren wird, was sie gemeinsam haben, also auf das Armseligste, Undeutlichste und Uninteressanteste. Am Songende erkennt Lennon nur an, an sich selbst – und an seine Gefährtin Yoko, also an ihre Liebe – zu glauben. Halten wir fest, dass durchaus ein minimales »Wir« übrig bleibt, und es rettet das Individuum vor dem Solipsismus: das liebende »Wir«, das Paar, dich und mich. Darunter gibt es nur noch meine verschiedenen Persönlichkeiten und danach die absolute Einsamkeit.

Die Zweifel des in Bezug auf seine Zugehörigkeiten *geistig freien* Individuums dürfen uns nicht täuschen: Hier geht es nicht darum, das Individuum nur nach dem Modell eines Wesens aufzufassen, das darauf beschränkt ist, sein soziales Geschlecht (Gender), seine Sexualität, seine Rasse, seine soziale Klasse und sein Alter anzugeben. Der Individualismus des 20. Jahrhunderts, der jeder Kategorisierung misstraute und widerstand, hat uns ausreichend gelehrt, niemanden in das Gefängnis seiner Identitäten einzusperren oder zu jener generischen Beschreibung durch Einzelangaben (Alter, biologisches Geschlecht, soziales Geschlecht, Rasse, Klasse, Glauben) zu zwingen, die einem banalen standesamtlichen Meldezettel ähnelt. Doch dieses absolute Misstrauen gegenüber allen Zugehörigkeiten klingt wiederum wie ein Stereotyp der Vergangenheit: Wir spüren deutlich, dass wir diejenigen nicht ganz beim Wort nehmen können, die wie ich erklären, dass ich mich *niemals* durch meine Hautfarbe, meine Herkunft, meine Sexualität oder meine Generation definiert habe, dass ich den Wert eines jeden nach seinem singulären Wesen und seinen eigenen Qualitäten beurteile, dass ich meine Freunde und Genossen anhand von Übereinstimmungen auswähle, die mit diesen Kategorien absolut nichts zu tun haben, dass ich nicht jemand bin, der sich einer Gruppe anschließt, dass ich ein Individuum bin und dass ich nur bin, was ich bin. Wir meinen nicht, dass ich unrecht habe, diese individuelle Identität laut und nachdrücklich zu äußern, doch wir wissen, dass sie im Grunde eine generische Identität wie eine andere ist. Es ist die Identität von uns, den Individualisten.

»Wir« ist eine derart anpassungsfähige soziale Form, dass sie sich sowohl auf jene, die sie akzeptieren, als auch auf jene, die sie ablehnen, anwenden lässt. Entsprechend haben wir gesehen, dass sich am Ende des 20. Jahrhunderts eine kleine Gesellschaft von »wir Individualisten«

herausgebildet hat, die sich zum Beispiel in den sozialen Netzwerken und den Online-Communities von Spielern, Bloggern und Usern von Foren und von Facebook konkretisiert hat. Diejenigen, die nicht dazugehören wollten, haben eine Gemeinschaft gefunden, die auf der Zugehörigkeit zur Distanz beruht. Selbstverständlich gab es schon andere derartige Gemeinschaften vor dem Internet.[108] Als Emerson in *Gesellschaft und Einsamkeit* einen Freund schildert, der größte Mühe hat, »in der Tonart der anderen zu reden«,[109] und der darunter leidet, in Gesellschaft seiner Mitmenschen sein zu müssen, spricht er von der Literatur als der stillen Gemeinschaft jener, die allein sind. Immer hat es – kulturelle oder industrielle – Formen gegeben, um das »Wir« derjenigen Individuen aufzunehmen, die es ablehnen, »wir« zu sein: Um absolut kein »Wir« zu sein, müsste man eine derart originelle Möglichkeit finden, seine radikale Nichtzugehörigkeit auszudrücken, dass sie es ermöglichen würde, sich von allen anderen zu unterscheiden, die beanspruchen, nicht zu irgendeiner Gruppe zu gehören. Für die Romantiker war dies das Merkmal der Genialität. Doch selbst bei den Genies gibt es eine Teilgesamtheit. Die Ausnahmen bilden gleichfalls eine Gemeinschaft, selbst wenn dies auf negative Weise und durch ihr Streben nach Singularität geschieht.

Was uns interessiert, ist *alles wir*: Das Individuum, das stolz »ich« sagt, sollte nicht den Fehler machen, sich für geschützt zu halten, weil es sich eine freiere, singulärere Vorstellung von der Identität macht, die sich weigert, auf eine bürgerliche Identität reduziert zu werden, da es diese nicht gewählt habe und sie ihm in Bezug auf sich selbst nichts bedeute. Wie bei Proust gibt es ein soziales Ich und ein tiefes Ich, die den jeweiligen Personen entsprechend variieren. Genauer gesagt, es gibt ein »Wir«, dem wir uns zugeteilt fühlen, und es gibt ein ideales »Wir«, von dem wir uns ausmalen, dass wir uns mit ihm aus eigenem Willen identifizieren, und dem wir es zu verdanken haben, dass wir uns die von uns angestrebte Gemeinschaft von Mitmenschen vorstellen können.

Um seine Gedankenfreiheit zu bekunden, wird ein bestimmter Menschentypus zuerst Wert darauf legen, alle »Wir« von sich abzuweisen, um zu beanspruchen, nur er selbst zu sein. Wir wollen nicht die Herausbildung solcher singulärer Persönlichkeiten als illegitim erklären, vielmehr wollen wir veranschaulichen, dass sich die Herausbildung dieses Ichs niemals im leeren Raum, sondern auf der Grundlage des »Wir« vollzieht.

Michel Derrion ist ein Pionier der französischen Genossenschaftsbewegung des 19. Jahrhunderts, ein Fabrikant von Seidenstoffen, der Fourierist und danach Saint-Simonist war. Tief beeindruckte ihn die Revolte der Canuts (Lyoner Seidenweber), und er beschrieb sich so: »Ich wiederhole: Ich gehöre keiner politischen Partei an. Überall habe ich Freunde, überall finde ich Zuneigung, doch ich bin mit keiner exklusiven Gesellschaft verbunden, ich muss keinen Eid halten, ich bin ICH … ich bin ganz der großen menschlichen Familie ergeben.«[110] Wie man sieht, schließt diese Unabhängigkeitserklärung mit einem Treuebekenntnis zur Menschheit. Man kann niemals »ich« gegen *alle* »Wir« sagen, sondern lediglich »ich« gegen bestimmte »Wir«, und das im Namen von anderen.

Wir sind alle

So kommen wir zum zweiten Einwand. Er wird nicht mehr von dem formuliert, der verkündet: »Ich bin ICH.« Vielmehr von dem, der das Problem vom anderen Ende her erfasst und sich im Namen von »uns allen« äußert. Dieser Mensch spricht sich gegen die besonderen »Wir« aus, dies jedoch zugunsten eines universellen »Wir«. Er wendet sich gegen alle Einteilungen, die wir aufgelistet haben. Er versichert, dass all diese partiellen Identitäten (Mann, Frau, Weißer, Schwarzer, Jude, Araber, Russe …) falsch seien und dass es eine ultimative Zugehörigkeit gebe, dank deren wir alle hoffen dürfen, uns zu versöhnen.

Wer jene »Wir«, die ihm wie Fiktionen oder Lügen vorkommen, einfach mit einer Handbewegung abweist, tut es im Namen eines einzigen »Wir«. Das ist der Sinn der von Paulus verkündeten Verheißung: »Da gibt es nicht mehr Juden und Griechen, Sklaven und Freie, Mann und Weib. Denn ihr alle seid einer in Christus Jesus.«[111] Alain Badiou hat den paulinischen Universalismus kommentiert; er sieht in ihm eine Vorwegnahme der kommunistischen Hoffnung:[112] Die Identitäten seien stets falsche Teilungsfiguren, die hinter der Vorstellung einer einzigen egalitären Figur der ihr eigenes Schicksal auf sich nehmenden Menschheit verschwinden müssen.

Marx und Engels prophezeiten im *Manifest* tatsächlich: »Die nationalen Absonderungen und Gegensätze der Völker verschwinden mehr und mehr schon mit der Entwicklung der Bourgeoisie, mit der Handelsfreiheit, dem Weltmarkt, der Gleichförmigkeit der industriellen Produktion und der ihr entsprechenden Lebensverhältnisse.

Die Herrschaft des Proletariats wird sie noch mehr verschwinden machen. Vereinigte Aktion, wenigstens der zivilisierten Länder, ist eine der ersten Bedingungen seiner Befreiung. In dem Maße, wie die Exploitation des einen Individuums durch das andere aufgehoben wird, wird die Exploitation einer Nation durch die andere aufgehoben. Mit dem Gegensatz der Klassen im Innern der Nation fällt die feindliche Stellung der Nationen gegeneinander.«[113] Nun stellt man bei der paulinischen Verheißung ebenso wie bei der marxistischen Verheißung der Beseitigung der besonderen ethnischen oder nationalen »Wir« fest, dass die falschen Antagonismen unserer Identitäten vor dem Hintergrund eines authentischen »Wir« erscheinen, das jenes der Menschheit ist. Man muss also wenigstens »wir Menschen« sagen, um hoffen zu können, dass man »wir Juden«, »wir Griechen«, »wir Männer« und »wir Frauen« beseitigt, die wie Hindernisse bei der Verwirklichung einer allerletzten Identität im ewigen Christus oder in der klassenlosen Gesellschaft erscheinen.

Wer nun aber »wir Menschen« sagt, stellt allerdings dieses »Wir« einem verborgenen »Die«, dem der Nichtmenschen, entgegen. Die absolute Versöhnung von uns Menschen mit uns selbst kann nur auf Kosten anderer Wesen, die vom Ewigen und Absoluten ausgeschlossen sind, vor sich gehen. Erkennen wir trotzdem an: Die religiöse oder politische Verheißung kann die antagonistischen Identitäten so weitgehend beseitigen, dass sie den Unterschied zwischen dem Menschen und den anderen Arten auflöst. Formulieren wir die Botschaft des Paulus neu: »Da gibt es nicht mehr den Menschen oder die Tiere. Denn ihr alle seid einer in Christus Jesus.« Schreiben wir Marx' und Engels' Satz um: »Mit dem Gegensatz der Klassen im Innern der Menschheit fällt die feindliche Stellung zwischen den Menschen und den anderen Arten gegeneinander.« Also wird es dann keine Ungerechtigkeit, Ausbeutung und Herrschaft des Menschen gegenüber anderen Lebensformen geben. Doch nun kommen wir zu den verschiedenen Zuständen des »Wir« als einer Reihe von konzentrischen Kreisen zurück: Wenn wir, Menschen und Tiere, ein gemeinsames politisches Schicksal in einer antagonismusfreien Identität konzipieren müssen, muss man das »Wir« auf alles Lebende ausdehnen. Es gibt keinen Grund, auf irgendeiner Ebene des Universums stehenzubleiben. Langfristig vermischt sich »Wir« mit allem an der oberen Grenze der möglichen Ausdehnung der ersten Person Plural. Und dann löst sich das »Wir« auf: Der Begriff verliert seine Relevanz, wenn man eine kosmische Perspektive einnimmt.

Die einzige Grenze von »Wir« ist alles. Darum gibt es kein *absolut auf Vernunft gegründetes* »wir alle«, bevor man das Ende des Universums erreicht. Deshalb kann man weder mit der christlichen Verheißung noch mit der kommunistischen Verheißung beanspruchen, falsche und antagonistische Identitäten im Namen einer wahren und versöhnten Identität, die das »wir alle« sein würde, zu kritisieren. Man kann lediglich *bestimmte* antagonistische Identitäten im Namen *anderer* antagonistischer Identitäten kritisieren, und aus dieser Sicht sind alle zugleich falsch (denn sie teilen) und wahr (denn sie vereinen): Es ist eine Frage des Grades. Demjenigen, der von einem totalen »Wir« spricht, das er partiellen und trügerischen »Wir« entgegenstellt, muss man antworten, dass dies nicht weniger für sein »Wir« zutrifft. Das heißt nicht, dass die vom Christentum oder vom marxistischen Kommunismus vorgeschlagenen Identitäten nicht rechtmäßig wären, vielmehr können sie die anderen Identitäten nicht unrechtmäßig machen.

Mehrere »Wir«, über die man nicht hinausgehen kann, gibt es immer und wird es immer geben.

»Wir« des Interesses und »Wir« der Idee

Erkennen wir an, dass es für »Wir« ein einziges Wort, aber mehrere Bedeutungen gibt. Nun kommt ein dritter Einwand hinzu.

Diesmal spricht unser Opponent nicht im Namen von »Ich« oder im Namen von »Wir alle«: Er erkennt an, dass es eine komplexe Struktur aus mehreren konzentrischen oder verflochtenen »Wir« gibt, doch er stellt zu Recht fest, dass wir von Anfang an unter dem einzigen Namen »Wir« wenigstens zwei Identitätstypen vermischen: »Wir Schwarze« und »wir Weiße«, »wir Männer« und »wir Frauen« können nicht gleichwertig sein mit »wir Kommunisten« oder sogar mit »wir Christen«. Im ersten Fall handelt es sich um Zugehörigkeiten, die nicht gewählt wurden und die das Individuum bei seiner Geburt erhalten hat; im zweiten Fall geht es um Wahlentscheidungen, für die das Individuum die Verantwortung tragen kann. Es wird mit männlichem Geschlecht geboren, es wird mit einer bestimmten Hautfarbe geboren, aber es hat eine Wahl getroffen, woran es glaubt und zu welcher politischen Gemeinschaft es nun gehört. Es ist nicht vollständig vergleichbar, ob man zu seinem biologischen Geschlecht gehört oder für diese oder jene Partei stimmt. Und dann: Man kann sich von dem, woran man sich freiwillig bindet, auch stets lösen.

Dieser Mensch verlangt das Recht, aufgrund der »Wir« beurteilt zu werden, in die er bei vollem Bewusstsein *freiwillig* eingetreten ist, und nicht aufgrund der »Wir«, in die er *gegen seinen Willen* hineingeboren wurde. Er wirft uns vor, in demselben Wort die Begriffe seiner Daseinsbedingungen und die seiner Freiheit zu vermischen.[114]

Wenn ich »wir Menschen«, »wir Frauen« oder »wir Schwarze« sage, binde ich mich nicht auf die gleiche Weise, wie wenn ich erkläre, im Namen von »wir Dschihadisten«, »wir Anarchisten« oder sogar von »wir Zionisten« oder »wir Schintoisten« zu sprechen. Im ersten Fall ist das »Wir« ererbt: Gewiss ist es möglich, aus der Beziehung, die jeder von uns mit den Angehörigen desselben biologischen Geschlechts oder derselben Hautfarbe unterhält, eine politische Haltung zu machen, doch der ursprüngliche Begriff dieser Beziehung wird von der Geburt gegeben. Im zweiten Fall, wenn ich meine Zugehörigkeit zu einer ideologischen Gruppe, meinen Eintritt in eine Gemeinschaft von Gläubigen, meinen Anschluss an eine Sekte, meine Solidarität mit einer Gemeinschaft von Genossen oder Freunden bestätige, benutze ich ein performatives »Wir«: Indem ich bestätige, dass ich dazugehöre, gehöre ich dazu.

Aus Gründen der Klarheit werden wir von einem »Wir des Interesses« sprechen, um jedes »Wir« zu bezeichnen, in dem ein Subjekt erzogen wird, und von einem »Wir der Idee«, um ein »Wir« zu kennzeichnen, welches das Subjekt wählen und freiwillig ändern kann.

In diesem Sinne ist »wir« ein Indikator der Freiheit, der es ermöglicht, die Beziehung zwischen der einem Individuum von seinen Geburtsumständen auferlegten Identität und der von diesem Individuum gewählten Identität zu beurteilen: Es gibt das »Wir«, das den Menschen bestimmt, und das »Wir«, das der Mensch bestimmt, es gibt das »Wir«, an das er durch die Gesellschaft gebunden ist, und das »Wir«, an das er sich bindet.

Entsprechend dieser von unserem Opponenten, der Wert auf individuelle Freiheit legt, vertretenen Konzeption gibt es in Wirklichkeit nicht *ein* allumfassendes Wir und *verschiedene* besondere Wir, sondern stets zwei Typen von »Wir«, die man sorgfältig unterscheiden muss. Der freie Wille legt Wert auf eine Trennungslinie, die unveränderlich durch unsere Identitäten verläuft und es ermöglicht, so etwas wie die *Sonnenseite* und die *Schattenseite* des Selbst an beiden Flanken einer Gratlinie zu definieren. Auf der einen Hangseite wird das »Wir« ertragen, auf der anderen ist es gewählt. Unser Opponent versucht stets, die Menschen anhand der von ihnen gewollten Zugehörigkeit zu beurteilen, obwohl er versteht, dass es auf der anderen Seite ein Massiv von Bestimmungen gibt, für die kein Individuum selbst verantwortlich ist. Das Individuum existiert an der Schnittlinie zwischen seinen Interessen des Genders, der Rasse oder sogar der Klasse (man wählt seine Herkunft nicht aus) und seinen religiösen, politischen oder philosophischen Ideen.

Gestehen wir diesen Punkt zu, aber nutzen wir die Gelegenheit, um den Verteidiger des freien Willens darauf hinzuweisen, dass diese Teilungslinie niemals starr bleibt.

Denn es gibt keine endgültige Grenze zwischen absoluten »Wir« des Interesses und absoluten »Wir« der Idee. Es ist sogar möglich, eine Gesellschaft oder eine Gemeinschaft zu bestimmen, indem man das Kräfteverhältnis zwischen »Wir« des Interesses und »Wir« der Idee einschätzt, auf dem sie beruht. Je mehr die »Wir« der Idee dazu tendieren, »Wir« des Interesses zu werden, desto weniger ist ein Subjekt berechtigt, über seine Zugehörigkeit nachzudenken und zu entscheiden. So etwa wird die von einer strengen Erziehung verstärkte religiöse oder politische Identität im Rahmen der Familie übertragen, und jede gegenteilige Entscheidung eines Individuums wird als Verrat oder als Normabweichung angesehen. Ebenso wie man nicht sein Alter, sein biologisches Geschlecht oder seine Ethnie wählt, wählt man auch nicht sein Gender oder seine sexuelle Identität, in einer solchen Gesellschaft wählt man nicht seinen Glauben oder seine Klasse (seine Kaste), die man geerbt hat.

Man kann sich vorstellen, das »Wir« der Idee weitestgehend zu verringern, sodass alle »Wir« solche des Interesses sind, das heißt übertragen, ererbt und von der Tradition, von einem System aus Gewohnheiten festgelegt. Doch selbst in diesem Fall bleibt so etwas wie ein hartnäckiger Widerstand der Idee übrig, die sich nicht vollständig in Interesse verwandelt: Zumindest ist die individuelle Zustimmung zur Tradition notwendig, um deren Übertragung zu ermöglichen; wenn alle »Wir« der Idee solche des Interesses sind, ist zumindest notwendig, dass jeder, Generation für Generation, dieser Idee zustimmt und einverstanden ist, zu dieser Gruppe zu gehören, in der uns alle ein übertragenes Interesse einbindet.

Sagen wir also, dass »Wir« von einem ständigen Kräfteverhältnis zwischen Interesse und Idee durchzogen wird, dass das freie Individuum aber nicht zwangsläufig die Kammlinie ist, welche die ererbten »Wir« von den gewählten »Wir« der Ideen trennt; diese Linie entwickelt sich, wie es den Epochen und Gesellschaften entspricht. »Wir« ist eine ektoplasmatische Form von Interessen und Ideen, deren Verhältnis nicht fest bleibt. Es ist unmöglich, ein für alle Mal zu bestimmen, dass sich mein soziales Geschlecht, meine Sexualität oder meine Rasse meinen Zugehörigkeiten des Interesses zuordnen und dass mein Glaube oder meine politischen Meinungen zu den Ideen zählen, für die ich mich frei entscheide.

Es gibt wechselnde Bedingungen, die es ermöglichen, den Autoritäts- oder Liberalitätsgrad einer Gruppe intuitiv zu beurteilen: Je mehr die »Wir« der Idee, das heißt die gewählten Zugehörigkeiten, als »Wir« des Interesses, das heißt von der Tradition übertragen, erscheinen, desto mehr gehorcht die Gruppe einer *autoritären* Struktur. Die Gruppe ist im Gegenteil *liberal*, wenn die Interessen als Ideen behandelt werden. Dies ist sicher die Besonderheit der westlichen Gesellschaften vom Anfang des 21. Jahrhunderts. In diesem Fall ist selbst das soziale Geschlecht (Gender) nicht ererbt; in einer solchen Gesellschaft wird es unerträglich, zu akzeptieren, dass die Zugehörigkeit zu einem geschlechtlich differenzierten »Wir« vom Interesse und nicht von einer Idee bestimmt wird. Freiheit oder Befreiung sind stark mit der Aufwertung der »Wir« der Ideen verbunden: Nicht nur die religiöse oder politische Zugehörigkeit ähneln Glaubensvorstellungen, sondern auch das soziale Geschlecht (Gender) kann so etwas werden.

Den gegenteiligen Effekt zu dem der *Tradition*, durch den autoritäre Gruppierungen definiert sind, können wir als Effekt der *Kritik* bezeichnen, welche die liberalen Gruppierungen von Subjektivitäten definiert: Durch den »Effekt der Kritik«, deren moderne philosophische Erscheinungsformen der Existentialismus, die Dekonstruktion oder die »Gender Studies« gewesen sind, werden alle »Wir« des Interesses, die traditionell durch die Natur begründet wurden, historisiert und kontingent, und zuallerletzt müssen sie der freien rationalen Wahl des Individuums überlassen werden.

»Weit entfernt, dass wir unsere Situation nach Belieben modifizieren könnten, scheinen wir uns nicht einmal selbst ändern zu können. Ich bin weder ›frei‹, dem Los meiner Klasse, meiner Nation, meiner Familie zu entgehen, noch, meine Macht oder mein Vermögen zu erwerben [...]. Ich werde als Arbeiter, als Franzose, mit Erbsyphilis oder Tuberkulose geboren.«[115] Dies schreibt Sartre, um die »Situation« der Freiheit zu beschreiben, die nichts anderes als die Gesamtheit dessen ist, was wir als »Wir des Interesses« bezeichnen. Diese Situation ist das Gegebene der Freiheit, die das existentielle Projekt – das heißt das, was wir das »Wir der Idee« genannt haben – autorisiert, indem sie es nichtet. Der Sartres Existentialismus inhärente Effekt der Kritik ist keine Negation der Existenz von Gemeinschaften durch Interesse zugunsten des einzelnen Schicksals kraft Idee, für das ich verantwortlich bin, sondern legt Wert auf diese Besonderheit: Es genügt ein Loch im Sein, durch das ich in meiner Identität nicht *vollständig* determiniert bin, damit ich für alles verantwortlich werde, was mich konstituiert. Ich werde in eine bestimmte soziale Klasse hineingeboren, und ich bin nicht für die von mir ererbte Identität verantwortlich, wohl aber für das, was ich daraus mache, für meine Art, es zu beanspruchen, es zu verbergen oder zu vergessen.

In *Gender Trouble* (»Das Unbehagen der Geschlechter«)[116] zieht Judith Butler eine vergleichbare Linie zwischen natürlichen und konstruierten »Wir«, die es ihr durch den Effekt der Kritik ermöglicht, die Geschlechtsunterschiede, die naturalisiert worden sind, zu historisieren. Die naturalistischen Geschlechtsmodelle (das »Ewig-Weibliche« Goethes) waren stets Konstruktionen, und die Interessen, in die wir hineingeboren werden, erscheinen uns dank der Kritik wieder als Ideen. Die Performanz, durch die wir die Rolle spielen, auf natürliche Weise zu »uns Männern« oder zu »uns Frauen« zu gehören, ist nur ein Effekt der Tradition (eine historische Konstruktion, eine tägliche Wiederholung kleiner Akte), die eine Rolle in Natur, eine Idee in Interesse verwandelt. Der Effekt der Kritik ermöglicht es, wie bei Sartre oder Derrida den Effekt der Tradition zu durchkreuzen, und Freiheit besteht nicht darin, eine absolute Wahl dessen zu treffen, wer wir sind, sondern darin, für das verantwortlich zu sein, was wir daraus machen: Es geht »um eine Praxis der Improvisation im Rahmen des Zwangs«.[117]

Daher negiert der Effekt der Kritik niemals die Existenz von vererbten Interessen, ganz im Gegenteil, er proklamiert die Notwendigkeit, unsere Interessen stets in Ideen umzuformen, um frei zu sein. Je liberaler eine Gesellschaft in ihren Lebensgewohnheiten ist, desto mehr fördert sie tatsächlich die Umformung des »Wir« des Interesses in ein »Wir« der Idee durch den Effekt der Kritik; doch ebenso wie bei der Umwandlung jedes »Wir« der Idee in ein »Wir« des Interesses ein Widerstand der Idee übrig bleibt, erscheint im liberalen Prozess so etwas wie ein hartnäckiger Widerstand des »Wir« des Interesses.

Stellen wir uns einen Augenblick die frei erfundene Fiktion einer in ihren Lebensgewohnheiten *absolut* liberalen Gruppe vor. Hier hätte der Effekt der radikalen Kritik jeden Effekt der Tradition verdrängt. In dieser Menschengruppe ist kein »Wir« mehr eines des Interesses: Jedes »Wir« ist eine Idee. Daher kann ein Individuum stets sein soziales Geschlecht, seine Sexualität, aber auch sein Alter bestimmen. Selbstverständlich hat es ein natürliches Alter, das nicht von ihm abhängt: Es ist zum Beispiel dreißig Jahre alt. Doch dieses natürliche Alter, das es der Interessengemeinschaft der Dreißigjährigen zuordnen müsste, ist nicht mehr als das, was das genetische Geschlecht im Verhältnis zum *Gender* ist: Es ist eine Gegebenheit, keine Identität. Dreißig Jahre alt zu sein ist so etwas, wie eine Frau zu sein: Es ist eine konstruierte Identität, die voraussetzt, dass man bestimmte Interessen, Verhaltensweisen, Vorlieben teilt und sich so und nicht anders benimmt. Ebenso wie sich ein scheinbar als Frau geborenes Individuum im tiefsten Innern als Mann fühlen kann, kann sich ein scheinbar dreißigjähriges Individuum im tiefsten Innern als Jugendlicher fühlen: Dann gehört es zur Gemeinschaft der *Teenager*, kleidet sich, hört Musik, isst, redet und zeigt ein soziales Verhalten als solcher. Seine Ideengemeinschaft wird nicht von seiner ererbten Gemeinschaft bestimmt: Dies wäre ein unrechtmäßiger, seinem Wesen angetaner Zwang, der sich durch den Effekt der Kritik, die es ermöglicht, das natürliche Alter vom sozialen Alter zu trennen, vereiteln lässt.

In unserer kleinen imaginären Gesellschaft verhält es sich in Bezug auf die Rasse nicht anders: Jedem steht es frei, seine eigene rassische Identität zu erfinden, neue hybride Rassen zu ersinnen oder sich als arassisch zu erklären. Hier sind alle »Wir« konstruiert, können daher so gewählt und »performt« werden, wie ein Schauspieler eine Rolle spielt.

Doch wenn man einen solchen Grenzfall freier Lebensgewohnheiten konzipiert, der das »Wir« der Idee zum Nachteil des »Wir« des Interesses verabsolutiert, so ergibt sich ein irreduzibles »Wir« des Interesses, das heißt eine tradierte Identität, in die wir hineingeboren werden und die wir nicht frei wählen. Welche ist das? Bei diesem Grad der radikalen Freiheit ist das »Wir« des Interesses nichts anderes als *das »Wir« der Idee selbst*: Wir sind von allen unseren Zugehörigkeiten frei, außer von der, die uns an dieses freie »Wir« bindet. Wie im Werk Sartres können wir nicht mehr wählen, nicht zu wählen: Schon von Geburt an erben wir alle unsere Zugehörigkeit zu einer liberalen Gemeinschaft, die uns zwingt, unsere Zugehörigkeit zu erfinden. Entweder lässt diese Freiheit nicht zu, dass man auf sie verzichtet, und in diesem Fall definiert sie eindeutig ein »Wir« des Interesses und kein »Wir« der Idee – oder diese Freiheit ist so stark, dass sie uns sogar erlaubt, ein aufgezwungenes »Wir« als Identität zu wählen. Dann können wir frei entscheiden, wieder Männer oder Frauen »von Natur aus« zu werden und unseren Kindern diese Zugehörigkeiten autoritär zu übermitteln. Unsere kleine, in ihren Lebensgewohnheiten ultraliberale Gesellschaft wird in der folgenden Generation wieder eine von Autorität bestimmte Gruppierung.

Der Effekt der Tradition verwandelt nicht auf magische Weise alles, was wir als Sein wählen können, in Natur, ebenso wenig wie der Effekt der Kritik das vollständig ändern kann, was uns als freie Identität übermittelt wurde. Den jeweiligen Gruppen entsprechend vergrößern und verringern sich der Teil des »Wir« des Interesses und der Teil des »Wir« der Idee in umgekehrtem Verhältnis; doch »wir« ist niemals absolut das, was uns formt, oder absolut das, was wir formen.

*

Wir haben auf unsere drei Einwände geantwortet, und so haben wir unsere Entscheidung, dass wir uns für alle »Wir« in ihrer Vielfalt interessieren, gerechtfertigt: etwas mehr als »ich«, doch etwas weniger als »wir alle«. Wir möchten indes verstehen, wie die Struktur all dieser besonderen »Wir«, welche die Wesen trennen und vereinen – ob es sich nun um ertragene oder gewählte, kurzlebige oder dauerhafte Identitäten handelt –, beschaffen ist. Bei manchen Gelegenheiten haben wir sie uns als konzentrische Kreise zwischen allem und »ich« vorgestellt, dann wieder mussten wir uns miteinander verschlungene Ringe oder sich überlappende Kreisabschnitte denken – wir wissen es nicht mehr ganz genau. Von ihnen gibt es so viele Arten, dass wir ein treffendes Bild brauchten, damit wir gedanklich erfassen können, was allen »Wir« gemeinsam ist: ihre allgemeine Form.

Die Form dieser kollektiven Identitäten ist seit langem Gegenstand von Forschungen und Modelldarstellungen. So gab es zum Beispiel die Massenpsychologie von Gustave Le Bon[118] oder die kritische Beschreibung der Massen und Gruppen, ihres Zusammenhalts und ihrer Unterwerfung unter einen Führer durch Elias Canetti in *Masse und Macht*.[119] Soziologie und Politologie haben sich um eine exaktere Beschreibung und Erklärung bemüht, wie sich politische Identitäten, also »Wir« der Idee, ausgehend von »Wir« des Interesses konstituieren. Aufgrund von Untersuchungen verschiedener »ethnisch-politischer« Rebellenbewegungen in Afrika und Südostasien hat Ted Gurr ein theoretisches Modell für das Verständnis der Konstruktion des Subjekts »Wir« in Revolten und Guerillas vorgeschlagen, die eine ethnische – also ererbte – Identität und eine politische – also konstruierte – Identität untrennbar miteinander verbinden: »Die ethnisch-politische Aktion setzt eine Gruppenidentität voraus, die hochgeschätzte kulturelle Züge und gemeinsame Klagegründe oder Bestrebungen miteinander teilt. Diese Gefühle und Interessen liefern die wesentlichen Grundlagen für die Mobilisierung und bieten die Form für bestimmte Forderungen der Gruppenführer [...]. Der zeitliche Ablauf der Aktion und die Wahl der Teilnahme-, Protest- oder Rebellionsstrategien richten sich weitgehend nach politischen Bedingungen, die es außerhalb der Gruppe gibt, hauptsächlich nach ihrer Beziehung zum Staat und zu den externen Akteuren.«[120] Dies ist ein konkretes Modell für die Formierung eines »Wir«. Die Rebellion hat ihren Ursprung in einem ererbten und diskriminierten »Wir«, und ausgehend von diesem »Wir« setzt sie die Konstruktion eines verdoppelten, strategischen und bald politischen »Wir« voraus: einer Partei mit ethnischer Basis. Ted Gurr vertritt seit langem die Ansicht, dass man Umfang, Intensität und Dauer einer Rebellion ausgehend vom Identitätsstatus einer Bevölkerung, insbesondere von ihrer »relativen Frustration« (das heißt: davon, worum sich eine soziale Gruppe im Vergleich mit einer anderen Gruppe gebracht fühlt), einschätzen könne.

Soziologen und Politologen haben viele weitere Modelle entwickelt, mit denen sie die Logik der Organisationsformen des »Wir« erklären wollen: wie sich ein gegebenes »Wir« organisiert und zu einer politischen Idee wird, um ein gemeinsames Interesse zu verteidigen. Diese traditionellen Modelle der politischen Wissenschaften geben uns jedoch nicht die Möglichkeit, das von uns gesuchte Bild zu erhalten, weil sie eine Art von übermächtigem sozialem Wissen in der dritten Person Plural anwenden: Soundso

handeln die Gruppen, die politischen Identitäten konstituieren sich auf diese oder jene Weise. Die politischen Wissenschaften seien die legitimen Wissensbereiche, die »Wir«
von außen analysieren und »Wir« so untersuchen, als wäre dieses »Wir« immer ein »Sie«. Doch wenn erklärt werden soll, warum wir »wir« sind, scheinen die Subjekte
auf Akteure reduziert zu sein, die dazu verurteilt sind,
ihre Identitäten wie Uniformen anzulegen, damit sie ihre
Rolle spielen können. Wir bilden uns niemals auf diese
Weise heraus: Wir werden mitten in »Wir« geboren, wobei wir nach und nach die Logik unserer Zugehörigkeiten entdecken, und erst nach einer bestimmten Zeit kann
es vorkommen, dass wir uns von außen erfassen und eine
unserer Identitäten aus der Sicht einer anderen unserer
Identitäten entdecken. Wenn ein Modell der politischen
Theorie auf den Gebrauch der ersten Person Plural verzichtet, um diese Identität zu verstehen, erweckt es stets
den Eindruck, dass man ein Spielfeld beobachtet, auf dem
sich mehrere Lager gegenüberstehen und auf dem jedem
ein Platz zugewiesen ist: Man erkennt klar, wer wer ist,
welche Interessen und Einstellungen jedes Lager hat, und
trotzdem sagt man »sie« und »die da«, man sieht sie von
oben, man verliert den Sinn des Spiels selbst aus den Augen, denn man versteht nicht, was es bedeutet, zu einem
am Spiel beteiligten, in einem Lager angesiedelten »Wir«
zu gehören.

Wir wollen dieses Gefühl rational begründen: dass man
zu einem »Wir« gehört.

Um »Wir« zu verstehen, müssen wir nun uns verstehen, das heißt, man muss diese Form von innen untersuchen, und das nicht nur, wenn sie sich bei hellem Lichte
durch ein Rollen- und Positionsspiel bei Wahlen, Konflik-

ten oder Aufständen äußert, bei denen jeder gezwungen ist, seinen Platz einzunehmen, sondern im Alltag, bei dem routinemäßigen Gebrauch, den wir davon machen, ohne es überhaupt zu bemerken. Wir müssen die jedem beliebigen »Wir« gemeinsame Struktur entdecken, *indem wir von uns ausgehen.*

Jedes »Wir« ist ein Einteilungssystem

Was geschieht, sobald wir »Wir« sagen? »Wir« zu sagen heißt zuerst, eine Ebene zu wählen.

Wenn wir beispielsweise während eines Gesprächs beiläufig erklären: »wir als Schwarze«, meinen wir: Wir verteilen Identitäten so, dass wir die biologische Geschlechtszugehörigkeit *in den Hintergrund* verweisen: Nun kommt es weniger darauf an, ob ein bestimmter Schwarzer ein Mann oder eine Frau ist, ob ein bestimmter Weißer ein Mann oder eine Frau ist, als vielmehr darauf, ob eine bestimmte Frau weiß oder schwarz ist. Dies ist eine Prioritätsentscheidung.

»Wir« zu sagen ist ein erster Schritt, um diese Ebenen zu ordnen.

Auf einer bestimmten Ebene bedeutet es dann, Grenzen festzulegen, indem man das Verfahren des Ausschneidens und Zuschneidens anwendet. Unter *Ausschneiden* verstehen wir, dass man eine Grenze zieht, die ein »Wir« von einem undifferenzierten Außen isoliert, das man als »ihr«, »sie«, »etwas anderes« oder sogar »überhaupt nichts« bezeichnen kann. Um die menschliche Spezies auszuschneiden, ist es daher notwendig, über — zugleich wissenschaftliche, metaphysische und politische — theoretische Werkzeuge zu verfügen, die es erlauben, mithilfe von operativen Definitionen der »Spezifik des Menschen« eine Art abseits der unterschiedslosen Gesamtheit aller anderen, die als »Tiere« bezeichnet werden, zu isolieren. Wenn man die menschliche Spezies ausschneidet, heißt das, dass man sie vom ganzen Rest unterscheidet. Aber das Ausschneideinstrument ist gleichzeitig ein präzises Instrument, um diesen Rest zuzuschneiden: Es muss möglich sein, Artdifferenzen auch in diesem Rest zu unterscheiden. Alles lebendige Nicht-Menschliche wurde so klassifiziert, und das Zeitalter des Rationalismus prägte die Suche nach einem passenden System des Zuschnitts oder der Einteilung der Organismen, *das es ermöglichen sollte, den Ausschnitt des Menschen zu bewahren*: Nach den originellen Versuchen von Fuchs im Jahre 1542,[121] von Gessner im Jahre 1551[122] oder von Camerarius im Jahre 1694,[123] die Pflanzen und Tiere in alphabetischer Reihenfolge, nach ihrer äußeren Erscheinung und dann nach dem Unterschied der Geschlechter zu klassifizieren, begreift Joseph Pitton de Tournefort,[124] dass das einfachste und wirkungsvollste Verfahren, mit dem man die Irrtümer der Alten vermeiden kann, darin besteht, die Arten auf hierarchischen Ebenen zu behandeln, wie sie dann durch Carl von Linné[125] kodifiziert wurden. Mit Jussieu[126] und Cuvier[127] bildet sich allmählich eine Logik der Klassifikation der Natur heraus, indem man konstante Merkmale ermittelt. Aber diese Klassifizierung gefährdet den Ausschnitt des Menschen, seinen außergewöhnlichen und zentralen Status inmitten der anderen Arten, dessen Gültigkeit die genealogische und phylogenetische Klassifizierung des Evolutionismus schließlich ganz aufheben wird. Das *Zuschneiden* des Lebendigen in einzelne Arten hat somit schließlich das *Ausschneiden* der menschlichen Spezies überwunden. Unter *Zuschnitt* verstehen wir nicht mehr die Isolierung eines Teils von allem, was ihn umgibt, sondern die Teilung einer im Voraus ausgeschnittenen Gemeinschaft in mehrere Unterteile. »Wir, die menschliche Spezies« bezeichnet zugleich einen Ausschnitt (wir sind eine Art, die sich von allem unterscheidet, was nicht »wir« ist: unser Unterschied zu den anderen unterscheidet sich von allen Unterschieden zwischen den anderen) und einen Zuschnitt (außerhalb von uns muss es mehrere unterschiedliche Arten geben, und in unserem Innern gibt es vielleicht mehrere Rassen).

Wenn man »wir Weiße« sagt, heißt das, den Weißen auszuschneiden. Aber es bedeutet nicht einfach, die Weißen von allen anderen Menschen zu isolieren, sondern vorauszusetzen, dass es jenseits der weißen Menschen ein Einteilungssystem nach der Hautfarbe gibt: die Schwarzen, die Gelben, die Mestizen usw. So schneidet das rassialistische »Wir« zugleich seine eigene Farbe aus und setzt den Zuschnitt von allen anderen voraus.

Dieser Zuschnitt ist dann eine Sache des *Präzisionsgrades*. Wenn jemand erklärt: »wir Weißen« oder »wir Abendländer«, »wir Kaukasier« oder »wir Arier«, »wir Europäer« oder »wir echten Franzosen« oder auch »wir Christen«, so nimmt er überhaupt nicht jeweils die gleiche Einteilung der ihn umgebenden Welt vor, selbst wenn er das Gefühl haben kann, dieselbe Identitätszugehörigkeit zu bezeichnen. Der Präzisionsgrad seines Zuschnitts hängt von der Zahl der Schnitte ab, die sein Ausschnitt herbeiführt. Bei den rassialistischen Zuschnitten befindet sich derjenige, der lediglich die Weißen und die »Dunkelhäutigen« oder »Braunen« oder auch noch »die Kanaken« unterscheidet, nicht auf derselben Präzisionsstufe wie derjenige, der zwischen Nenzen, Mongoloiden, Jakuten, Indoeuropäern, Burjaten, Aborigines, Tataren usw. differenziert.

Für dieselbe Ebene des Aus- und Zuschnitts ist jedes »Wir« das Indiz eines Präzisionsgrades. Jemand, der sich im Bereich der Altersgruppen auf »wir Junge« oder »wir, die Generation X« oder auch »wir, die Generation Y« bzw. »wir Zwanzigjährige« oder »wir, die 15- bis 25-Jährigen« bezieht, wählt trotz seines journalistischen Wortschatzes und seiner annäherungsweisen Bezeichnungen eine bestimmte Einteilungsebene, die weitgehend über das von ihm hergestellte Begrenzungssystem entscheidet.

Diese Einteilung ist des Weiteren eine Sache der *Strategie*: Sie ist eine ständige Berechnung, so etwas wie eine spontane Politik, die beim Sprechen unter allen unseren Sätzen wie ein Grundton mitschwingt, unsere Stellungnahmen begleitet und unsere Engagements unterstützt. Sie ist auch das, was wir im Diskurs eines anderen entdecken: sein Zuschnittsystem, sobald er damit beginnt, »wir« und »ihr« zu sagen. Wir spitzen die Ohren. Bei einer Diskussion nehmen wir das als Erstes bei einem Menschen wahr: das System seiner »Wir«. Ein »Wir« einzuteilen bedeutet nicht nur, eine grobe Grenze zwischen uns und ihnen zu bestimmen und dann die Präzisionsebene dieser Unterscheidung im Verlauf der Auseinandersetzungen anzupassen. Es heißt auch, zwischen mehreren »Wir« und mehreren »Sie« zu vermitteln und zu bestimmen, wer am nächsten und wer am weitesten entfernt ist – und vor allem: wer sich fern genug befindet, damit er durch eine *Grenze* von einem selbst getrennt werden kann, und wer nahe genug ist, damit wir – »wir« und »sie« – von einem Dritten unterschieden sind. Dies ist nicht nur eine Freund-Feind-Logik wie bei Carl Schmitt, sondern auch eine Berechnung von Näherungseffekten und dann von Schwelleneffekten, die es ermöglicht, einen graduellen Unterschied fortwährend in einen natürlichen Unterschied umzuwandeln.

In einer Situation, in der »wir gegen euch sind«, sieht man sich somit regelmäßig mit dem Erscheinen einer dritten Gesamtheit konfrontiert, die weiter von uns *und* von euch entfernt scheint, als wir es von euch sind. Die Bündnisfrage stellt sich folgendermaßen: Muss man »Wir« die widersprüchliche Gesamtheit nennen, die wir mit euch im Verhältnis zu ihnen bilden? Dies ist der Grundsatz der nationalen Union, wie er in Frankreich zum Zeitpunkt der Kriegserklärung von 1914 vertreten wurde und die Aktivisten der Arbeiterbewegung spaltete: War die Gefahr so groß, dass man die Klassensolidarität mit den deutschen Arbeitern durch die nationale Einteilung überlagern musste, die ganz Frankreich, Bourgeoisie und Proletariat zusammen, von ganz Deutschland trennte? Die Frage der Überlagerung aller »Wir« durch die Nation stellt sich regelmäßig als strategische Frage. Muss man die »Wir« in Schichten unterteilen und von einem »umstandsbedingten Wir« sprechen, um zu bezeichnen, was wir sind, wir und ihr, ihnen gegenüber, im Gegensatz zu einem »grundsätzlichen Wir«? Vielleicht, doch wir kommen hier zu einem Wesenszug der Struktur des »Wir«: Es gibt nur ein »Wir« im Sprachgebrauch. Selbst wenn man von ihm dennoch alle Schattierungen auf so etwas wie einer Musterpalette des Denkens auseinanderhält, bleibt das »Wir« eindeutig. Wenn wir auch für euch »wir« sagen, werden wir bald nicht mehr imstande sein, zwischen »Wir« *wir* und »Wir« *euch* genau zu unterscheiden: Die tausend Nuancen von »Wir« verhindern niemals, dass man sie mit ein und demselben Wort vermengt.

Wenn ich mit »Wir« zugleich mein Dorf und mein Land

bezeichne, weil ich der Ansicht bin, dass mein Dorf und meine Nachbarn zu einem nahen »Wir« gehören, das stärker als die Gesamtheit meines Vaterlandes ist, während dieses ein ferneres und loseres »Wir« bildet (wie es der Logik von Jean-Marie Le Pen entspricht, der mehrmals erklärt hat: »Ich ziehe meinen Freunden meine Familie vor, meinen Nachbarn meine Freunde, meinen Mitbürgern meine Nachbarn, den Europäern meine Mitbürger«[128]), so lasse ich das »Wir« als eine flexible Form an genau konzentrischen Kreisen vom kleinsten zum größten variieren. Da »Wir« dieser Logik zufolge jedoch ein Einteilungsprinzip ist, muss ich nach und nach zwischen dem schwachen und dem starken Sinn von »Wir« wählen. Möglicherweise entscheide ich mich für ein umfangreicheres, aber weniger intensives »Wir«, das mich mit Menschen verbindet, die ich nicht kenne, denen ich mich indes von vornherein durch eine Gemeinschaft der Sprache, des Territoriums und der Geschichte anschließe. In diesem Fall dehnt sich das »Wir« aus, wird allerdings abstrakter. Im entgegengesetzten Fall entscheide ich mich für das nahe »Wir«, und das »Wir« wird wieder konkreter, zieht sich aber zusammen, und wenn ich meine Zugehörigkeit beweisen muss, werde ich die nahe und konkrete Identität im Gegensatz zur idealen und fernen Identität wählen. Ich werde abtrünnig und weigere mich dann, im Namen eines allzu weiten »Wir« Krieg zu führen.

Dies ist eine klassische Gewissensfrage, die man in der griechischen Tragödie (den Konflikt der Antigone[129]) oder bei Shakespeare (den Gegensatz zwischen Montagues und Capulets[130]) findet. Doch es gibt diese Gewissensfrage nur, wenn ich entscheide, meine Zugehörigkeiten nach alter Art in konzentrischen Kreisen zuzuschneiden: denen meiner Liebe zu meiner Stadt, wozu auch meine Familie gehört. »Wir« bezeichnet in diesem antiken oder klassischen Modell unterschiedliche Intensitätsgrade meines Identitätsgefühls, zwischen denen ich je nach den Umständen entscheiden muss, weil ich aufgefordert bin, nur ein »Wir« zu haben, obwohl ich zu mehreren ineinander verschachtelten »Wir«-Ebenen gehöre.

»Wir« ist tatsächlich ein Einteilungsprinzip, weil es zugleich eines (es gibt nur einen Begriff) und vielfach (es gibt mehrere »Wir«, den einzelnen Ebenen und Präzisionsgraden entsprechend) ist. Das »Wir« vereint und teilt zugleich.

Was teilt es? Es nimmt Unterteilungen zwischen den Individuen vor, indem es sie auf die eine Seite einer Grenze oder auf die andere stellt, doch es ordnet auch Räume: Wenn man »wir Jugendliche« sagt, heißt das, dass man sich bestimmte Orte zuschreibt und sie gegenüber anderen privilegiert. Es heißt auch, die Zeit klar einzuteilen und die Ansicht zu vertreten, dass für »uns von der jungen Generation« der ganze Zeitraum, auf den ihr euch bezieht, unterschiedslos zur Vergangenheit gehört, auf deren Grundlage man hervortreten lässt, was *jetzt* vor sich geht, während für den, der im Namen von »uns, der alten Generation« spricht, die Einteilung der Tief- und Höhepunkte der Geschichte nicht dieselbe sein wird. Ebenso wie Raum und Zeit werden alle Objekte von Schnittlinien durchzogen, die sich dem gewählten »Wir« entsprechend entwickeln. Die Geschmacksrichtungen, die Codes, die Wörter verteilen sich unterschiedlich, wie es den Rastern entspricht, die der Gebrauch dieses oder jenes »Wir« impliziert. Das »Wir« begründet die Solidaritäten und lokalisiert die Teilungen.

Damit legt ein »Wir« bestimmte Grade der Empathie, des Verständnisses und der Revolte fest, die unsere Affekte beherrschen. Durch die Einteilung von »Wir« erklären sich zum Beispiel die unterschiedlichen Grade meiner Traurigkeit und meiner Zornesausbrüche bei objektiv vergleichbaren Ereignissen. Wenn man mir den Tod eines Menschen mitteilt, erkenne ich zwar an, dass ich den Tod jedes beliebigen Menschen respektiere, doch meine *politische* Reaktion wird von meiner Einteilung abhängen: Warum ist er gestorben? Gehörte er zu den Unsrigen oder den Ihrigen? Derjenige von den *Ihrigen*, den wir getötet haben, macht unglücklich, und nachdem eine vorhergehende Erklärung zur Unentschuldbarkeit dieser Tat abgegeben worden war, wird der Schwerpunkt schnell auf die Vorbereitung unserer Verteidigung gegen ihre Reaktion verlegt: »Wir haben möglicherweise Repressalien und ein Klima der Rache zu befürchten.« Derjenige von den *Unsrigen*, den sie umgebracht haben, macht gewalttätig, und seine Ermordung wird als ein absolut unerhörter Akt der Barbarei, eine Kriegserklärung dargestellt, deren Anprangerung nicht die geringste Zurückhaltung ertragen kann. Wir können sogar die Reaktion derjenigen unter uns *verstehen*, die sich – leider – rächen wollen. So reagieren die Staaten, die Parteien und die Gruppen. Nichts von dem, was geschieht, wird neutralisiert, alles wird durch die Einteilung von »Wir« durchzogen, die es ermöglicht, unsere Verhaltensweisen und unsere Wertsysteme einzuschätzen und abzustufen.

Doch urteilen wir nicht allzu schnell über die Beschränktheit dieser voreingenommenen Logik. Nie gibt es einen absoluten guten Willen, denn selbst der Humanist, der behauptet, jeden Menschen gleichermaßen zu beklagen, kann (von einem Antispeziesisten) beschuldigt werden, zwischen der Menschheit und anderen empfindenden Arten eine Grenze zu ziehen, die dazu führt, dass sich die Intensität seiner Trauer ändert, wenn sich ein Opfer auf der einen oder der anderen Seite seiner Einteilung befindet. Nach einem Attentat versäumen es manche Tierrechtsaktivisten nie, darauf hinzuweisen, dass man sich über den Tod einiger Menschen entsetzt, »einfach deshalb, weil man zu derselben Art gehört«, während man jeden Tag andere empfindende und bewusste Lebewesen weiterhin zu Tausenden unter grauenhaften Bedingungen schlachtet. Was nun den betrifft, der, wie es der von jeglicher Bindung befreite Weise stets beansprucht, jedes beliebige Ereignis – den Tod eines Insekts wie den eines nahen Freundes – gleichmütig aufnimmt, so kann er nicht nur der Gleichgültigkeit, sondern auch einer Form der Ungerechtigkeit beschuldigt werden, denn er reagiert völlig gleich auf das, was unterschiedlichen Wesen zustößt.

Als Einteilungsprinzip ist »Wir« gerade das, was die höhere Gleichgültigkeit der Weisheit verhindert, indem es eine Politik etabliert. Darunter versteht man ein System von Begrenzungen und Prioritätsordnungen, eine Abstufung des Nahen und Fernen, die eine Einschätzung ermöglicht, was gerecht und was ungerecht, was rechtmäßig und was unrechtmäßig, was erträglich und was unerträglich ist, wobei offenkundig und zwangsläufig die Gefahr droht, dass es Unaufrichtigkeit gibt.

Ein »Wir« ist also nicht einfach »eine Gesamtheit von Personen«, sondern ein Einteilungssystem, das die Anpassung unseres Gerechtigkeitssinnes, das veränderliche Interesse an den Dingen, die Intensitäts- und Deutlichkeitsgrade aller Erscheinungen ordnet und es erlaubt, bestimmte Teile davon ins Halbdunkel eines Hintergrundes abzudrängen, damit man andere besser ins Licht rücken kann.

Einteilungskonflikte

Dies gilt für ein »Wir«. Aber es gibt ja mehrere »Wir«.

Es gibt also mehrere Teilungsebenen, mehrere Begrenzungssysteme. Vorläufig haben wir nur eine Ebene auf einmal berücksichtigt. Versuchen wir nun, an alle Ebenen auf einmal zu denken, also gleichzeitig über unsere sexuelle, rassische, soziale Identität, unsere Generation, unseren Glauben und unsere Kameradschaften nachzudenken. Wie wirkt sich das auf unsere Einteilung der Welt, unsere Interessen und Werte aus? Es ergeben sich sonderbare Überlagerungen, und bald verwirrt sich alles.

Von einem Augenblick zum anderen denken und handeln wir nicht mehr auf die genau gleiche Weise, die Welt scheint uns nicht mehr vollkommen dieselbe zu sein, Freunde und Feinde teilen sich nicht mehr gleich auf, die Übereinstimmungen und Feindschaften ändern sich, die Ordnung der Prioritäten gerät durcheinander, unsere Ambitionen und unsere Frustrationen, unser Sinn für Ungerechtigkeit wandeln sich, ebenso unsere Vorstellung von den notwendigen Übeln, Wahrheiten und Lügen, Heuchelei und Aufrichtigkeit stehen auf der Kippe, heldenhafte und feige Haltungen, die Karte der Widerstandshandlungen, der legitimen und der terroristischen Akte, die Verteilung der Verantwortungen und der Entschuldigungen gestaltet sich neu. Alles ist labil, nichts ist klar und deutlich. Keine Grenze ist endgültig. Alles oder beinahe alles ändert sich von einem »Wir« zum anderen. Was oben und was unten ist, wer recht und wer unrecht hat, Fortschritt und Rückschritt, die Ausrichtung des Kampfes kehren sich manchmal sogar um.

In unserer heutigen Welt machen viele die Erfahrung dieses *Tohuwabohus* der »Wir« und äußern ihre Verunsicherung,[131] den Eindruck, dass sich der Sinn ihres Kampfes in den Augen einer anderen Gemeinschaft umgekehrt hat: *Dort* werden sie für das Gegenteil dessen gehalten, was sie *hier* zu sein glaubten. In einem Einteilungssystem, das sie auf einer bestimmten Ebene als stabil ansahen, gingen sie davon aus, über den Sinn ihres alltäglichen Engagements zu verfügen: Sie waren für Befreiung und gegen Unterdrückung. Doch sie entdecken auf einer anderen Ebene, dass sie für das beschuldigt werden, wogegen sie stets gekämpft haben.

Wir Humanisten, denen nichts Menschliches fremd ist und die glaubten, einen jeden zu achten und die Barbarei zu bekämpfen, werden nun von antispeziesistischen Aktivisten als Barbaren behandelt, weil wir den Individuen anderer Tierarten nicht den Status einer juristischen Person zugestehen. Wir Verteidiger der Menschenrechte sind vielleicht Imperialisten, Neokolonialisten, auf einer Ebene das Gegenteil dessen, was wir auf einer anderen Ebene verkörperten. Wir Feministinnen, die zeitlebens für die Wahlfreiheit, gegen Männerherrschaft und Patriarchat gekämpft haben, die das Recht ertrotzen wollten, in Hosen auf der Straße zu laufen, keinen BH zu tragen, ein Verhütungsmittel zu nehmen, Herrinnen unseres Körpers zu sein, werden nun beschuldigt, im Dienst der liberalen und westlichen Macht zu stehen, weil wir muslimischen Frauen nicht das Recht zugestehen, ihr Gesicht zu verschleiern, im öffentlichen Raum die sexuelle Differenz zu kennzeichnen.

Dieses Recht wirkt auf uns wie eine Versklavung, während das Recht, das wir für alle Frauen aller Kulturen fordern, anderen wie ein Zwang vorkommt, weil sie den Schleier nicht ablegen wollen. Man kann sogar die Geschichte des Feminismus unter dem Gesichtspunkt der Rassenunterschiede neu lesen und die Meinung vertreten, dass die meisten »weißen« Feministinnen den Kampf gegen Imperialismus und Rassismus geopfert haben, um Privilegien in der westlichen Welt zu erhalten, indem sie sich in die herrschenden Klassen integrieren.[132] Andere weisen diese Relektüre zurück, wobei sie die massive Solidarität zwischen dem Kampf der europäischen Aktivistinnen und dem »Wir« der kolonisierten Völker betonen. Diese Frauen argumentieren, dass der angebliche Konflikt zwischen dem »Wir« des Genders und dem rassifizierten »Wir« lediglich das alte Problem eines Prioritätskonflikts zwischen den Identitäten wiederbelebt, und »uns unfehlbar an den Diskurs der FKP in den siebziger Jahren gegen die feministischen Aktivistinnen der zweiten Welle erinnert, die angeblich die Arbeiterklasse ›spalten‹‹‹:[133] Der Konflikt bestand damals zwischen dem »wir Arbeiter« und dem »wir Frauen«, das Frauen der Bourgeoisie einschloss.

Sobald es mehrere »Wir«-Ebenen gibt, überlappen sich die Schnitte, und die allgemeine Ausrichtung der politischen Kämpfe wird zum Anlass von unerbittlichen Streitigkeiten, denn die Bedeutung, die das »Wir« auf einer Ebene annimmt, kann sich als derjenigen vollständig entgegengesetzt erweisen, die es auf einer anderen Ebene erhält.

Diese Umkehrungen oder diese Umkehrungsbeschuldigungen, gegen die man sich unablässig verteidigen muss, wenn man von einem Einteilungssystem zum anderen (zum Beispiel: von Gender zur Rasse) übergeht, desorientieren den politischen Navigationsmodus der Individuen. Sie hatten geglaubt, die Nordrichtung ihrer Überzeugungen auf einer Ebene identifiziert zu haben. Auf einer anderen Ebene ist der Norden zum Süden geworden, und was sie für den Fortschritt hielten, wird als reaktionär bezeichnet (und umgekehrt). Von einer Ebene zur anderen können sich die Positionen und die Lager umkehren, weil die Grenzen, Werte und Identitäten nicht richtig übereinstimmen.

Sicher hat es immer Konflikte der Treue gegeben, der doppelten Zugehörigkeit zum Papst und zum König, zum Ehemann und zum Geliebten, zur Familie und zur Liebe, zum Geburtsland und zum Aufnahmeland. Gerade das macht die Struktur der – nie eindeutigen – Identitäten eines Individuums aus. Was uns jedoch bei der Gestaltung eines Modells der Identität in der ersten Person Plural interessiert, ist die heute stattfindende *Verallgemeinerung* dieser Konflikte, als müssten wir nunmehr eine Vielzahl von »Wir« in uns aufnehmen, die immer weiter voneinander getrennt und im Lauf der Zeit zunehmend von Missklängen geprägt sind: eine Kakophonie der Zugehörigkeiten. Treiben wir diese Stimmenvielfalt auf die Spitze, damit wir uns ein Bild von der größtmöglichen Zahl von getrennten und zuweilen entgegengesetzten »Wir« machen. Nehmen wir an: Was uns definiert, ist unsere gleichzeitige und widersprüchliche Zugehörigkeit zu nicht übereinstimmenden »Wir«.

Dennoch gibt es nur eine Welt, und wir müssen ein einziges Mal sein.

Das Modell der Intersektion

Um zu erklären, dass innerhalb der Identität eines einzigen Individuums mehrere »Wir« im Konflikt stehen und zusammenprallen, hat sich in den Cultural Studies und in der heutigen Soziologie der Begriff der »Intersektionalität« durchgesetzt.

Der Name erscheint erstmals in einem 1989 veröffentlichen Artikel von Kimberlé Crenshaw: »Demarginalizing the intersection of race and sex«.[134] Darin schlägt sie ein einfaches Bild vor, um modellhaft darzustellen, was mit einer schwarzen Frau geschehen kann, die sich am Kreuzungspunkt mehrerer Zugehörigkeiten befindet: »Stellen wir eine Analogie zum Verkehr an einer Kreuzung her, der sich aus und in vier Richtungen bewegt. Ebenso wie der Verkehr an einer Kreuzung kann Diskriminierung sich in die eine oder die andere Richtung bewegen. Wenn es an einer Kreuzung zu einem Unfall kommt, kann er durch Autos aus irgendeiner Richtung und manchmal aus allen Richtungen gleichzeitig verursacht werden. Wenn eine schwarze Frau geschädigt wird, weil sie sich an einem Kreuzungspunkt befindet, kann die Ursache ihrer Verletzung gleichfalls sowohl sexistische als auch rassistische Diskriminierung sein. […] Aber es ist nicht immer einfach, einen Unfall zu rekonstruieren: Manchmal deuten die Bremsspuren und Verletzungen darauf hin, dass die Zusammenstöße gleichzeitig geschehen sind, und Bemühungen zur Feststellung des schuldigen Fahrers sind vergeblich.«[135]

Das Bild der Straßenkreuzung (*Intersektion*) ist sehr anschaulich und ermöglicht, die Zugehörigkeiten zu diesem oder jenem »Wir« als jeweilige soziale Ströme zu unterscheiden. Ein Individuum, das am Kreuzungspunkt mehrerer Ströme steht und die doppelte Eigenschaft besitzt, schwarz und eine Frau zu sein, ist womöglich nicht in der Lage, zu unterscheiden, was bei den Diskriminierungen, denen es unterliegt, auf seiner Zugehörigkeit zu einer ethnischen Minderheit und was auf seiner Identität als Frau beruht.

Und so bezeichnete »Intersektion« bald weniger eine Straßenkreuzung als vielmehr die Überschneidung mehrerer sozialer Einheiten. Da wir ein »Wir« als ein Zuschnittsystem definiert haben, können wir uns mühelos vorstellen, was die »Intersektion« zwischen mehreren Einteilungen bedeutet: Ein in Europa eingewanderter Homosexueller arabischer Herkunft macht die Erfahrung, zu einer rassifizierten Gruppe und gleichzeitig zu einer sexuellen Minderheit zu gehören. Es gibt zwar nur ein Individuum, doch in ihm treffen sich verschiedene Zuschnittsysteme des sozialen Raums.

Seit den Arbeiten von Joan Scott[136] haben mehrere Soziologen festgestellt, dass die Konflikte zwischen einzelnen »Wir« zu einem politischen Überlagerungseffekt führten: Aufgrund von widersprüchlichen Identitäten konnte ein Individuum dazu veranlasst werden, ein »Wir« im Gegensatz zu einem anderen zu wählen, wodurch es die Hoffnung aller emanzipatorischen Theorien untergrub, dass eine Konvergenz der Kämpfe aller »unterdrückten Wir« der Gesellschaft entstehen würde. Sara Farris schrieb etwas später über die ihrer Ansicht nach beunruhigende Entwicklung eines Femonationalismus[137] (des *gegen* die postkolonialen, vor allem muslimischen Immigranten instrumentalisierten Rechts der Frauen). Andere äußerten sich zum Homonationalismus, das heißt dazu, dass sich eine sexuelle Minderheit gegen eine der Homophobie beschuldigte ethnische und religiöse Minderheit wandte.

Angesichts dieser Konflikte und Gegenbewegungen entstand die Idee der Intersektionalität aus dem Zusammentreffen von Minderheitenkämpfen, in denen einige Individuen, vor allem schwarze Frauen, ihre doppelte Zugehörigkeit erkannt haben: Als Schwarze waren sie mit den Kämpfen für die Emanzipation der Rassen solidarisch und litten in Gruppen, die auf die männliche Autorität ausgerichtet waren, unter ihrem Status als Frauen; als Frauen waren sie mit den Kämpfen für die Emanzipation der Frauen solidarisch und litten in weißen Organisationen der Mittelklasse unter ihrem Status als aus den untersten Schichten stammende Schwarze.

Die Aktivistinnen der Bostoner Gruppe Combahee River Collective[138] benutzten zunächst den Begriff »Simultaneität«, um diese Konflikterfahrung wiederzugeben. Hier gibt es tatsächlich die Vorstellung, dass Herrschaftssysteme nicht von außen zueinander hinzukommen, sondern sich ordnen und zusammentreffen, indem sie verschiedene Ebenen strukturieren.

Aus diesem Grund ist das soziologische Modell der Intersektion auf die marginalen oder minoritären Identitäten ausgerichtet. Da die Intersektionalität so konzipiert ist, dass sie erhellen soll, was repressiven Institutionen unterworfene Subjektivitäten und die komplizierte Artikulation von Rassismus, Homophobie, Transphobie, Sexismus oder anderen Diskriminierungen (so etwa gegen Behinderte oder Fettleibige) durchdringt, ermöglicht sie es, Modelle

der normierten Identität infrage zu stellen, die auf »reine«
oder »neutrale« Identitäten – wie die des weißen, heterosexuellen, aus den höheren Gesellschaftsklassen stammenden
Mannes – ausgerichtet sind. Indem sich die Intersektionalität für die Kreuzung zwischen den Herrschaftssystemen
und nicht länger für die »angepassten« Identitäten interessiert, ermöglicht sie es durch eine Geste der theoretischen
Umkehrung, sich auf die hybriden Identitäten der Opfer
zu fokussieren. Je mehr mögliche Diskriminierungen ein
Individuum in sich vereint, desto reicher und komplexer
ist seine Identität – nach den Begriffen der Intersektionalität. Und desto schwieriger wird es, das zu unterscheiden,
was es zum Opfer macht, um seine Deklassierung zu erklären: Frau, Immigrantin, illegale Einwandererin, Trans-
sexuelle …

Die Intersektionalität ermöglicht es zu verstehen, wie
und warum bei der Kreuzung von Rasse, Klasse und Gender »vielfältige Dimensionen der Benachteiligung« auftreten, und sie erhellt eine seit langem bestehende Intuition der sozialen Kämpfe, der zufolge eine Opferposition
in einem Feld beim Zusammentreffen mit einem anderen
Feld Herrschaftseffekte hervorbringen kann: Diesen Sinn
hat der berühmte Satz Flora Tristans, nach deren Ansicht
»der am meisten unterdrückte Mann ein anderes Wesen
unterdrücken kann: seine Frau. Die Frau ist die Proletarierin ihres eigenen Proletariats.«[139] Eine auf Rassenprobleme
achtende Aktivistin würde hinzufügen, eine unterdrückte Frau könne die Frau einer anderen Kultur, die rassisier-
te Frau, unterdrücken, die dann »die Proletarierin der
Proletarierin des Proletariers« wäre. Die Intersektion ermöglicht es, diese Verflechtung der Herrschaftsformen zu
ordnen.

Doch indem das in den Arbeiten von Crenshaw, Collins[140] oder McCall[141] konstruierte Modell Unterordnungserfahrungen erhellt, vermittelt es die Illusion, dass es besonders ausgeprägte intersektionale Identitäten gebe, die der Opfer der Gesellschaft, und gewissermaßen einfache oder schwach intersektionale Identitäten, deren bestes Ebenbild das des männlichen WASP wäre. Wenn es das Bild der Intersektion soziologischen Studien ermöglicht, sich auf bisher marginalisierte Identitäten zu fokussieren, so erhält das Modell die Illusion einer Art von Gravitationssystem der Identitäten aufrecht: Anstatt die normierten Identitäten in den Mittelpunkt des Systems zu stellen, favorisiert die Intersektionalität die untergeordneten Identitäten und lässt die übrigen um sie herum kreisen. Wie Kimberlé Crenshaw formuliert hat, geht es tatsächlich darum, »die Karte der Randbereiche«[142] der sozialen und politischen Subjektivität »zu zeichnen« und zu modellieren.

Die Intersektion ist, wie Kimberlé Crenshaw anerkennt, »eine Alltagsmetapher, die alle verstehen können«,[143] um die Interaktion zwischen mehreren Herrschaftsebenen zu erklären; doch wie jedes Bild impliziert sie, wenn sie ein Konzept wird, eine gewisse Zahl dazugehöriger Vorstellungen, die anfangs nicht mitgedacht waren und sich schließlich festsetzen. Wenn nun die Intersektion zu einem Modell wird, um zu verstehen, was wir sind, ist sie nicht mehr nur eine Metapher. Man muss sie ernst nehmen. Setzen wir noch einmal an: Das *Konzept* der Intersektion bezeichnet eine Mengenoperation oder ihr Ergebnis, wodurch man die Menge der Elemente definiert, die zu zwei Mengen gehören. Da sich diese zwei Mengen nicht vermischen, ist es, damit es eine Intersektion gibt, zwangsläufig notwendig, dass manche Elemente der ersten Menge nicht zur zweiten gehören und dass manche Elemente der zweiten Menge nicht zur ersten gehören. Anders gesagt: Wenn wir wieder zu einem intersektionalen Modell der Identitäten kommen, um die Überschneidung zwischen Rasse und Geschlecht gedanklich zu erfassen, muss man sich, sobald man von Intersektionalität spricht, zwangsläufig einen rassifizierten Teil des sozialen Raums, jedoch ohne Geschlecht, und einen anderen sexualisierten Teil, jedoch ohne Rasse vorstellen. Wer von Intersektion spricht, meint die Verortung dieser Intersektion, in diesem Fall rund um die unterdrückten Identitäten, damit jedoch auch die Schaffung von Identitäten ohne Intersektion, des Genders ohne Rasse und der Rasse ohne Gender.

Das Paradox besteht also darin: Wenn man das Modell des »Wir« auf die Identitäten der doppelt oder dreifach geächteten Subalternen und Opfer neu ausrichtet, stellt man sich zwangsläufig simplistische Identitäten an den Rändern vor: Diesmal findet man am Rand des Modells uninteressante Identitäten der dominierenden Individuen. Nun gehört aber ein heterosexueller protestantischer weißer Mann, der aus den Oberschichten stammt, nicht zu einem neutralen Raum und auch nicht zu einem einfachen Raum: Er gehört nicht zu einer Reihe von Identitäten, die perfekt aufeinander abgestimmt sind. Ebenso wie eine homosexuelle schwarze Frau ist er an verschiedene, sich überschneidende und überlappende Zugehörigkeiten gebunden. Wenn er im Namen der höheren Klassen oder der Besitzenden »wir« sagt, teilt er die Welt auf eine Weise ein, die sich nie genau mit dem deckt, was er wahrnimmt, sobald er sich als zu uns Heterosexuellen oder zu uns Westlern gehörig betrachtet. Niemand ist einfach oder nicht intersektional. Die Unangemessenheit der »Wir« ist nicht essentiell mit den Diskriminierungen verbunden, sondern mit der Struktur der ersten Person Plural selbst, mit einem komplexen System von Schnitten, die niemals wirklich übereinstimmen.

Um die Konflikte zwischen den »Wir« als Modell darzustellen, müsste man daher das Bild der Intersektion verallgemeinern. Das Problem besteht darin: Wenn alles die ganze Zeit intersektional ist, vermischen sich schließlich alle Mengen: Alles wird verworren und unkenntlich. Wenn sich Gender, Rassen und Klassen an jedem Ort des sozialen Raums überschneiden, ist es nicht mehr möglich, sich diese Kreuzung nach Art einer Straßenkreuzung mit mehreren Achsen oder einer Schnittmenge in der Mathematik vorzustellen. Nehmen wir an, dass alles *überall* nach Gender, Rassen, Klassen und Altersgruppen zugeschnitten ist. Jeder Punkt unseres Raums ist eine Intersektion. Was ist nun dieser Raum? Nichts befindet sich mehr außerhalb von Intersektionen, weder die Identitäten der Beherrschten noch die Identitäten der Herrschenden. Doch dann gibt es eigentlich keine Intersektionen mehr, denn absolut alles überschneidet sich unaufhörlich. Und das Bild der Intersektion ist nicht mehr geeignet. Nun ist das Bild aber wichtig. Selbst wenn die intuitive Einsicht in die intersektionale Modellbildung richtig ist, erlauben ihre Metapher und ihr (auf die Unterdrückungssysteme und nicht auf die Einteilung der Identitäten *im Allgemeinen* ausgerichtetes) Konzept nicht, sich ein Bild und eine Vorstellung von »Wir« zu machen.

Das Modell der Bildschichten

Das einzige mögliche Modell besteht darin, die »Wir« so übereinanderzulegen, wie man transparente Blätter aufschichtet.

Man müsste sich vorstellen, dass ein »Wir« ein vollständiges Zuschnittsystem des kulturellen und sozialen Raums, ja sogar der natürlichen Welt ist. Man müsste gedanklich auf der Oberfläche von allem, was in Erscheinung tritt, einen Komplex von Linien ziehen, die begrenzen, was dasjenige ist, hat, ausmacht, vermag und muss, was zu diesem oder jenem »Wir« gehört; dies ist ein zugleich konkretes und symbolisches Gebiet. Es ist ein System von Grenzen. Heben wir behutsam die Ebene hoch, auf der wir diese Grenzen gezeichnet haben, sobald wir uns die Einführung dieses Systems für das »Wir« des Genders vorgestellt haben. Was nun für uns sichtbar wird, ähnelt einer *Folienschicht*: Wir sehen das Zuschnittsystem, das jedoch von dem abgelöst ist, was wir durch einen Komplex von Strichen zuschneiden konnten. Unsere alltäglichen Objekte sind verschwunden: Es bleiben nur unsere Darstellungen und unsere »genderisierte« Interpretationsebene übrig.

Nun ist diese Ebene aber transparent: Sie verdeckt keine anderen, vielmehr erlaubt diese erste von einem »Wir« definierte Ebene, nach Art der bei Animationen verwendeten *Layers* oder der *Frames* bei den rechnergestützten Retusche- und Design-Softwares, darunterliegende andere Ebenen wahrzunehmen.

Kommen wir zum sozialen Raum zurück und zeichnen wir wieder ein Zuschnittsystem, diesmal aber ein rassifiziertes, indem wir ausgehend von ethnischen oder rassischen Kategorien identifizieren, was wir sind, wo wir leben, was unsere Gewohnheiten, Gebräuche, Rechte, Privilegien und Unfähigkeiten sind. Und lösen wir wieder diese dünne Schicht von ihrer Unterlage ab.

Zeichnen wir ein letztes Mal gedanklich die Gesellschaft, in der wir uns entwickeln, diesmal jedoch mithilfe von Einteilungen nach sozialen Kategorien und Klassen, indem wir das kulturelle und ökonomische Kapital einschätzen und die Handlungsweisen, den Zugang zur Bildung, die Geschmäcker, Familienüberlieferungen, Glass-Ceiling- sowie Schwellen-Effekte von einer Steuerstufe zur nächsten sorgfältig berücksichtigen und dabei höhere und niedere Gesellschaftsklassen, Klein- und Großbürgertum, Lumpenproletariat, Industrieproletariat, Handwerker, Kaufleute usw. mehr oder weniger fein abgestuft unterscheiden.

Für unsere kleine Inszenierung verfügen wir bereits über drei unterschiedliche *Layers*. Tatsächlich bilden wir sie niemals nacheinander, sondern gleichzeitig aufeinander ab. Um das Bild klarer zu machen, nehmen wir allerdings an, dass wir sie durch aufeinanderfolgende Operationen erhalten haben. Stapeln wir die Schichten übereinander, um uns unsere *gleichzeitige* Wahrnehmung aller Identitäten vorzustellen, sobald diese Operationen beendet sind. Wenn wir unsere transparenten Folien übereinanderlegen, entdecken wir plötzlich die ganze Komplexität dessen, was wir »Wir« nennen: die dreimalige Überlagerung derselben Welt, die nach unterschiedlichen, sich jedoch überlappenden Grundsätzen zugeschnitten wurde. An manchen Stellen überschneiden sich die Linien, verdicken und verstärken sich. Anderswo wirkt die Zeichnung der sozialen Welt undurchschaubar, wie ein Chaos aus verwickelten Formen, ein Netz- oder Gitterwerk, das es nicht einmal mehr ermöglicht, zu unterscheiden, was darunterliegt.

Und dann gleiten die Folien unablässig untereinander. Das Ergebnis der Überlagerung ist niemals stabil.

Die Konstruktion ist unsicher, doch nun verfügen wir über ein Modell, um gedanklich zu erfassen, was wir sind: ein System von Bildschichten, die so übereinanderliegen, dass sie die Lebenswelt und die soziale Welt einteilen, und dieses System funktioniert nach einer kleinen Zahl von Regeln.

Die Konturen

Die erste Regel betrifft die Einteilungslinien.

Wenn man von »uns als Männern« oder von »uns Männern, die wirklich Männer sind«, spricht, heißt das, dass man eine allgemeine Einteilung der Welt in wahre Männer, weibische Männer, maskuline Frauen und wahre Frauen voraussetzt, die nicht nur für alle Individuen gilt, mit denen ich bekannt werden kann – wobei sie mir genügend Spielraum lässt, um Anpassungen, Unterkategorien und Intensitätsvariationen (sehr, sehr maskulin; sehr maskulin; ein wenig maskulin; maskulin bei manchen Gelegenheiten, weniger bei anderen) bei meiner Interpretation der Verhaltensweisen in dieses System einzuführen –, sondern die auch für alle Tätigkeiten gilt (»Literatur ist eher etwas für Frauen«, »Fußball war eher für Männer, aber er wird etwas für Frauen«). Ebenso wie ein sehr ausgefeiltes System – wie jenes, das an Genderprobleme gewöhnte Aktivistinnen praktizieren können (auf einen Blick unterscheiden sie unter den Lesbierinnen *Butch*, *Fem*, *Futch* – die Kreuzung der Ersten und der Zweiten – oder *Lipstick*) – ist jedes Typisierungssystem eine Art von Raster, das sich von Fall zu Fall anwenden lässt, ausreichend prinzipienstreng, um sich bei besonderen Fällen durchzusetzen, doch auch ausreichend anpassungsfähig, um manchmal verbessert und durch das Auftreten eines Grenzfalls, durch ein »meine Sicht der Dinge veränderndes« Zusammentreffen umgestaltet zu werden.

Jeder, der »wir« sagt, bringt also nicht nur sich und die Seinen ins Gespräch, sondern setzt auch ein vollständiges Einteilungs- und Typisierungssystem der Welt voraus.

Manche Bildschichten geben sich gewiss mit zwei oder drei wesentlichen Figuren zufrieden, um die Welt lesbar zu machen: Es kann ausreichen, zwischen Männern und Frauen oder zwischen kaukasischen, mongoloiden und negroiden Rassen zu unterscheiden, wie dies die Rassialisten am Ende des 19. Jahrhunderts taten. So entsteht ein System. Doch sehr oft werden die Liniengruppen komplexer, und Untermengen kommen dazu: Gobineau[144] zufolge hat sich die weiße Rasse durch den Kolonialismus unter den groben Kategorien der schwarzen und gelben Rasse verbreitet und Mischlinge hervorgebracht; diese müssten das Ende der Rassenunterschiede beschleunigen, die bisher die Menschheit mit Lebenskraft erfüllt hätten. Die Nuancen zerstören schließlich das Prinzip der Kategorisierung selbst. Bekannt ist der Ausspruch Joseph de Maistres: »Es gibt keinen Menschen auf der Welt. Ich habe in meinem Leben Franzosen, Italiener, Russen gesehen. Ich weiß dank Montesquieu sogar, dass man Perser sein kann; was jedoch den Menschen anbelangt, so erkläre ich, dass ich ihm nie im Leben begegnet bin; wenn er existiert, dann ohne dass ich es weiß.«[145] Doch wenn man de Maistre beim Wort nimmt, wird man hinzufügen: »Es gibt keine Franzosen, Italiener oder Russen. Ich habe in meinem Leben französische Frauen und französische Männer, italienische Frauen und italienische Männer usw. gesehen.« Und man wird weiter erklären: »Es gibt keine französischen Frauen in der Welt. Ich habe in meinem Leben reiche französische Frauen und arme französische Frauen usw. gesehen.«

Wenn man eine Kategorisierung ablehnt, besteht das Paradox darin, dass man die Kategorien stets vervielfachen, also von Bildschicht zu Bildschicht fortschreiten muss, um zu versuchen, eine darunterliegende singuläre Realität, die immer noch kategorial ist, anzugeben. Je mehr man sich weigert, durch Kategorien zu konturieren, desto mehr konturiert man, um zu verfeinern und zu versuchen, etwas besonders Reines zu erreichen. Man wird sagen, was wirklich existiere, seien unendliche Variationen, Modulationen, Abstufungen und keine großen geschlossenen kategorialen Formen. Doch wie soll man vorgehen? Um sie darzustellen, muss man die größtmögliche Zahl von Bildschichten durchlaufen und die Kategorisierungen vervielfachen. Denn auf einer einzigen Bildschicht kann man die Variation der Schattierungen und die Subtilität des Mehr oder Weniger nicht genau wiedergeben, die aus der sozialen Welt ein Spiel von variablen Intensitäten macht. Man muss sich damit zufriedengeben, einige Merkmale zu berücksichtigen und daraus Konturen zu machen.

»Wir« zu sagen bedeutet gerade, die Komplexität der sozialen Welt oder der Lebenswelt in einem weiteren Sinne abzubilden. Es bedeutet also, *Intensitäten* in *Ausdehnungen* umzusetzen und Teil für Teil, manchmal grob und manchmal fein abgestuft, die Subtilität alles Vorhandenen zuzuschneiden.

»Wir« zu sagen bedeutet, dass man zunächst schematisch mithilfe von Wesenszügen, Grenzen und Konturen die Modulationen des Männlichen und des Weiblichen, die unendlich vielfältigen Schattierungen der sozialen Lage eines jeden und seiner Herkunft darstellt.

Da jedes »Wir« ein Einteilungssystem ist, so verfeinert es auch sein mag, bleiben die Linien einer Bildschicht Näherungswerte. Sie sollen zunächst einmal eine geschlossene Form bestimmen, was durchaus nicht bedeutet, dass niemand in ein »Wir« eintreten oder aus ihm heraustreten kann, sobald es erst einmal vorgezeichnet ist. Die Kontur besteht ganz im Gegenteil darin, bei dieser Form den Ein- oder Austritt in geregelte Verfahren zu verwandeln, sodass eine Kontur stets die Grundlage von *Exkommunikations*-Prinzipien ist.

Im vierten Band seines *Systems des katholischen Kirchenrechts*,[146] das lange als Standardwerk galt, interessiert sich Paul Hinschius für den eigentlichen Ursprung der Exkommunikation in der katholischen Kirche und entdeckt eine Abstufung in drei Strafen, mit denen die Kirche im 4. und 5. Jahrhundert ihre Kontur bestimmt – bei den Laien kann die Kirche, wie Jean Gaudemet zusammenfasst, verfügen: entweder »den Ausschluss aus der Gemeinschaft für immer, bis zum Tode oder zeitweilig«, »was der zukünftigen großen Exkommunikation entsprechen würde«, oder »den einfachen Ausschluss aus der Gemeinschaft mit dem Leibe Christi und den Ausschluss aus den Gläubigen vorbehaltenen kultischen Handlungen – dies ist die zukünftige kleine Exkommunikation« oder auch »die Suspendierung der Beteiligung an den Rechten des Christen als Kirchenmitglied«.[147] Andere Historiker haben später nachgewiesen, dass jede Strafe tatsächlich vom Kontext abhing und dass die Entscheidungen in der einen Provinz denen in einer anderen Provinz nicht vollständig glichen. Allein schon, um die Zulassung zur Eucharistie oder ihren Entzug zu bezeichnen, findet man eine große Vielfalt von unterschiedlichen Begriffen.

Doch allmählich wurden die Maßnahmen, die den Ausschluss aus der christlichen Gemeinschaft regelten, präzisiert und vereinheitlicht. Man kann diese Erscheinung ganz einfach als eine Verstärkung der Teilungslinie zwischen dem Inneren und Äußeren der Kirche interpretieren, die in dem Maße, wie sie das christliche »Wir« bestätigt, Gesetze über die Eintritts- und Austrittsformen erlassen muss. Wenn man die Identität der religiösen Gemeinschaft bestimmt, heißt das, dass man die Einschluss- oder Ausschlussbedingungen im Lauf der Zeit genauer bestimmt; das verstehen wir unter »dem Zeichnen der Kontur eines Wir«. Die Ausschlussverfahren der Kommunistischen Partei, wie sie beispielsweise Edgar Morin in seiner *Autocritique* (»Selbstkritik«)[148] darstellt, waren in vielerlei Hinsicht vergleichbar: Es gibt eine endgültige Kontur (den eigentlichen Ausschluss), doch unterhalb dieser Kontur auch eine Reihe von Übergangskonturen, die Ausgrenzungs- und Ausschlussverfahren von lediglich einigen Instanzen oder Suspendierungsverfahren von einigen Rechten definierten.

Was uns interessiert ist, dass auf jeder Identitätsbildschicht die Zeichnung einer Kontur die Produktion komplexer Verfahren durch Institutionen voraussetzt, die zugleich die Zugehörigkeit stratifizieren zwischen ganz uneingeschränkter Zugehörigkeit, Kaltstellung, Beinaheausschluss oder zeitweiligem Ausschluss und endgültigem Ausschluss. Wer auch immer »wir« sagt, zeichnet somit Konturierungssysteme, geschlossene Formen, die Zugehörigkeits- und Ausschlussschwellen angeben: Die repräsentativen Instanzen des »Wir« können über die Kaltstellung entscheiden, oder es ist das Individuum selbst, das den jeweiligen Abstand ermisst, den es nach und nach zu einer Gemeinschaft einnimmt. In dem einen Fall wie im anderen ist eine Bildschicht der Träger eines Liniensystems, dessen Aufgabe es ist, eine unendliche Vielfalt von

Graden und Schattierungen umzugestalten, die bei einigen groben, aber eingeführten und Schwellen angebenden Teilungslinien übereinstimmen oder sich unterscheiden: Diesseits gehörst du vollständig zu den Unsrigen, jenseits nicht mehr ganz. Schließlich soll eine Kontur die graduellen Unterschiede in eine absolute Grenze umwandeln: Entweder gehörst du dazu, oder du gehörst nicht mehr dazu.

Man muss einen graduellen Unterschied ausdrücken, indem man eine Trennungslinie zeichnet: Dies ist die erste Regel eines Zuschnittsystems.

Die Überlappung

Die zweite Regel zeigt sich in dem Maße, wie sich die Zuschnittsysteme vervielfachen.

Was eine Bildschicht ordnen kann, indem sie nach Inklusions- und Exkommunikationsprinzipien konturiert, das bringt die Überlagerung durch eine andere Bildschicht in Unordnung. Die Konturen werden unklar. Dort, wo eine Grenze im sozialen Feld verlief, als es nach Genderunterschieden interpretiert wurde, gibt es nun einen durchgehenden Block. Und dort, wo man auf einer Bildschicht etwas Homogenes sich abzeichnen sah, entdeckt man einen unerwarteten Bruch. Wenn man eine andere Bildschicht darüberlegt, wird die von der Kirche der Christen, die in Jesus Christus zu einem Ganzen verschmelzen, vereinigte Masse durch unzählige andere Zuschnittsysteme zerrissen. Es gibt keinen einheitlichen Block mehr.

Das Ergebnis der Überlagerung von wenigstens zwei Zuschnittsystemen werden wir als *Überlappung* bezeichnen.

Nehmen wir als Beispiel die Karte oder die Karten Afrikas, von dem man weiß, dass die Einteilung in nationale Grenzen ein Erbe der Entkolonialisierung und der zuweilen mit einem Lineal gezogenen Grenzlinien zwischen neuen Staaten inmitten von ungewissen Territorien ist. Zwischen 1960 und 1985 wurden nur 13% der Gesamtlänge der afrikanischen Grenzen neu gezogen, das heißt ungefähr 10 000 Kilometer von annähernd 80 000, was die

Fortdauer der postkolonialen Einteilung bezeugt. Nur ein Fünftel dieser Einteilung soll sich von vorkolonialen Trennlinien herleiten: die Grenzen des Sudans mit der Zentralafrikanischen Republik, Uganda und Äthiopien, »die den südlichen Grenzen der türkisch-ägyptischen Provinzen, tatsächlich denen des Sklavenhandelsgebiets nachgebildet sind«. Die übrigen Grenzen, die während oder nach der Kolonisierung gezogen wurden, sind oft dem Vorwurf ausgesetzt, die wirklichen Einteilungen zwischen Ethnien zu überlappen: Niger und Nigeria zerschneiden zum Beispiel den ethnischen Raum der Haussa in zwei Teile. Manche Geografen sehen die Verantwortung des Kolonialismus für diese Überlappung jedoch differenzierter, indem sie daran erinnern, dass die nationale Grenze tatsächlich die zwischen dem Emirat Sokoto und jenen Regionen übernimmt, die nicht unter die Herrschaft des Emirs Usman dan Fodio geraten waren. Dieser Überlappung liegt eine gravierende politische Problematik zugrunde: Wenn es keine Übereinstimmung zwischen nationaler und ethnischer Grenzziehung gibt, was zu Unruhen und der Gefahr eines Bürgerkriegs führt, muss man ermitteln, wer für die Überlappungslinie verantwortlich ist.

Manchmal entstand die Überlappung aus der Absicht, im Einverständnis mit den lokalen Stammeshäuptlingen bestimmte kulturelle Variationen einzubeziehen, wie etwa die Trockenzeitweiden der Nomadenvölker zwischen dem französischen Tschad und dem englischen Sudan. Der Geograf Éric Bordessoule erinnert daran, dass »die ursprüngliche Grenze des Sudans im Jahre 1931 weiter nach Norden verlegt wurde, um sie an das Verbreitungsgebiet der turkanischen Hirten anzupassen, deren Weidegründe sie zerschnitt«. Alles ist eine Sache des Zuschnitts und des

Neuzuschnitts, also der Überlappung. Oft scheint die Verantwortung dafür dem Kolonisator direkt zuzukommen: »Der Caprivizipfel, eine 450 km lange und 30 bis 90 km breite namibische Besitzung, hat nichts der Geografie oder der Besiedelung zu verdanken, vielmehr ist sie auf die Absicht Bismarcks zurückzuführen, zwischen den englischen und portugiesischen Territorien einen Zugang zum Sambesi zu erhalten. Die Lage Gambias, eines sonderbaren, mitten im Senegal eingeschlossenen Territoriums, veranschaulicht ebenfalls deutlich die alte Kolonialrivalität zwischen Frankreich und England.«[149]

Viele bewaffnete Konflikte in der jüngeren Geschichte des Kontinents entstehen nun aber aus problematischen Grenzüberlappungen. Es kann sich um Streitigkeiten zwischen zwei Staaten um dasselbe Territorium handeln (der Aouzou-Streifen zwischen dem Tschad und Libyen, der Kagera-Streifen zwischen Tansania und Uganda, der Agacher-Streifen zwischen Burkina Faso und Mali), um zwischen Nachbarstaaten geteilte Ethnien (der Ogadenkrieg), um Populationen, die auf verschiedene Staaten aufgeteilt sind und keinen eigenen Staat haben (die Tuareg) oder häufiger um in demselben Staat miteinander in Konflikt geratende ethnische Verbände, wobei die Staatsregierung in der Hand einer einzigen Ethnie liegt, die manchmal majoritär (die Hutu in Ruanda vor dem Genozid) und manchmal minoritär ist (die gegen die Mboschis vorgebrachten Beschuldigungen, in der Demokratischen Republik Kongo die Machtpositionen zu monopolisieren), oder um die Koexistenz mehrerer ethnischer Einteilungen in ein und derselben nationalen Einteilung: die Überschneidung der Malinké, Senufo, Dioula, Kulango und vieler anderer Ethnien allein im politischen Raum der Republik Côte d'Ivoire.

Wenn man eine sich ständig neu zusammensetzende Karte der Ethnien und eine Karte der afrikanischen Nationen, deren Grenzen nach Stabilität streben, übereinanderlegt, erhält man ein Bild der Überlappungen und der potenziellen Konflikte auf dem Kontinent. Man könnte das Gleiche über eine Karte des Balkans oder des Kaukasus sagen. Nun sind diese regionalen Überlappungen aber exemplarisch für alle Identitätsüberlagerungen. Ja noch mehr: Sie sind genau das, was es ermöglicht, den Unterschied zwischen den einzelnen Ebenen zu ermitteln. Zwei Ebenen von »Wir«, die sich vollständig überschneiden, würden nur noch ein Ganzes bilden, und man hätte keine Möglichkeit, sie zu unterscheiden. Man benötigt wenigstens eine Überlappung, um zwei Bildschichten zu unterscheiden – wie etwa auf der Afrikakarte die der ethnischen Gliederung und die der nationalen Gliederung.

Verallgemeinern wir. Es ist unschwer zu verstehen, dass man, wenn man die Bildschicht des Genders über die marxistische Klassen-Bildschicht legt, unter den Proletariern Frauen findet, die mit Frauen, die der Bourgeoisie angehören, solidarisch sind, doch auch feststellt, dass die Frauen, die bisher zu demselben Ganzen gehörten, zwischen Bourgeoisie und Proletariat aufgespalten sind. Schon Rosa Luxemburg setzt sich mit diesem Problem auseinander; sie fordert schließlich das Frauenwahlrecht, sieht jedoch die Frauen der Bourgeoisie als »Parasiten«[150] an: Man müsse zugleich für alle Frauen und gegen diese Frauen kämpfen. Diese Überlappungen (was eher als »Intersektionen« zutrifft) manifestieren den Unterschied zwischen den beiden Bildschichten und ermöglichen es, den Unterschied zwischen zwei politischen Ebenen festzustellen. Und dabei benutzt man hier noch die gröbsten Einteilungskategorien. Verbessern wir die Genauigkeit, die Kornschärfe des Zuschnitts, und die Überlappungen vervielfachen sich. Sie sind nicht irrational, entstehen jedoch aus der Koinzidenz mehrerer Darstellungssysteme innerhalb derselben Welt.

Je feiner abgestuft jede Bildschicht die Konturen der sozialen Welt bestimmt, desto eher entsteht aus der Überlagerung der Bildschichten eine chaotische Wirkung politischer Undurchschaubarkeit, die Aufmerksamkeit und ein genaues Wissen verlangt, um ergründet zu werden und die Unterscheidung der verschiedenen beteiligten Ebenen zu ermöglichen.

Fügen wir zu den Bildschichten des Genders, der Rasse und Klasse eine Bildschicht der Art hinzu, die den Unterschied zwischen Personen und Rechtsobjekten bestimmt und unseren Überzeugungen entsprechend diese Grenze zwischen den Menschen und den Tieren anderer Arten oder zwischen den Säugetieren und den übrigen Tieren oder auch an der oberen Trennungslinie der Gesamtheit der empfindenden Wesen verlaufen lässt; fügen wir eine Bildschicht hinzu, die Kinder, Jugendliche, Erwachsene in verschiedenen Altern den einzelnen Epochen und Kulturen entsprechend differenziert. Verfeinern wir sie, indem wir zwischen Kindern, Heranwachsenden und Jugendlichen unterscheiden. Fügen wir Abstufungen hinzu, die Unterkategorien von Dreißig-, Vierzig- und Fünfzigjährigen unterscheiden.

Legen wir nun auf oder unter den Stapel von Bildschichten eine letzte transparente Folie, auf der sich die religiösen Zugehörigkeiten abheben. Geben wir innerhalb des »wir Muslime« die sunnitische und die schiitische Teilmenge an und geben wir außerdem mit Höhenlinien die

Intensitätsgrade des Glaubens an, ebenso bei den Christen und Juden, indem wir Gläubige, Strenggläubige, Fundamentalisten usw. unterscheiden.

Konstruieren wir eine allgemeine Karte der Wesen wie eine Afrikakarte, die mit übereinanderliegenden und sich überlappenden Teilbildschichten überhäuft ist: Dann wird man ein erstes annäherndes Bild der komplexen Situation dessen erhalten, was »Wir« ist.

Aus diesem Grund *stimmen mehrere Zuschnittsysteme niemals vollständig überein (oder sie bilden nur noch eine einzige Ebene): Dies ist die zweite Regel, um sich ein Bild von »Wir« zu machen.*

Transparenz und Undurchsichtigkeit

Dieser Anschein von Chaos ist nun aber das Ergebnis einer *Ordnung*.

Dies ist die dritte Regel unseres Modells.

Im Gegensatz zu dem, was das Modell der Intersektionalität nahelegte, zwingt das Modell der Bildschichten dazu, eine bevorzugte Ordnung der Einteilungen auszuarbeiten. Man muss stets bestimmen, welche Bildschicht den Vorrang hat, und hierauf, welche Bildschicht gleich danach kommt. Die Eigenart der Bildschichten, die differenzierte, jedoch transparente Ebenen sind, besteht nämlich darin, dass sie bei ihrer Überlagerung geordnete Positionen einnehmen. Es gibt eine erste Bildschicht, eine zweite, eine dritte. Wenn ich nun die Bildschicht der Arten als Erste einordne, weil ich der Ansicht bin, dass meine Einteilung der Lebenswelt zunächst darin besteht, die Gemeinschaft alles Empfindungsfähigen zu unterscheiden, all dessen, was ein Subjekt ist, welches das Recht hat, nicht zu leiden, nicht getötet zu werden, so zeichne ich eine gewisse Kontur, die meine politischen Praktiken und meine Ernährungspraktiken leitet. Wenn ich dies tue, leugne ich nicht, dass es Unterschiede zwischen den sozialen Klassen oder den menschlichen Kulturen gibt, doch ich zeichne diese Zuschnitte gedanklich über meine vorrangige Bildschicht als Zweites.

Je weiter eine Bildschicht in der Ordnung des Stapels zurückgestellt wird, desto weniger klar und deutlich ist sie. Eine Bildschicht ist gewiss etwas Transparentes, doch nichts absolut Transparentes. Von einer Ebene zur anderen geht also unterwegs ein wenig Erkennbarkeit verloren. Was es gerade ermöglicht, die Ordnung der Bildschichten zu unterscheiden, ist ihr *Transparenzkoeffizient*.

Zuerst legen wir über alles, was wir finden, eine Repräsentationsbildschicht, auf der wir unsere grundsätzlichsten Grenzlinien konturieren. In diesem Fall zielt die Beweisführung auf den Unterschied zwischen den empfindenden Wesen und den anderen. Fügen wir auf dieser ersten Bildschicht eine zweite hinzu, auf der wir nun die sozialen Klassenunterschiede angeben. Zuvor haben wir das Grenzliniensystem der ersten Bildschicht auf diese zweite übertragen. Aber durch zwei Bildschichten hindurch erkennen wir die Unterschiede zwischen Klassen etwas weniger deutlich. Selbst wenn ich ihre Bedeutung anerkenne, werden sie zwangsläufig weniger klar und deutlich als der auf der ersten Bildschicht festgelegte Unterschied, der der Wirklichkeit am nächsten kam. Auf dieser Bildschicht zeichnete sich als Erstes die Trennungslinie zwischen dem, was wir essen können, und dem, was wir nicht essen können, ab, die alle empfindenden Wesen umfasst. Hier nun das, was in einem aktivistischen veganen Forum ein unter dem Namen Fabisha bekannter Teilnehmer schreibt: »In den letzten Tagen haben mir zwei Personen bestimmte Argumente mitgeteilt, die ich nie zuvor gehört hatte (jedenfalls nicht auf diese Weise und ohne vegephobe Vorurteile formuliert). Diese Personen sind in militanten, vor allem intersektionalen Kreisen aktiv und kommen aus ›einfachen Verhältnissen‹, ja sogar sehr einfachen Verhältnissen. Sie interessieren sich sehr für den Vegetarismus und sind ihm gegenüber offen, doch sie leiden unter einem kulturellen Hemmnis oder, genauer gesagt, unter einer sehr schwer zu überwindenden symbolischen Barriere. Für sie haben Nahrungsmittel vom Typ Tofu, Quinoa usw. eine sehr deutliche soziale Konnotation: Sie seien bourgeoises Zeug, und es stelle einen sozialen ›Verrat‹ dar, derartige Nahrungsmittel in ihrem Alltag zu übernehmen. Sie sind sich klar bewusst, dass so etwas auf Stereotypen beruht, doch trotz alledem ist die symbolische Barriere sehr stark.

Ich möchte klarstellen: Es handelt sich nicht um das berüchtigte ›der Vegetarismus ist bourgeoises Zeug‹ oder ›die Rechte der Tiere sind was für Reiche, warum soll man Tieren den Vorzug vor den Menschen geben?‹, sondern was hier wirklich zur Sprache gebracht wird, ist die Bindung zwischen kulinarischer Kultur/Ernährungsgewohnheiten und Identifikation in Bezug auf die soziale Klasse. Wenn ich das richtig verfolgt habe, berufen sie sich bei ihrer Erklärung auf ihre soziale Herkunft und bekunden im öffentlichen Raum die ›sozialen Codes‹ ihrer Herkunft, ohne dass sie sich zwangsläufig nach denen der herrschenden sozialen Klassen richten wollen, was gewissermaßen eine Geste des ›Widerstandes‹ ist, und es lässt sich deshalb schwer damit vereinbaren, dass sie Ernährungsgewohnheiten annehmen, die als solche mit der ›herrschenden Gruppe‹ identifiziert werden.«[151]

Mehrere Forumsteilnehmer führen die folgenden Argumente an, um auf Fabishas Frage zu antworten: Getreide ist weniger teuer als Fleisch, also kann Fleischgenuss kein Zeichen für die Zugehörigkeit zu den unteren Volksschichten sein; in den Industrieländern ist der übermäßige Fleischverbrauch, der sich auch bei den unteren Volksschichten durchgesetzt hat, eine erst vor kurzem eingeführte Politik;

gerade bei den von Vertretern des Westens unterdrückten Völkern gibt es zahlreiche nichtwestliche vegetarische Traditionen; industrielle Fleischverwertung ist ein Zeichen und ein Symbol des Kapitalismus, also der herrschenden Klassen.

Doch die Auseinandersetzung geht weiter, denn es ist ganz offenkundig, dass die Geste des »Widerstandes« derjenigen, die sich weigern, als bourgeois identifizierte Ernährungsgewohnheiten anzunehmen, nicht von der Realität des Preises der Nahrungsmittel oder von der Geschichte der industriellen Viehzucht, sondern von einer sozialen Standortbestimmung abhängt, die zeigt, dass »das Essen von Quinoa oder Tofu« im Westen »sozial konnotiert« ist. Nun haben aber die Gegenargumente der überzeugten Veganer wenig Aussichten, überzeugend zu wirken. Denn hier geht es nicht darum, sich auf derselben Ebene auseinanderzusetzen. Ein Argument lässt sich nicht einem Gefühl entgegenstellen: Das Gefühl, von dem Fabisha spricht, hängt von einer Prioritätsverlagerung, also von einer Umkehrung der Ebenen bei Leuten ab, deren Überzeugungen gleichwohl einander nahe, wenn nicht gar ähnlich sind. Das vegetarische »Wir« überschneidet sich hier und jetzt (das hat sich verändert, und das wird sich vielleicht noch weiter ändern) zum größten Teil, aber nicht ausschließlich, mit einem »Wir« der gebildeten und weißen oberen Mittelschichten. Indem man eine rassische und eine soziale Bildschicht über den antispeziesistischen Zuschnitt legt, zeigt sich eine annähernde Übereinstimmung, die das autonome, rationale und universelle Wesen der Entscheidung, Veganer zu werden, verunsichert.

Manche Aktivisten lehnen es jedoch ab, diese Verbindung durch Transparenz anzuerkennen, denn sie vertreten die Ansicht, dass sie Vernunftprinzipien gehorchen, die nicht mit einer rassischen oder sozialen Zugehörigkeit verbunden sind. Ihre Überzeugung trübt die klassenbedingten Entscheidungen und Motive. Überlappung und Übereinstimmung zeigen sich nur denjenigen, welche die Bildschicht der Rasse oder die Bildschicht der Klasse unter das antispeziesistische »Wir« gleiten lassen. Doch solange das antispeziesistische »Wir« durch eine vorrangige Bildschicht bestimmt bleibt, macht es die anderen Identitätszuschnitte etwas unschärfer oder undurchsichtiger. Es gibt sie, doch sie werden als zweitrangig angesehen.

Zwei Personen, die genau dieselben Überzeugungen und dieselbe Einteilung der Welt haben, werden sich durch deren Rangordnung unterscheiden. Wer die Welt *zunächst* in soziale Klassen einteilt und sich erst danach die Frage nach dem Ausschnitt der empfindenden, einer Persönlichkeit würdigen Wesen und beiläufig die nach der Aufteilung in das stellt, was er essen kann und was nicht, wird begreifen, dass die Entscheidung, Veganer zu sein, auf bestimmten sozialen Zugehörigkeiten beruht. Er wird anerkennen, dass diese Ethik manchen wie eine Herrschaftsform oder eine Art von Lektion erscheinen kann, die eine Klasse einer anderen gibt. Wer sich auf dieselbe Weltsicht beruft und zuerst die empfindenden Wesen ausschneidet, bevor er die Menschen nach sozialen Klassen einteilt, wird ein solches Argument nicht verstehen, das ihm unrechtmäßig oder trügerisch, da undurchsichtig vorkommen wird. Dem Ersten werden sich die sozialen Motive des Veganismus zeigen, doch die Universalität der veganen Prinzipien wird in seinen Augen undurchschaubarer werden, während sich dem Zweiten diese prinzipielle Universalität zeigen wird, doch ihre sozialen Motive werden ihm weniger klar erscheinen.

Dennoch verwenden beide Menschen den gleichen Zuschnitt auf der Ebene der Arten (sie sind alle beide Antispeziesisten) und auf der Ebene der Klassen (sie engagieren sich alle beide gegen die Herrschaft der höheren Gesellschaftsklassen des Westens). Ihre Uneinigkeit beruht allein auf der Rangordnung, aufgrund derer sich Transparenz und Undurchsichtigkeit ihrer jeweiligen Einteilungen verlagern.

Konkret bedeutet dies: Wenn ich ein Interpretationsmuster bevorzuge, zum Beispiel das nach sozialen Klassen, bin ich dazu verurteilt, die Subtilität und Bedeutung der Gender- oder Rassen- oder auch Glaubensunterschiede etwas zu vernachlässigen. So kann man die Meinung vertreten, dass die marxistische Tradition lange die Gender- und Rassenbildschichten oder die des Glaubens verdunkelt habe, weil sie es ablehnte, diese als *grundsätzliche Bildschichten* anzusehen, denn diese Vorrangstellung blieb ja dem Klassenkampf vorbehalten. Als die erste Welle des Feminismus die Gendereinteilung als grundlegende Bildschicht benutzte, hat sie umgekehrt die sozialen und rassischen Unterschiede etwas verdunkelt, die vom Feminismus der zweiten Welle wiederentdeckt wurden.

Je näher am Grund sich eine Bildschicht befindet, desto weniger undurchsichtig ist sie, doch desto mehr ist sie geeignet, von anderen, ihr unbekannten Bildschichten verdeckt zu werden. *Dies ist die dritte Regel des Modells: Wenn eine Einteilung bestimmte Identitäten hervorhebt, verbirgt sie andere.* Da man eine Rangordnung für seine Bildschichten wählen muss, gibt es keine »allgemeine Transparenz« des sozialen Raums. Alles, was die Gesellschaft auf einer Ebe-

ne etwas deutlicher macht, macht sie auf einer anderen etwas undurchsichtiger. Wenn man hier hellsichtig wird,
heißt das, dass man dort blind wird.

Die Überdeckung

Dies ist die vierte Regel: Alles, was überdeckt, setzt sich der politischen Gefahr aus, selber überdeckt zu werden. Jede Einteilung bietet eine Angriffsfläche für eine weitere Einteilung, die sie nicht vorhergesehen hatte oder nicht vorhersehen wollte.

Das grundsätzliche Dilemma, das sich aus jeder Bildung von »Wir« durch aufeinanderfolgende Bildschichten ergibt, ist einfach: Je näher am Grund sich eine Bildschicht befindet, desto mehr ist sie geeignet, von anderen überdeckt zu werden, doch je mehr eine Bildschicht andere überdeckt, desto weiter entfernt sie sich vom Grund (also ist das, wozu sie Zugang hat, undurchsichtiger). Muss man die Bildschichten vervielfachen, die einen von den anderen bedecken lassen, indem man versucht, alle Einteilungsformen der Welt zu beachten, ohne eine Sichtweise endgültig zu bevorzugen? In diesem Fall setzt man sich der Gefahr einer zunehmenden Verdunkelung aus: Man verliert die Grundlage, und man hat den Eindruck, dass man lediglich Interpretationen interpretiert; man hat das Gefühl, nur noch andere Bildschichten abzubilden, weil man zu viele aufeinandergeschichtet hat und nicht mehr unterscheiden kann, was sich auf einer Bildschicht befindet und was darunterliegt. Sollte man sich eher mit einer einzigen grundlegenden Bildschicht und einem einzigen Deutungsmuster zufriedengeben, um die Welt zu interpretieren? Dann vervielfacht man jedoch die Gefahren, von hinten überrumpelt und von anderen überdeckt zu werden, die offenbaren werden, was wir nicht sehen und einteilen konnten.

Da die Überlagerung der Transparenzen eine Rangordnung voraussetzt, ist meine Weltsicht stets der Gefahr ausgesetzt, von einer zweitrangigen Bildschicht, die ein politischer Gegner überraschend auf die Oberfläche meiner Darstellungen kleben würde, verborgen, vernachlässigt oder vergessen zu werden: Plötzlich kann meine ganze Einteilung der Identitäten, Kräfteverhältnisse, des Gerechten und Ungerechten mit einer Identitätenebene, die ich freiwillig oder unfreiwillig beiseitegelassen hatte, durcheinandergebracht werden. Wenn ich alles vergesse, was Arme und Reiche hier und anderswo trennt, kann meine kartografische Darstellung der Weltkulturen, die nach Religionen und Ethnien eingeteilt ist, plötzlich von einer sozialen Einteilung überdeckt werden, die sie verwirrt, überlappt oder verfälscht. Wenn ich umgekehrt die kommunitären Unterschiede zwischen Religionen vernachlässige, kann mich meine zwischen Besitzenden und Benachteiligten geordnete Weltsicht zu einer fortschreitenden Unerkennbarkeit der Welt, zu einem Unverständnis der Bruchlinien oder der Kriege bringen, die mir systematisch als irrational erscheinen werden, falls ich nicht annehme, dass es sich um *falsche Teilungen* handelt, die von den Herrschenden geschaffen wurden, um uns vom wahren Kampf abzulenken. Dies setzt jede starre Einteilung voraus, die auf ihrer vorrangigen Bildschicht beruht, alle Überdeckungen als falsche Ablenkungen der Macht ablehnt und sich so blind stellt gegenüber jedem anderen Verteilungssystem der Identitäten als dem, das auf ihrem ersten Deutungsmuster, unmittelbar am Grund der Dinge, gezeichnet wird.

So geißelt Guy Debord im Namen der Aufrechterhaltung einer einzigen, vorrangig eingesetzten realen Trennung die falschen Trennungen, »falsche, archaische Gegensätze, Regionalismen oder Rassismen«: »So setzt sich die endlose Reihe der lächerlichen Zusammenstöße wieder zusammen, die von den sportlichen Wettkämpfen bis zu den Wahlen ein noch nicht einmal ludistisches Interesse mobilisieren«, und »ein hauptsächlicher schauspielhafter Gegensatz zwischen der Jugend und den Erwachsenen nimmt den Vordergrund des trügerischen Rollenspiels ein.«[152] Alles ist tatsächlich eine Frage der Ebene: Debord gibt sich damit zufrieden, eine Trennungsebene auf seiner vorrangigen Bildschicht als einzig und absolut wahr zu bezeichnen; in ihrem Namen werden alle Unterschiede nunmehr als illusorisch, falsch, somit als durch die Macht benutzte Teilungsinstrumente erscheinen. Debord verdeckt die regionalistischen und nationalistischen Einteilungen oder die Generationskonflikte, von denen die Zeitungen reden, durch ein Deutungsmuster, das daraus falsche Unterscheidungen macht und das die einzige wahre Trennung hervortreten lässt, die schließlich den Namen »Spektakel« tragen wird.

Doch wenn eine Weltsicht zu solchen Operationen der Beschränkung auf ein einziges Deutungsmuster der Identitäten greift, vervielfacht sie, so kohärent sie auch sein mag, die Gefahren der Überdeckung: Je weniger Bildschichten es darunter gibt, desto wahrscheinlicher ist es, dass eine Bildschicht unerwartet darüber auftaucht, meinen Zuschnitt der Welt überdeckt und seine blinden Flecken enthüllt. Die Weltsicht wird als Ganzes zu ihrer eigenen Achillesferse. Jeder ihrer Einzelteile ist gut gesichert, doch insgesamt stellt sie sich als ein System von Trennungslinien und Konturen dar, das von einem anderen System vollständig enthüllt werden kann, und dieses wird die undurchdachten und undurchsichtigen Aspekte sowie Brüche des Ersteren offenbaren. Debord beispielsweise sieht nichts mehr von den rassifizierten, sexualisierten oder religiösen Unterschieden, die er systematisch auf trügerische Effekte reduziert. Er stellt sich blind.

Keine Bildschicht, das heißt kein Einteilungssystem der Welt, ist davor sicher, überdeckt zu werden und so ihre Unzulänglichkeiten durch die Überlagerung mit anderen Begrenzungssystemen von »Wir« ungewollt zu offenbaren, die reale Grenzen dort erscheinen lassen, wo es nur einen Block gegeben hatte, und die dort Blöcke auftauchen lassen, wo man Grenzen gefunden hatte.

Politik besteht darin, die grundlegenden Bildschichten derjenigen, denen wir uns entgegenstellen, zu überdecken und unsere grundlegende Bildschicht gegen diejenigen, mit denen uns unsere Gegner überdecken wollen, zu verteidigen – also eine bestimmte Rangordnung der transparenten Darstellungen, mit denen wir Identitäten zuschneiden und verteilen, zu verteidigen.

Wir müssen daher anerkennen, dass wir in der Politik stets eine Angriffsfläche dafür bieten, dass unsere Bildschicht durch die eines anderen überdeckt wird, während wir versuchen, mit unserer Bildschicht die Weltsicht der anderen zu überdecken. Dies ist der eigentliche Sinn des politischen Kampfes: dass man sich blind stellt und gleichzeitig hellsichtig wird. Indem wir uns als fähig erweisen, eine bestimmte Verteilung von »Wir« zu interpretieren, enthüllen wir gleichzeitig die anderen Verteilungsarten, zu deren Anerkennung wir unfähig sind.

Die Grundlage

Damit ist unser erstes Bild dessen abgeschlossen, was sich hinter dem einfachen Wort »wir« abzeichnet.

Durch aufeinanderfolgende Überdeckungen gelangen wir zu einem Modell, bei dem »wir« nur noch eine strategische Überlagerung von Darstellungsebenen bezeichnet, wodurch wir uns verschiedene Ebenen dessen, was wir sind, und dessen, wozu wir gehören, vorstellen. Unterschiedlichen Genauigkeitsgraden entsprechend bezeichnet »wir« eine bestimmte Form der Konturierung des Lebendigen und insbesondere der menschlichen Gesellschaft, die es ermöglicht, eine kontinuierliche Modulation der Wesen in Begrenzungssysteme umzuformen. Diese Systeme überlagern sich, womit sie es zugleich erlauben, die Wirklichkeit für eine Subjektivität lesbar zu machen, und unablässig die Gefahr heraufbeschwören, sie unlesbar zu machen, indem sie die transparenten und die undurchsichtigen Schichten und somit die Überlappungen mehrerer Ebenen vervielfachen. Dies ist wirklich »wir«: diese Stapelung von *Layers*, deren Ordnung der Gegenstand von Auseinandersetzungen um eine richtige Sichtweise ist. Jeder versucht, die Weltsicht der anderen zu überdecken, um sich stärker und hellsichtiger zu zeigen, dort Unterschiede aufzudecken, wo die anderen nur undeutliche Identitäten sehen, und dort Solidaritäten hervortreten zu lassen, wo die anderen versuchen, auf der Existenz von falschen oder belanglosen Unterschieden zu beharren. Bei jeder beliebigen Gelegenheit »wir« zu sagen bedeutet, diese Hellsichtigkeit, dieses System von Folien aus aufeinanderfolgenden Identitätsebenen in das Verständnis einzubeziehen und zu versuchen, sie im Meinungsstreit durchzusetzen.

Jedes beliebige »Wir«, das ererbt oder gewählt ist, funktioniert so. Man muss sich so etwas wie eine umherirrende Form vorstellen, als könnte man unaufhörlich die Überlagerungsordnung unserer transparenten Schichten, also unserer Darstellungsebenen von »wir«, variieren lassen, um die Kontraste zu modulieren, die Interessen und die Begrenzung der Lager umzustellen. Von Zeit zu Zeit, in manchen wichtigen Momenten unseres Lebens, ändert sich unsere Ordnung der »Wir« plötzlich, und die Form von »Wir« selbst wandelt sich: Wir fühlen uns erschüttert und bekehrt oder so, als seien wir unseren früheren Überzeugungen untreu geworden. Jeder hat die Erfahrung gemacht, die innere Reihenfolge seiner Zugehörigkeiten zu ändern und so festzustellen, dass sich die Einteilung all dessen, was er wahrnimmt, unter seinen Augen umgestaltet, weil er nun alles durch die Folie der sozialen Klassen oder der religiösen Gemeinschaften, der Generationen oder der Tierarten betrachtet. Es ist dieselbe Welt, doch nicht mehr ganz dieselbe Einteilung. Alles überlappt sich ständig, doch alles überlappt sich unterschiedlich, je nachdem, wie es der Anordnung der Bildschichten und der Prioritätsordnung der »Wir« entspricht, sodass sich die gefüllten und die hohlen Räume, die kleinen Risse und die großen Brüche, die gleichförmigen Massen und die abgestuften Bereiche anders verteilen – und die Interessen und Werte, auch Ehre und Gerechtigkeit.

Da wir jetzt ein Modell und zugleich ein Bild und eine Idee von allen möglichen »Wir« haben, die alle freie Formen der Überlagerung von transparenten Ebenen sind und die lebendige und soziale Realität einteilen, verfügen wir über ein Bild und eine Idee des »Wir«, das gleichsam losgelöst von allem ist. Dies ist ein in der Luft hängendes »Wir«, das uns angeblich ermöglichen soll, etwas abzubilden, ohne dass man wirklich weiß, was. Was befindet sich unter dem »Wir«? Wir haben standardmäßig an »das Lebendige«, »den sozialen Raum« oder »die Wirklichkeit« mit hinlänglich vagen Begriffen erinnert, die es uns lediglich ermöglichten, die Grundlage zu bezeichnen, auf der die »Wir« aufgesetzt waren. Aber nun muss man darunterblicken und entscheiden, ob es eine Grundlage gibt oder nicht.

Nach diesem ersten Schritt der Gestaltung unseres Modells hat man gewiss den Eindruck, dass jede beliebige Bildschicht unterschiedslos als Grundlage oder als Überdeckung dienen kann und dass alles zuschneidbar ist, wie es unzähligen möglichen Kombinatoriken von Reihenfolgen der Bildschichten entspricht: Wir können die Welt zuerst in Gender einteilen und danach die Klassenunterschiede hinzufügen (dann wird alles schon etwas weniger transparent sein), später (so wird die Sache immer undurchsichtiger) die rassischen oder nationalen Unterschiede, und schließlich können wir (dies wird kaum sichtbar sein) die Unterschiede und die Solidaritäten zwischen den Arten aufzeichnen. Ebenso gut können wir die Welt zuerst in Glaubensgemeinschaften, dann in Nationen und schließlich in soziale Klassen einteilen. Wir können als Erstes die menschliche Identität konturieren oder zunächst Rassen und Kulturen einteilen … Es gibt ebenso viele Ordnungen von Bildschichten wie unterschiedliche »Wir«. Das Modell wird dann zu einem Erzeuger von Identitäten, von denen manche sehr allgemein sind (Humanismus, Rassialismus …), andere sind es weniger. (Welcher kollektiven Identität entspricht die Kombination in der Reihenfolge: Alter – Rasse – Gender – Klasse?) Unser Modell kann jedoch wegen seines starken Abstraktionsgrades, weil es alle möglichen »Wir« wiedergeben will, nicht die offenkundige Tatsache erklären, dass sich nicht alle Identitätskombinationen verwirklichen und dass sie von den Individuen nicht einfach gewählt werden, so wie es mit allen erdenklichen fantasievollen Garnituren in einer unermesslich großen Kleiderkammer geschehen könnte.

Als wir die Regeln eines reinen Einteilungsspiels aufgestellt haben, konnten wir die möglichen »Wir« gedanklich erfassen, alle »Wir«, aber nicht das konkrete und uns aufgezwungene »Wir«. Welche Bestimmungen zwingen uns zu einem »Wir«, welche Mächte machen aus mir nicht etwa ein Mitglied aller möglicher Gemeinschaften, sondern jemanden, der, was auch immer er tut, eher zu dem einen »Wir« als zu einem anderen gehört?

In diesem ganzen ersten Buch haben wir versucht, ein Bild und eine Vorstellung von einem »Wir« zu konzipieren, das von seiner Vorherbestimmung und der Macht eines Zwangs losgelöst ist, indem wir annahmen, dass wir zu allem gehören konnten, was für jemand anderen »wir« war.

Dieses Modell vermittelt die Illusion einer freien Form, die lediglich durch den Präzisionsgrad jedes Schnitts, durch die Notwendigkeit, die Ebenen zu ordnen, eine grundlegende Ebene zu wählen und sich einer möglichen Überdeckung durch andere Ebenen auszusetzen, eingeschränkt wäre. Dies würden die einzigen Regeln des umfassenden Spiels von »Wir« sein, denen der Gebrauch der ersten Person Plural folgen müsste. Es gäbe keine Gestaltung von »Wir«, die richtiger oder rationaler als eine andere wäre: Alle »Wir« sind gleichwertig, alle wären Ergebnisse derselben Operation, Identitäten einzuteilen und zu ordnen. Genau dies muss man gedanklich voraussetzen, damit man durch Empathie alle »Wir« erfassen und ihre gemeinsame Struktur verstehen kann. Man muss stets damit beginnen, alle freundlichen oder feindlichen »Wir« zu begründen. Diese Operation war notwendig.

Doch die Konstruktion dieses Modells einer freien Form kann nur die erste Etappe eines genauen Verständnisses von »Wir« sein, die auch begründen muss, dass wir niemals alle Identitäten auf uns nehmen und dass wir lediglich einigen bestimmten zugewiesen sind, sodass wir nun unsere Frage verdoppeln und nicht nur das »Wir« *im Allgemeinen*, sondern auch das unsrige begründen müssen.

Was ist von einem »Wir« tatsächlich das unsrige?

Die erste Antwort besteht darin, eine *Grundlage des »Wir«* zu bestätigen. »Wir« ist keine freie Form, weil es ein System von Darstellungen durch aufeinanderfolgende Folien ist, das auf eine von dieser Form abgebildete und umgeschriebene Grundlage aufgetragen wird. Sie ermöglicht es, das hervorzuheben, was unter dem »Wir« in uns selbst leicht eingeschrieben ist. Und diese Grundlage ist eine natürliche Einschreibung von direkt zu unserer Natur gehörenden Kategorien. Außerhalb unserer Darstellungen gibt es bereits eine Ordnung, die im Voraus einteilt, was wir einteilen.

Das Paradox ist folgendes: Es muss tatsächlich schon unter dem »Wir« eingeschriebene Unterschiede oder Begrenzungen geben, damit wir sie unterstreichen können, indem wir sie abbilden; doch wenn diese direkt bei den

Dingen eingeschriebenen Unterschiede bereits von Natur aus existieren, sind keine Bildschichten mehr notwendig. Wenn es politische Bildschichten gibt, so deshalb, weil die Rangordnungen unserer natürlichen Identitäten nicht der Natur direkt eingeschrieben sind und weil wir, wie andere Tiere anderer Arten, unsere Zugehörigkeiten einteilen und durch uns selbst ordnen müssen.

Es gibt Bildschichten, doch wir wissen nicht mehr genau, wie wir ihre Ordnung begründen sollen. Nehmen wir am Ende dieses ersten Buches an, dass dies unsere Lage, die historische Situation unseres »Wir« ist. Wenn man sich fragt, wer wir sind, antworten wir, dass *wir die sind, die nicht mehr wissen, was die Rangordnung unserer »Wir« ist*. Wir wissen, dass »Wir« keine absolut freie Form ist, doch wir können nicht mehr bestimmen, was sie begründet, das heißt ganz einfach, was unsere Identitäten zwingend ordnet – was ihnen zugrunde liegt. Das wird der Ausgangspunkt unseres zweiten Buches sein: Das freie Spiel der von uns beschriebenen Bildschichten entsteht aus einer *Entgründung*, das heißt einem modernen Scheitern der Einschreibung von Identitäten außerhalb unserer Darstellungen, an der Oberfläche der Natur selbst. Doch wenn diese Natur nicht mehr die Grundlage des »Wir« ist, werden alle »Wir« zu autonomen Formen, losen Blättern, Folien, die es nicht ermöglichen, etwas anderes als aufeinanderfolgende Schichten von Darstellungen unserer Darstellungen abzubilden, die sich am Ende als unbegründet erweisen. Gibt es nur noch Formen von »Wir«, die unsere Interessen und Ideen ordnen und grundlos sind?

Buch II

Zwänge

I. Kapitel

Die Grundlage des »Wir«

Art

Manchmal ist es gut, unser Gefühl in eine Erzählung einzukleiden. Um so klar wie möglich auszudrücken, was wir, unserem Eindruck nach, für uns selbst geworden sind, wollen wir versuchen, es zu erzählen. Man hat uns beigebracht, den großen Erzählungen zu misstrauen, und wir wissen genau, dass sie immer nur eigennützige und verzerrte Nachgestaltungen sind, die man am Ende mit dem verwechselt, was wirklich geschehen ist. Doch wenn eine Erzählung fehlt, wird es unmöglich, zu diagnostizieren, woran wir sind. Man muss wieder das Risiko eingehen, daraus eine Geschichte zu machen. In dem klaren Bewusstsein, dass ein solches Unternehmen lückenhaft und parteiisch ist, wollen wir versuchen, das zu bewerkstelligen, indem wir die Krise unserer Klassifikationskategorien inszenieren. Einige Jahrhunderte lang haben es manche Kategorien ermöglicht, das Gefühl des »Wir« zu begründen. Es müsste möglich sein, so etwas wie eine transzendentale Geschichte dieser Kategorien nachzuzeichnen, um – wenn auch nur auf grobe Weise – die Ordnung der Verkettung zu verstehen, an deren Ende wir schließlich geglaubt haben, wir seien unfähig geworden, uns zu begründen, als wären unsere Identitäten bestimmte Foliensysteme, die gegeneinander, ohne die geringste zwingende Grundlage, kombinierbar und austauschbar sein könnten.

Wagen wir das Abenteuer. Man muss damit beginnen, in der neueren Geschichte Indizien einer Metamorphose der Grundbegriffe unserer Klassifikationen zu isolieren. Der Erste von ihnen ist die Art.

Anscheinend gibt es von vornherein einen realen Zwang, der uns eine offensichtliche Identität aufdrängt: unser genetisches Erbgut, unseren Phänotyp, unsere Physiologie, unsere Kognition. Das sind in alle Lebewesen durch den Artbegriff eingeschriebene Unterschiede, der es zugleich ermöglicht, die tierischen Organismen hinsichtlich ihrer Verwandtschaft zusammenzufassen und uns, die Menschen, von ihnen abzugrenzen. Lange hat die menschliche Spezies als Grundlage für unsere Bildschichten von Darstellungen gedient, um das Fundament für alle sekundären Teilungen zwischen Männern und Frauen, Reichen und Armen, Europäern, Afrikanern, Asiaten, Indianern, Kindern und Erwachsenen zu bilden. Wir gehörten zu verschiedenen, mehr oder weniger kulturellen, mehr oder weniger natürlichen Gruppierungen, doch wir waren alle Menschen. Der Artunterschied existierte *unterhalb* unserer Darstellungen: Dies war ein natürlicher Zwang, der unsere sexuellen oder rassischen Unterteilungen maßgeblich bestimmte.

Die Art war jedoch mehrdeutig, denn sie diente gleichzeitig als Prinzip des Zuschnitts (der Einteilung zwischen allen Arten) und des Ausschnitts (einer Art im Besonderen, der *unsrigen*).

Von Linné bis Jussieu und dann Cuvier hat sich die Klassifikation des Lebendigen verfeinert, verkompliziert und ihr Prinzip geändert. Nun ging es darum, die Aufmerksamkeit der Wissenschaft auf die Unterscheidungsmerkmale der Organismen zu lenken, damit sie in Gruppen und Untergruppen zusammengefasst werden konnten, wie es einer Logik entsprach, die nicht zwangsläufig die der Ähnlichkeiten und Unähnlichkeiten der Wesen war, *wie sie uns erscheinen.* Es wurde vielmehr zur Aufgabe der Klassifikation, ein oder mehrere Prinzipien aufzustellen, die sich vielleicht dem gesunden Menschenverstand nicht erschlossen, aber die Verteilung alles Lebendigen erklärten und es ermöglichten, die Gesamtheit des Lebendigen einzuteilen. Von diesem Prinzip oder diesen Prinzipien ausgehend und nicht von der Wahrnehmung des Menschen musste man die Vielfalt der Lebewesen wiedergeben. Nun ergab sich die heikle Frage des eine Ausnahme bildenden Ausschnitts der Menschheit. Wie konnte man den Menschen nicht als eine Tierart kategorisieren, deren Artunterschied sich nicht so sehr von den Unterschieden unterschied, die es zwischen allen anderen Arten gibt? Der *unterschiedliche Unterschied* oder verdoppelte Unterschied zwischen dem Menschen und den nichtmenschlichen Arten konnte nicht der einfache Unterschied sein, den es zwischen einer Tierart und einer anderen, zum Beispiel zwischen Geparden und Leoparden, gibt. Darum diente er als *grundlegende* Kategorie: Der verdoppelte Unterschied definierte einen aus der Natur ausgeschnittenen Raum (in diesem Fall die Gesellschaft). Dieser grundlegende Raum war der vereinheitlichte Ort des »Wir«. Bei den anderen Arten, die aus dem Stoff des Lebendigen ausgeschnitten wurden, sagte nichts »wir«, denn die anderen Tiere hatten keinen Zugang zu *Logos*, freiem Willen, Wort, Denken, Perfektibilität, Werkzeugen, Selbstbewusstsein, Unendlichem oder anderen Besonderheiten des Menschen. Also war nichts »wir« außer »wir Menschen«. Draußen, in der Natur, gab es nur »sie«. Wir fanden uns in der Natur enthalten, von der Wissenschaft als eine Art unter anderen eingeteilt, doch gleichzeitig aus diesem magischen Kreis des »Wir« ausgeschnitten. Menschen waren wir durch uns selbst und für uns selbst. Präzisieren wir. Wir waren »wir« *durch uns selbst*, weil unser »Wir« auf nichts anderem als auf unserer Fähigkeit beruhte, uns diese Spezifik zuzuschreiben, wenn wir frei denken, sprechen und handeln und wenn wir uns gesellschaftlich organisieren. Mit dem Aufstieg des Humanismus schien unser »Wir« nicht mehr ein Geschenk der Götter oder der Natur zu sein. Es begründete sich selbst, und es war sein eigenes Prinzip: Wir erhielten das Recht, »wir« zu sein, weil wir allein fähig waren, ein solches Ausnahmerecht zu begreifen. Die Ausnahmestellung des Menschen beruhte auf nichts anderem als auf dieser Selbstüberzeugung, dieser Vorstellung, dass wir dachten, als Einzige über die Mittel zu verfügen, zu denken, dass wir die Einzigen waren (weil wir über ein Bewusstsein, ein Denken oder eine Sprache verfügten, die uns dazu berechtigten). Aus der Blindheit entstand unsere Hellsichtigkeit – und umgekehrt. »Menschheit« war der metaphysische Name dieses »Circulus virtuosus«, dieses Engelskreises (oder für die Gegner des Humanismus: dieses »Circulus vitiosus«, dieses Teufelskreises): Die Menschheit erkannte sich an, weil sie meinte, sie allein sei der Anerkennung fähig.

Diesen Preis mussten wir bezahlen: Nur *für uns selbst* waren wir wir selbst, denn außerhalb der Menschheit gab es nichts – keine Götter, Tiere oder außerirdischen Wesen –, was uns von außen bestätigen könnte. Vielleicht waren wir in den Augen der anderen nicht wirklich Menschen in dem Sinne, wie wir es verstanden. Unser höheres

Menschsein entzog sich dem Verstand der Tiere, die uns gegenüber allenfalls so etwas wie eine erstaunte und vage Furcht äußern konnten. Man musste zu uns, der Menschheit, gehören, um klar zu verstehen, dass die Menschheit den Ausnahmekreis des »Wir« bildete. Dieser Kreis war nur von innen her vorstellbar. Die anderen Tiere blieben ihm gegenüber unbeteiligt, waren angesichts unseres privaten Königreichs zu einer Art stumpfsinnigem Zustand verurteilt. Hätten sie Zutritt zu ihm erlangen können, so wären sie in dieses außerordentliche Eigentum eingedrungen und hätten sich unter uns befunden, wie wir. Zunächst blieb unser »Wir« der hermetische und exklusive Raum, in dem dieses sagenhafte »Wir« fortbestand: Außerhalb davon hatte es keinen Sinn mehr.

Wir als humanistische Menschen waren also unsere eigene Grundlage.

Und nun stellt sich heraus, dass sich die Art *entgründet* hat. Sie hat nicht sofort ihren epistemischen Gebrauch als Einteilungsprinzip des Lebendigen verloren, doch sie hat nach und nach aufgehört, direkt der Natur eingeschrieben zu sein, um sich so abzulösen und zu einer simplen Einteilung zu werden, die von der Sprache und dem Denken einer besonderen Art, der unsrigen, auf die weitaus komplexere und subtilere Realität des Lebendigen projiziert wird.

Durch *Entgründung* ist die Einteilung der Arten zu einem System von Glaubensvorstellungen geworden, das sich zunehmend vom Leben selbst abgelöst hat und uns nun als ein gewisses, auf die wechselhafte Natur alles Lebendigen angewandtes Deutungsmuster erscheint.

Im gleichen Maße, in dem sich der Evolutionismus durchgesetzt hat, ist der Artbegriff selbst langsam dem Untergang geweiht. Wohlverstanden: Man hörte nicht damit auf, von Unterschieden zwischen den Arten zu sprechen, doch diese Unterschiede definierten immer weniger ein Einteilungssystem, das es ermöglichte, unsere Ausnahmestellung zu begründen. Es ging vielmehr um ein immer komplexeres Spiel von Vergleichen durch Nuancen und Abstufungen.

Die Art als grundlegendes Prinzip beruhte bisher auf einer gemeinsamen Anstrengung der auf Aristoteles zurückgehenden Metaphysik, der klassifikatorischen Wissenschaften und von rechtlichen und politischen Anwendungsformen (wie etwa der Definition der Rechtsperson und der Bestimmung des Status der nichtmenschlichen Lebewesen), um die Vielfalt alles Lebendigen abzubilden und sie auf eine möglichst begrenzte Zahl von Ordnungsprinzipien zurückzuführen, indem man die Ähnlichkeiten und Unähnlichkeiten zwischen den Organismen einschätzte. Nun setzt sich aber im Verlauf des 19. Jahrhunderts die Vorstellung durch, die Ordnung des Lebendigen sei nichts anderes als die Widerspiegelung seiner Geschichte, und die Klassifikation wurde zwangsläufig *phylogenetisch*. Candolles klassische Definition formuliert so das Prinzip Cuviers neu: »Man bezeichnet mit dem Namen Art [...] die gesammte Anzahl aller jener Individuen, die sich untereinander mehr als anderen Individuen ähnlich sind; die, wenn sie sich wechselweise befruchten, fruchtbare Individuen erzeugen; die sich ferner durch Erzeugung sofort reproducieren, daß man nach aller Analogie annehmen kann, sie seyen ursprünglich aus einem einzigen Individuum entstanden.«[1] Doch die Verwandtschaft macht aus der Art ein Prinzip, das sich im Lauf der Zeit zwangsläufig verändert. Wie soll man im Bereich des Lebendigen unüberwindliche Grenzen ziehen, wenn, wie dies Candolle vorausahnt, es stets möglich ist, von Generation zu Generation bis zu einem gemeinsamen Vorfahren hinabzusteigen und sich das Lebendige wie einen Baum vorzustellen, dessen Zweige alle mit einem einzigen Stamm verbunden sind, selbst wenn sie sich weit voneinander entfernt befinden? Unterhalb der scheinbaren Vielfalt der Arten gibt es ein einziges Subjekt, das LEBEN, das sich unablässig differenziert. Die Momentaufnahme, die wir von der Natur besitzen, lässt sich nur ordnen und verstehen, wenn man von einer geduldigen, zwangsläufig unvollständigen Nachgestaltung der Evolution der Lebewesen und ihres Zusammenhangs ausgeht. Lebewesen sind durch Verwandtschaft verbunden, denn nunmehr erkennt man an, dass das genetische Erbgut für die individuierte Form verantwortlich ist, die alles Lebendige annimmt. Um zu erklären, was die lebenden Organismen annähert und trennt, gibt es keine andere Lösung als die, ihre Abstammung zu rekonstruieren, manchmal bewiesene und manchmal hypothetische Stammbäume zu zeichnen, Abzweigungen und Divergenzpunkte zu ermitteln und kontinuierliche Übertragungslinien bestimmter Wesensmerkmale zu verfolgen.

Dies ist die erste Etappe unserer kleinen Erzählung über die Krise dieser Klassifikationskategorie: Die Klassifikation bezieht sich nicht mehr auf eine zeitlose, unhistorische und statische Natur, sondern auf die Evolution des Lebendigen. Die Arten sind keine Gesamtheiten, welche die Individuen als ebenso viele Elemente enthalten; es handelt sich vielmehr um Prozesse, von denen die Organismen einzelne Momente sind.

Diese einfache Vorstellung verändert die Gestaltung der Kategorie radikal. Anstatt ein Einteilungssystem zu konzipieren, das die Arten durch Trennungen und Grenzen voneinander isoliert und aus jeder Art einen geschlossenen Raum, so etwas wie eine taxonomische Schublade macht, in der die Individuen, die Vertreter einer Art untergebracht werden können, wird die Linie zu *dem, was* die Organismen *verbindet* (und nicht zu *dem, was* sie *trennt*); eine Linie ist die Spur, die von einem Vorfahren zu seinen Nachkommen verläuft und die Synapomorphien oder die von der Kladistik ermittelten Homöoplasien ordnet. Auf den Evolutionslinien gibt es gewiss Knoten, doch es handelt sich dabei stets um dieselbe Linie (die Erbschaftslinie), die sich aufspaltet. Hieraus ergibt sich diese entscheidende Änderung: Während bis zum Zeitalter der Aufklärung die Linie das ist, *was trennt* (der Unterschied zwischen zwei Organismen zweier unterschiedlicher Arten), ist die Linie in der Moderne das, *was verbindet* (die Verwandtschaft zwischen zwei Organismen). Der Mensch wird nicht mehr durch eine unüberwindliche Linie vom Schimpansen getrennt; er ist ein Segment einer Linie, die von einem gemeinsamen Vorfahren ausgeht, und die über eine oder mehrere Abzweigungen verläuft, von denen uns auch eine Linie zum Schimpansen führt. Wenn man das Prinzip einer Evolution des Lebendigen anerkennt, sind unsere Bildschichten der Interpretation des Lebendigen die Träger von genealogischen Spuren, und diese ziehen die Linie, die von einer Art zur anderen führt und nicht eine Art von einer anderen abschneidet. Unsere Darstellungen figurieren eher ein System von Lebenslinien als von Grenzen.

Zweite Etappe unserer Erzählung: In den Wissenschaften und in der Metaphysik funktionieren die Klassifikationskategorien nicht mehr als Systeme von Demarkationslinien, sondern als genealogische Systeme von Stammlinien.

Das vom Darwinismus bereits erschütterte Prinzip der

Einteilung in Arten wird von Ernst Mayr neu definiert, als es um die neodarwinistische Synthese, das heißt die Verbindung zwischen Evolutionslehre und Molekularbiologie geht: Der Artunterschied ist nur ein prekäres Gleichgewicht, der ökologische Effekt der Isolation einer Population, deren Reproduktionsfähigkeit mit den Nachbarpopulationen durch ihren Nestbau, das heißt durch ihre Entwicklung abseits von den anderen allmählich verhindert wird. Es gibt kein spezifisches Wesen, lediglich Schwelleneffekte bei der kontinuierlichen Variation der einzelnen Zweige der allgemeinen Evolution des Lebens. Wie kann man dann bei diesen variablen Intensitäten des Lebendigen ein »Wir« zuschneiden – und erst recht ausschneiden? Die Klassifizierung, die das Ausschneiden des Menschen und das Zuschneiden aller Arten verknüpfte, gestattet diese magische Operation nicht mehr: Sie zeichnet nun auf der Gesamtheit des Lebenden eher Abstammungslinien als Grenzen. Da eine Linie aber eine kontinuierliche und keine diskontinuierliche geometrische Realität ist, werden wir von der Moderne dazu gebracht, uns Änderungen und ständige Variationen vorzustellen.

Dritte Etappe: Unsere kategorialen Liniensysteme lenken nunmehr unsere Aufmerksamkeit eher auf die intensiven Variationen als auf die Trennungslinien zwischen verschiedenen Ausdehnungen.

Die Frage lautet nicht mehr: Wo beginnt und wo endet das »Wir« der »Wir«? Wo verläuft die absolute Grenze, die »unüberwindliche Linie« an der Oberfläche der Bildschicht, die wir über die lebendige Welt legen? Nein, nun stellt sich die Frage: In welchem Moment hat etwas begonnen, sich zu konstituieren? Und von wann an wird es sich zersetzen oder wird es zu etwas anderem?

Schon sehen manche Kritiker des Konzeptes der Art in ihr nicht mehr als einen einfachen grammatischen Effekt, eine sprachliche Illusion, die uns veranlasst, die Kategorisierung der Lebewesen nach dem Modell der Einteilung unserer Wörter vorzunehmen und die Individuen als Erscheinungsformen von Gattungsnamen zu behandeln (dies ist die Hypothese von Jody Hey).[2] Andere entdecken im menschlichen Erkenntnisvermögen eine Neigung, nach Seinsklassen zu kategorisieren, um ihre Identifikation erfolgreich vorzunehmen (dies ist die Hypothese von Massimo Pigliucci).[3] Die Art existiert demnach nicht in der Realität des Lebendigen, sondern im Auge und Geist des Sehenden, Beobachtenden und Ordnenden.

Vierte Etappe der Erzählung: Die Art als extensive Einteilungskategorie wird auf die Seite der Subjektivität verwiesen. Sie ist eine kognitive oder sprachliche Konstruktion, die auf eine als grundsätzlich intensiv angesehene, das heißt aus Variationen bestehende Realität projiziert wird.

Bald spricht man eher von »Artbildung« *(Speziation)* als von Art *(Spezies)*. Die phylogenetische Klassifikation der Arten ordnet das Lebendige nach »Kladen«, das heißt nach Knoten an Linien, welche die ständige Variation der Lebewesen darstellen. Das ist letztlich eine Folge der Feststellung Darwins: »Die Anordnung der Gruppen einer Klasse, ihre gegenseitige Nebeneinander- und Unterordnung muss streng *genealogisch* sein, um als natürlich zu gelten.« Da die vorrangige Klassifizierungsordnung eher dem Prinzip der Generation als dem der Gattung untergeordnet sein sollte, muss man sich die Art tatsächlich nicht mehr als *Objekt*, sondern als ein an die Zeitlichkeit gebundenes *Ereignis* vorstellen. Wir haben uns allmählich überzeugt, dass »die Wirklichkeit der belebten Welt der entspricht, die wir mit unserer Sprache bezeichnen können. Die Art ist nichts anderes als eine monophyletische Auswahl an Individuen, die bestenfalls durch eine Synapomorphie und schlimmstenfalls durch den Durchschnitt und die Varianz gemessener Parameter definiert ist.«[4]

Diese Vorstellung kann abstrakt wirken. Ihre politischen Konsequenzen sind gleichwohl evident. Alles, was bei der Bestimmung eines allerletzten menschlichen »Wir« auf der wissenschaftlichen Unterscheidung einer natürlichen Differenz beruhte, wurde einer Neubewertung unterzogen, weil es immer nur einen graduellen Unterschied zwischen »Wir« und »Sie« gibt. Was die Kategorie der Art als Begründung in Politik und Recht ermöglichte, hat sich aus diesem Grunde langsam, aber sicher aufgelöst. Der Ausnahmestatus der menschlichen Art, deren Vertreter Rechtssubjekte und nicht -objekte sind, wird nicht mehr durch die metaphysisch-epistemologische Kategorie der Art gesichert. Und wenn es immer nur Speziation gibt, gibt es nicht wirklich einen Menschen, sondern lediglich einen ständigen Prozess der »Menschwerdung« *(Hominisation)*, eine Art variabler Intensität der Menschlichkeit, eine fortschreitende Kraft. Wie soll man sie einteilen? Wo beginnt sie? Wo endet sie? Dies ist ein kontinuierlicher Prozess, den das Denken verfolgen kann, so wie man ausgehend von einem einfachen Abschnitt die Projektion einer unendlichen Geraden zeichnet.

Fünfte Etappe: Kein anderer Unterschied als der des Grades ist in der Natur enthalten. Paradoxerweise gibt es einen natürlichen Unterschied nur in unseren Kategorien, die kognitive, sprachliche und kulturelle Konstruktionen sind. Am natürlichen Grund der Dinge kann nichts von selbst einen Unterschied darstellen, der deutlich genug ist, um die kategoriale Unterscheidung zu stützen. Je mehr sich die Erkenntnis der Kluft (dem *Rift*) nähert, von der sie geglaubt hatte, sie sei in der Materie des Lebendigen selbst enthalten, desto mehr Verschiebungen, Nuancen und Mischungen entdeckt sie. Somit ist es unmöglich, das zu begründen, was auf der Folie unserer Darstellungen eine absolute Unterscheidung (wie etwa den Unterschied zwischen Rechts*subjekt* und *-objekt*) bei den artspezifischen Variationen des Lebendigen einführen soll.

Das Aufkommen des Antispeziesismus als einer Tierrechte fordernden Politik ist gewiss das Hauptsymptom für diese Auflösung der Art, die als Konzept nur noch ausreichend stark ist, um einen Schnitteffekt zu rechtfertigen, der es ermöglicht, ein festes, auf sich selbst begründetes humanistisches »Wir« zu definieren. Man kann nicht mehr »Wir« sagen, wenn man ausschließlich von der menschlichen Art spricht, denn diese Art zerfasert nun an den Rändern, die sie in die höheren Säugetiere einbeziehen und mit ihnen vereinen, und diese vereinen sich in einem Abstufungseffekt wiederum mit allen Säugetieren, deren Konturen sich inmitten von all dem, was lebt, fühlt und leidet, verwischen. Deutlich sind die politischen Folgen des Verwischens der Artkategorie zu erkennen. Gegen den nach dem Muster des Rassismus gebildeten »Speziesismus« eröffnen die Texte von Peter Singer,[5] Tom Regan,[6] Steven Wise[7] oder Martha Nussbaum[8] das Feld für eine Tierpolitik. »Wir« bezeichnet nun alle Subjekte eines Lebens oder alle höheren Säugetiere oder auch alle empfindenden Wesen bzw. alles, was Interessen, also Rechte haben kann.

Es geht nicht darum, das Vorhandensein von Unterschieden zwischen den Arten zu leugnen: Das Lebendige ist ein Feld von Variationen und unablässigen Differenzierungen. Doch in der heutigen Situation ist das Wissen nicht mehr imstande, die ethischen, rechtlichen und politischen Kategorien mit Unterschieden zu begründen, die in der Natur der Dinge selbst enthalten sind. Nichts ist jemals unterschiedlich genug, um den Unterschied zwischen dem, was »für sich« ist, und dem, was »an sich« ist, was ein Subjekt und was keines ist, zu rechtfertigen. Denn die kategorialen Unterschiede erscheinen uns nicht mehr als vereinfachte und vereinfachende Ergebnisse der Einteilung unserer Wahrnehmung und unserer Sprache; der kategoriale Artunterschied wirkt auf uns zugleich unbegründet und außerstande, irgendetwas zu begründen: Er unterrichtet uns immer nur über unsere Sichtweise der Dinge. Wohlgemerkt: Wir nehmen Unterschiede zwischen den Menschen und anderen Lebewesen wahr, doch diese Unterschiede sind niemals stark genug, um sich ins Wesen einzuschreiben und ontologisiert zu werden. Die politischen Linien, die wir zwischen den Arten ziehen, erscheinen uns von der Natur abgelöst und lediglich auf unserer Darstellungsebene eingeschrieben.

Der Auflösungsprozess der Art eröffnet einerseits das Feld für eine Tierpolitik. Andererseits erlaubt er eine transhumanistische oder posthumanistische Politik, welche die Hybriden, Cyborgs, künstlichen Intelligenzen und dann die Singularität (im Sinne von Vernor Vinge[9]) und jede Entität betrifft, welche die Nachfolge der Menschheit antreten kann. Da es im Grunde nur eine *Hominisation* und keinen Menschen gibt, ist es sicher erforderlich, dass die Politik in Betracht zieht, transhumanistisch zu werden: Sie kann nicht mehr einfach humanistisch bleiben.

Da das »Wir« keine Grundlage in der Art findet, dehnt

es sich auf die tierische Prähumanität ebenso wie auf die Posthumanität der Artefakte aus, und die politische Menschheit verliert ihren Ausschnitt in einer verschwommenen, Leben und Artifizielles vermischenden Mitte, die uns schrittweise verbietet, nur »uns« als sprechende Menschen einzubeziehen, sobald wir von »uns« sprechen. Daher muss man Tierpolitik und Posthumanismus als einfache historische Symptome der Krise unserer Klassifikationskategorie der Art ansehen.

Dies ist der letzte Punkt unserer Erzählung: Jede Umgestaltung der Klassifikationskategorien geht mit einer Umgestaltung unserer rechtlichen und politischen Vorstellungen einher. Sicher haben wir das Gefühl, weiterhin einen eindeutigen Unterschied zwischen den Menschen und den anderen zu empfinden. Da unsere Vernunft jedoch unfähig ist, eine unüberwindliche Linie zwischen »Wir« und »Sie« zu begründen und an ihre Stelle die Konzeption eines Kontinuums tritt, erzeugt dies einen Ablösungseffekt unserer Vorstellungen. Die Linien, die wir durch das Recht und selbst durch das Gefühl ziehen, um die menschlichen Subjekte von den anderen Tieren zu unterscheiden, erscheinen uns nicht mehr als *unser* Ausschnitt und nicht als ein System von Grenzen, die direkt in die natürlichen Dinge eingeschrieben sind. Deshalb ermöglicht die Klassifikationskategorie nicht mehr, eine Einteilung zu begründen, sobald sich herausstellt, dass sie eine künstliche Einteilung auf einer natürlichen Grundlage ist, die keine Trennungslinien, sondern lediglich Variationen und unendliche Abstufungen kennt.

Dies erzählt annähernd, was mit der Kategorie der Art geschehen ist; doch diese Erzählung steht nicht allein.

Gender

In dem Maße, in dem das menschliche »Wir« seine äußeren Grenzen verlor, stellte die Menschheit fest, dass gleichfalls ihre inneren Grenzen nachgaben.

Die erste derartige Grenze ist die Trennungslinie des Genders. Dies ist eine zugleich metaphysische, wissenschaftliche und politische Kategorie, die an die sexuelle Fortpflanzung gebunden ist und eine Unterteilung des menschlichen »Wir« in zwei »komplementäre« Personen gestattet.

Um den sexuellen Unterschied in einen grundlegenden Identitätszwang umzugestalten, muss man allerdings eine direkt den Organismen eingeschriebene Einteilungslinie – eine *unüberwindliche* Linie – finden, die alle Unterscheidungen zwischen dem, was die Männer sind, und dem, was die Frauen sind, zwischen dem, was die Männer tun, und dem, was die Frauen tun, sichern kann. Es genügt nicht, festzustellen, dass »in den meisten Fällen« die Männer so und die Frauen anders sind, man muss diese Unterscheidung begründen, indem man eine Diskontinuität ermittelt, die keine Ausnahme zulässt. Genau das ist eine Grundlinie: eine natürliche Zeichnung, die unsere Darstellungen verfolgen, abbilden und unterstreichen, um danach Unterschiede auf der kulturellen Ebene festzustellen.

Alle unsere Kategorien sind jedoch die Szenen eines kleinen Theaters, das von sich selbst nichts weiß und auf dem dasselbe Stück unermüdlich gespielt und nachgespielt wird. Was mit der Art geschehen ist, geschah auch dem Gender, ohne dass es die Akteure der Moderne selbst wussten, die gedacht hatten, dass sie Originalrollen der Ideengeschichte interpretierten.

Was den Artunterschied zunehmend erschüttert hat, hat auch den Genderunterschied innerhalb der menschlichen Spezies beeinträchtigt. Sagen wir es so: Es gibt keine Beziehung zwischen Ursache und Wirkung, und die Abschwächung des absoluten Artunterschieds ist nicht die *Ursache* für die Abschwächung der Gendergrenze (ebenso wenig gilt dies umgekehrt). Doch es gibt einen Analogie- oder *Resonanz*effekt zwischen dem, was an den Grenzlinien der menschlichen Spezies stattfindet, und dem, was sich innerhalb dieser Grenzen anbahnt. Gleichzeitig damit, dass die systemische Einteilung des Lebendigen in Arten unsicher geworden ist, hat die Einteilung der Gender innerhalb der Arten an Evidenz verloren.

Was ist geschehen? Zunächst einmal hat die Unterscheidung zwischen dem *genitalen* Geschlecht und dem *genetischen* Geschlecht eher die Vorstellung einer Intensitätsvariation als die eines Begrenzungssystems eingeführt.

Es trifft zu, dass das genitale Geschlecht teilweise kontingent ist. Es hängt ebenso von den äußeren Entwicklungsbedingungen wie von der genetischen Programmierung ab. Die befruchtete Eizelle ist immer indifferent oder zweiwertig. Das genitale Geschlecht unterliegt also einem hormonalen Mechanismus. Auf experimentellem Wege kann man immer eine mehr oder weniger stabile Geschlechtsumkehrung bewirken, indem man ein Embryo mit wechselnden Hormonmengen behandelt.

Nun haben die Naturwissenschaften immer zahlreichere Beispiele für die Umwandlung und Variation des genitalen Geschlechts gefunden. Sagen wir, sie haben sich besonders aufmerksam mit diesen Phänomenen beschäftigt. Beim Meereswurm Echiura (Igelwurm) – einem oft angeführten Beispiel – besitzt das Weibchen einen Rüssel zur

sächlich verkörpern sie die Schwachstelle in der unerbitt-lichen Logik zweier biologischer Prinzipien, die so robust waren, dass sie zu einem ontologischen oder kosmischen Teilungsprinzip erhoben wurden. Wenn es etwas anderes als Männer oder Frauen gibt, ist es nicht mehr möglich, diese Klassifikationskategorien als metaphysische Prinzi-pien aufzufassen, womit sich die Dualität der ganzen Welt im Unterschied zwischen »uns Frauen« und »uns Män-nern« äußert.

Seit 1964 entdeckt man allmählich das Vorhandensein von männlichen XX-Individuen. Und einige Jahre später die von weiblichen XY-Individuen. Diesmal stellen die Unregelmäßigkeiten der Paarung der Geschlechtschromo-somen bei derartigen marginalen Fällen die absolut de-terminierende Wirkung des Y-Chromosoms infrage. Die Grundlinie verläuft nicht zwischen den Chromosomen, die keine absoluten Zwänge für die Geschlechtsidentität sind. Diese Ausnahmen werden manchmal von dem Na-turforscher vernachlässigt, der sich als guter Aristoteliker für die Gesetzmäßigkeit dessen interessiert, was »meistens« stattfindet. Der Nominalist widmet sich ihnen hingegen aufmerksam, denn er erkennt vor allem die singuläre Exis-tenz an und sieht den besonderen Fall als Gelegenheit, Re-gel oder Norm nun umgekehrt auf das Besondere einzu-engen.

Alle Konzeptionen, welche die Klassifikationskategorien des biologischen Geschlechts (Sex) und des sozialen Ge-schlechts (Gender) dekonstruieren wollten, waren von In-tersexen fasziniert. Zunächst einmal haben sie aus ihnen nicht mehr Monster oder Objekte am Rand der Geschichts-schreibung, sondern die wahren Helden der subversiven Kunstwerke und der Sexuierungstheorien gemacht. Dies erklärt Foucaults Interesse für den Fall der Herculine Barbin[12] oder die Untersuchungen Judith Butlers[13] und Thomas Laqueurs[14] über die Androgynie. Das intersexuelle Individuum wird zur Hauptperson der Sexualität. Es ist weitaus reicher und interessanter als die genormten Individuen, denn seine Singularität vereitelt die Allgemeingültigkeit der Kategorien, denen es entgeht, und reduziert damit alle Kategorien auf Besonderheiten. Die »männlichen Männer« sind lediglich besondere Wesen, ebenso wie die Androgynen. Doch sie sind weniger offenkundig besonders: Das macht sie nicht vollkommener, aber weniger anregend und langweiliger. Die ästhetische und theoretische Aufmerksamkeit, welche die Moderne den Ausnahmen des biologischen und sozialen Geschlechts gewidmet hat, wurde allmählich zu einem Lebensmodell, das die *Queer*-Identitäten begünstigte: weder Mann noch Frau. Es wirkt stimulierender, sich als eine Ausnahme anzusehen, wenn die Achtung der Norm hinter der symbolischen Aufwertung dessen zurücktritt, was sich *zwischen* den großen ererbten konzeptionellen Einteilungen abspielt.

Dies ist eine offenkundig strategische Ausnahme. Sie leugnet nicht, dass die Fälle, die in den Bereich der kategorialen Zweiteilung (Mann oder Frau) gehören, die Mehrheit bilden, doch sie untersagt dieser Zweiteilung, Allgemeingültigkeit zu erlangen, verhindert also die Vorstellung, die »unüberwindliche Linie« in die Natur selbst einzuschreiben. Und die besonderen Fälle, die bisher ignoriert oder vernachlässigt wurden, haben sich im gleichen Maße wie die ihnen gewidmete zunehmende Aufmerksamkeit vervielfacht.

Die Suche nach dem TDF, das heißt nach der unbestreitbaren Linie, die am Grund von uns selbst zwischen den beiden Geschlechtern verläuft, hat die moderne Genetik zu einer Reihe von Anpassungen veranlasst. Im Jahre 1975 erscheint das H-Y-Antigen vielleicht als das gesuchte TDF-Molekül. Bei mehreren Arten ist das Vorhandensein von H-Y tatsächlich eindeutiger, als das Y-Chromosom selbst mit dem männlichen Phänotyp korreliert. Sehr schnell lässt allerdings ein Bündel von Gegenbeispielen das Problem weiterbestehen. Eine neue Hypothese bildet sich heraus: Nicht das H-Y-Antigen, sondern zwei Gene – ZFY und SRY – sollen für die Sexuierung des Männchens verantwortlich sein. Auch diese Hypothese wird widerlegt.

Je weiter die Forschung voranschreitet, desto mehr Komplexitätsschichten erscheinen: Das genetische Geschlecht bestimmt nicht mehr absolut das genitale Geschlecht, und dieses bestimmt das soziale Geschlecht (Gender) nicht mehr vollständig. Die emblematische Sentenz der Moderne lässt sich vernehmen: »Das ist noch komplizierter.« Unterschiedliche Sexuierungsebenen lösen sich wie ebenso viele unterschiedliche Bildschichten voneinander ab. Was bleibt darunter übrig?

Sicherlich sind soziales und biologisches Geschlecht keine grundlegenden Klassifikationsprinzipien mehr, die absolute Einteilungen aufzwingen. Ebenso wie die Art hinter Artbildungsprozessen zurückgetreten ist, haben Gender oder Sex *Genderisierungs-* oder Sexuierungsprozessen den Platz überlassen. Man kann nicht mehr uneingeschränkt begründet »wir Männer« oder »wir Frauen« sagen, denn alles, was wir am Grund von uns selbst unter den Masken der Genderperformanzen finden, sind variable Intensitäten – »das verweiblicht sich mehr oder weniger« oder »das vermännlicht sich mehr oder weniger«:

Die Gender sind keine Nomen mehr, sondern Verben, weil sie Akten entsprechen. Die politische Wirkung dieser »Performanz« ist die Erfindung neuer Subjektivitäten, deren graduelle Fortschritte der Begriff LGBTIQ verzeichnet: *Lesbian, Gay, Bi, Trans, Intersex, Queer.*

An diesem Punkt der Erzählung vervielfachen sich die unterschiedlichen Identitäten, bevor sie rein intensiven, graduellen und unklaren Identitäten ihren Platz überlassen. So hat Beatriz Preciado in ihrem Essay *Testo Junkie*[15] das Experiment gemacht, sich Hormone zu injizieren, um ihre Sexuierung zu variieren. Preciado definiert sich als eine »Trans-Schwule«, hat danach Namen und Identität geändert (Paul B. Preciado) und konstatiert einen »pharmakopornographischen Moment der biopolitischen Geschichte«, der von der massiven Einnahme der die weiblichen Hormone regulierenden Antibabypille, von der Vermarktung chemischer Mittel gegen die Dysfunktionen der männlichen Erektion und vom Testosteronkonsum gekennzeichnet sei. Da Preciado aufmerksam auf die physiologischen Mikromutationen ihres chemischen Variationen unterworfenen und scheinbar weiblichen Organismus achtet, tritt sie für den streng intensiven Charakter nicht nur des sozialen Geschlechts (Gender), sondern auch des biologischen Geschlechts (Sex) ein. Gegen die Sprache der Ausdehnungen und der Einteilung, die in ihren Augen stets die der Spaltung, Hierarchie und Herrschaft ist, bejaht sie keine neue Identität: Dies würde bedeuten, eine Norm durch eine andere zu ersetzen. Doch sie versucht, mit ihren Experimenten zu zeigen, dass die Sexuierung immer ein möglichen Variationen unterworfener Prozess ist, sodass die wesentlichen Identitäten lediglich zu universellen Kategorien erhobene Sonderfälle sind.

So werden Gender und Sex zu Vorstellungen oder werden es wieder, in diesem Fall zu Glaubensüberzeugungen, mit denen wir experimentieren können. »Durch freiwillige Vergiftung«, erklärt Preciado, »bestätige ich, dass das Geschlecht nicht der Wissenschaft, dem Staat oder der Familie gehört.«[16] Das soll nicht heißen, dass es mir gehört. Es handelt sich nicht um Individualismus oder absoluten Voluntarismus. »Dies ist ein politisches Experiment.«[17] Wer die Normen infrage stellt, versteht unter »Experiment« systematisch einen *Variations- und Multiplikationsprozess*: »Es gibt nicht zwei Geschlechter, sondern eine Multiplizität von genetischen, hormonellen, sexuellen und sensuellen Konfigurationen.«[18]

In diesem Stadium des Auflösungsprozesses der Genderkategorie vertreten diejenigen, die wie Preciado an eine endlose Bewegung der Singularisierung und Pluralisierung der Identitäten glauben – ganz zu Recht –, den Standpunkt, dass die Neudefinition von Geschlechtszugehörigkeiten zwangsläufig deren Neubegründung, also die Einschreibung von Unterschieden in die Natur und auf unsere Körper voraussetzen würde. Man müsste auf den ganzen modernen Impuls einer Ablösung der Kategorien verzichten. Doch die Gegner der Genderexperimente meinen, das Fehlen einer Kategorie sei durch sich selbst zu einer Kategorie geworden, und diese Genderexperimente seien unter dem Vorwand, alle Subjektivitätsnormen infrage zu stellen, ebenfalls normativ: Der Umsturz der Gender sei zu einem Gender an sich geworden. Die Ablehnung der Normen sei eine Norm.[19] Und die Norm für die Genderexperimente, die es ermöglicht, ihre Polarisierungen und Wertsysteme zu verstehen, ist die Intensität als »reine Differenz«. Dualität, Zweiteilung und Polarisierung sind streng pejorativ. Pluralität, Ausbreitung und das freie Spiel mit den Normen werden hingegen systematisch aufgewertet. So kommt es, dass die Genderexperimente tatsächlich einen Moment in der Geschichte unserer Kategorien verkörpern: die Konzeption eines paradoxen Wertsystems, bei dem sich die Intensität gegen die Ausdehnung, das Offene gegen das Geschlossene, die Vielfalt gegen Einheit, Dualität und Totalität, das Nichtsystematische gegen das Systematische und schließlich die Nichtpolarisierung gegen die Polarisierung durchsetzt. Das Paradox verlangt offensichtlich, dass die systematische Polarisierung gerade durch eine systematische Polarisierung der Werte verworfen wird.

Das Denken kann sich dann versucht fühlen, den Moment des Genderexperiments hinter sich zu lassen, um den Übergang zum darauffolgenden Moment der Erzählung unserer Identitäten zu versuchen. Wie sollen wir uns wieder in Kategorien einteilen, ohne Herrschaftseffekte der Männer über die Frauen, der Heterosexuellen über die Homosexuellen, der Sexuierten über die Intersexe zu erzeugen? Die Antwort ist ungewiss, denn wer Genderunterschiede neu zeichnen will, wird unvermeidlich mit der Frage ihrer *Begründung* konfrontiert. Es wäre notwendig, dass solche Unterschiede wieder in der Natur oder im sozialen Raum erkennbar wären – doch dies setzte voraus, ihnen wieder eine Grundlage zu geben.

Die Geschichte ist, grob zusammengefasst, die folgende: Der kategoriale Unterschied zwischen Mann und Frau muss mit exakten Kenntnissen begründet werden. In dem Maße, wie die Wissenschaften über genauere Angaben verfügen, lässt nun aber die Bildschicht der Geschlechter eine nuanciertere Realität erahnen. Die Ausnahmen vervielfachen sich, wenn man sich der »unüberwindlichen Grenze« nähert, die keine Schwankungen, doppelten Zugehörigkeiten oder intermediären Fälle zulässt. Anstelle von hermetisch getrennten Prinzipien entdeckt man Prozesse, die variable Intensitäten besitzen können: Es geht eher um *Sexuierung* als um Geschlechter. Der moderne Geist lernt, die sexuierten Zugehörigkeiten eher als Modulationen und nicht als Teilungen anzusehen. Dies ist das Reich des Kontinuierlichen und nicht des Diskontinuierlichen. Die Kategorien überleben auf der Bildschicht unserer Vorstellungen, doch sie gelten nicht mehr als historische und kulturelle Konstruktionen, die von unseren Interessen und Wünschen gestaltet werden. »Wir Männer« und »wir Frauen« können kaum noch als Grundkategorien, sondern lediglich als projizierte Formen wahrgenommen werden, denn alles, was einteilt, ist Produkt unserer Wahrnehmung und unseres Handelns, und alles, was eingeteilt wird, ist tatsächlich ein weites Kontinuum von Variationen.

Die denaturalisierten und historisierten Kategorien werden einem freien Spiel oder Experimenten unterzogen. Die Intensitäten werden zum Nachteil der normativen Identitäten zelebriert. Aus diesem »Krieg gegen die Genderidentitäten« ergibt sich ein Modell zur Gestaltung der Identitäten. Die Ausnahmen von der Zweiteilung zwischen Mann und Frau werden nicht nur untersucht, sondern als Lebensweisen hergestellt und erfunden: Die Hybridisierungen, die doppelsinnigen Formen werden durch das heutige Denken und die heutige Kunst verherrlicht, und diese etabliert als Geschlechtsnorm die Auflösung derartiger Kategorien.

Dies ist unsere gegenwärtige Lage.

Rasse

Gehen wir noch etwas weiter. Eine Kategorie könnte uns vielleicht ermöglichen, den *nächsten Schritt* vorwegzunehmen: die schwierige und polemische Kategorie der Rasse.

Um die Logik einer Kategorie besser zu verstehen, ist es immer günstig, einen Umweg über die Logik einer anderen Kategorie zu machen.

Die Rasse spiegelt innerhalb unserer menschlichen Spezies den Unterschied zwischen den tierischen Spezies wider. Aus diesem Grund können wir die Ansicht vertreten, dass die systematische und wissenschaftliche Einteilung der Menschheit in Rassen eine (unfreiwillige) Auswirkung des Ausschnitts der Menschheit aus allen übrigen Tierarten ist. Dies ist ein Paradox und ein schmerzliches Geheimnis des westlichen Humanismus: Wie konnte man annehmen, dass die kategoriale Zusammenschließung der Menschheit auf der Ebene der Natur gleichzeitig eine Voraussetzung für die Möglichkeit war, diese Menschheit in natürliche Unterkategorien zu zerschneiden? Die meisten Humanisten haben gegen die Einteilung der Menschheit in Rassen gekämpft, unabhängig davon, ob diese untereinander gleich oder ungleich sein sollen, und es ist keine Rede davon, die westlichen Humanisten für die Rasseneinteilung verantwortlich zu machen. Alle Völker der Menschheit unterteilen die Mitglieder ihrer Art in Gruppen und Untergruppen, in kulturelle Einheiten, Ethnien, nach Geburt, äußerem Erscheinungsbild, Hautfarbe, Gesichtszügen, Bräuchen, Sprache, Verwandtschaftssystemen, Ess- und Kleidungsgewohnheiten. Eine derartige Einteilung ist nichts Neues. Dies gilt jedoch für die Vorstellung einer

Klassifikationskategorie, welche die Unterschiede inner-halb einer wissenschaftlich identifizierten Menschheit sys-tematisiert. Rasse ist eine Einteilung innerhalb des Men-schen nach dem Ebenbild der Einteilung außerhalb des Menschen. Sie ist gewissermaßen der Preis, der für den theoretischen Entwurf und die Klassifizierung des Men-schen zu bezahlen ist: Indem man wissenschaftlich begrün-det, was alle Menschen von den anderen Lebewesen trennt, gelangt man zu der Frage, was die Trennung der Men-schen *untereinander* wissenschaftlich begründen kann.

Die Forschungsreisen, die großen Entdeckungen und die Expansion europäischer Nationen über ihren herkömm-lichen Seeraum hinaus führten dazu, dass sich die Rassen-frage immer lebhafter stellte. Dass Europäer seit der Re-naissance auf Menschen trafen, die ihnen morphologisch und kulturell fernzustehen schienen – beinahe ebenso, manchmal noch mehr, als wir alle zusammen den anderen Tierarten fernzustehen schienen –, machte die Erarbei-tung einer Kategorie erforderlich, die unsere inneren Un-terschiede nach dem Modell der Unterschiede zwischen Tierarten gestaltete.

Seitdem versuchen viele Wissenschaftler, die Einteilung der Menschheit in Rassen zu begründen. Im Widerspruch zur christlichen Vorstellung von einem einzigen adami-schen Ursprung aller Menschen besteht ihre erste Hypo-these darin, die Existenz mehrerer Menschenstämme zu postulieren.

Der Eindruck der unter uns Menschen bestehenden Viel-falt beruht nun aber auf so etwas wie einer spontanen Überzeugung bei allen Rassenforschern: Man kann nicht leugnen, dass wir alle in unserer Wahrnehmung von dem beeinflusst sind, was uns in morphologischer Hinsicht trennt. Bemerkenswert ist jedenfalls die Feststellung, wie weitgehend der Schwerpunkt in allen rassialistischen Texten zuerst auf die Auffälligkeit des *Unterschieds* gelegt wird. Diesen Unterschied muss man mit einer rationalen Klassifizierung und nicht mit unserer gemeinsamen menschlichen Identität begründen. Warum? Weil die Identität fortan scheinbar auf der Vernunft begründet ist. Ausgehend von dieser Identität schockiert die Entdeckung der Unterschiede. Sie erzeugt ein ästhetisches Ekelgefühl angesichts der Variationen des Menschen, und dieses zerstört das frühere, der humanistischen Verheißung folgende harmonische Bild einer Einheit des »Wir«. *Wir müssten alle wie wir sein.*

Die Entdeckung der Alterität ähnelt nun in den Augen des weißen europäischen Forschers der Erfahrung einer Alteration seiner selbst. Im Vergleich mit dem Menschen, der wir sind, erscheinen die Asiaten in den Augen Gobineaus, des Vaters des modernen Rassialismus, folgendermaßen: »ein Mensch [...] mit gelblicher Hautfarbe, spärlichem Bart und Haupthaar, breitem Gesicht, pyramidalem Schädel, sehr schiefen Augen, einer Liderhaut, so dicht nach dem Außenwinkel hingezogen, dass das Auge sich kaum öffnen kann, von ziemlich niedrigem Wuchs und schwerfälligen Gliedern«.[20] Dann ist der Schwarze an der Reihe: »Ein anderes Individuum erscheint: es ist ein Neger von der Westküste Afrikas, groß, von kräftigem Aussehen, plumpen Gliedern, mit einer entschiedenen Hinneigung zur Fettleibigkeit. Die Farbe ist nicht mehr gelblich, sondern vollkommen schwarz; die Haare sind nicht mehr spärlich und dünn, sondern im Gegentheil dicht, stark, wollicht und in üppiger Fülle wachsend.«[21] Man spürt nicht den geringsten ästhetischen Gefallen am Unterschied, lediglich Abscheu vor allem, was die Einheit des Menschen beeinträchtigt und wie eine Abstufung und entartende Annäherung seiner Gestalt an die Animalität erscheint:»Wenn der Blick einen Moment auf einem so gestaltetem Individuum gehaftet hat, ruft man sich unwillkürlich den Bau des Affen ins Gedächtniß zurück und fühlt sich zu der Annahme geneigt, daß die Negerracen Westafrikas einem Stamm entsprossen sind, der außer gewissen allgemeinen Uebereinstimmungen in den Formen mit der mongolischen Familie nichts gemein hat.«[22]

Die Rasse wird die Klassifizierungskategorie sein, die es ermöglichen soll, die Abstufung der Formen des Menschen und die mit dem Abstand zwischen Mensch und Tier vergleichbaren Abstände zwischen den »Wir« zu begründen. Durch den Effekt dieser Übertragung kann die Beziehung zwischen dem ganzen Menschen und den anderen Tieren auf den ganzen Menschen projiziert werden und ihn in hierarchisierte Teile zuschneiden:»Nichts scheint daher mehr angezeigt, als die Familien, aus denen die Menschheit besteht, für einander ebenso fremd zu erklären, als es die Thiere verschiedener Gattungen sind.«[23]

Bei allen Rassialisten des 19. Jahrhunderts ist das von Abscheu belastete Gefühl eines Unterschieds unbestreitbar. Das ganze Problem besteht darin, es rational durch eine Wissenschaft, ein Maßsystem der Unterschiede, also ein Einteilungsprinzip, eine Linie zu begründen, die es ermöglicht, direkt anhand der menschlichen Körper den zwischen uns und ihnen eingetragenen Unterschied zu verfolgen.

Die Konzeption der Rasse war stets die Suche nach einer ebenso unüberwindlichen Grundlinie wie die der Art oder des Geschlechts, die im Kern unserer Natur selbst gezogen wird. Diese »Linie« ist zum Beispiel buchstäblich die, die Peter Camper zu messen versucht. Genauer gesagt: Er interessiert sich für den Schnittpunkt von *zwei* Gesichtslinien: Die erste verläuft vom Nasenansatz zum Ohr, die andere ist eine Tangente am Stirnvorsprung und führt zu dem am weitesten vorstehenden Teil des Unterkiefers. Indem er diese zwei Linien scherenförmig auf dem Profil der Menschen kreuzt, will er ihren Öffnungswinkel messen, dessen Varianz den jeweiligen Grad des Entwicklungsstandes der Rasse bestimmen würde. So hofft er, eine Stufenleiter zu bilden, deren Spitze vom weißen Europäer eingenommen würde. Je spitzer der Winkel ist, desto weiter entfernt man sich von der morphologischen Vollkommenheit der Züge: Das Profil drängt und zieht sich zusammen. Dieser Winkel ist allen Säugetieren gemeinsam und erlaubt so eine kontinuierliche Messung zwischen Tieren und Menschen. Das Paradox besteht darin, dass das Maß der Rasse bereits eine variable Intensität, ein Kontinuum einführt, um Schnittwirkungen zu bestimmen: Man muss ein allgemeines Spektrum (in diesem Fall für den Öffnungsgrad des Profils) annehmen, um Gruppenausdehnungen zu definieren, die Arten oder Rassen entsprechen.

Die gleiche Sorge bewegt Blumenbach,[24] der beschließt, den Kopf des Menschen nicht im Profil, sondern von oben zu messen, um den Ort des menschlichen Verstandes mit einem Mal in seiner Gesamtgestaltung zu erfassen. Als er die Menschheit in fünf große morphologische Kategorien teilt, ist auch er gezwungen, Schwelleneffekte zu ermitteln, um eine Linie zwischen der Gestalt einer Rasse und der einer anderen zu ziehen. Da er seine Untersuchungen verfeinert, entdeckt er bald vielfältige Gattungen und Typen innerhalb von großen Kategorien.

Anstatt Linien auf Ebenen zu projizieren, um zwischen den »Wir« zu unterscheiden und das in den Augen der Rassialisten offenkundige Gefühl für unsere Unterschiede zu begründen, entscheiden sich manche, wie etwa Morton,[25] das *Volumen* zu quantifizieren. Morton untersucht die jeweilige Schädelgröße von Weißen, Mongolen, Rothäuten und Schwarzen. Seine äußerst sonderbare Methode veranlasst ihn, die leeren Schädel mit Pfefferkörnern zu füllen und die Körner zu zählen, um das Fassungsvermögen der einzelnen Schädel zu vergleichen. Doch offenbar führen die interindividuellen Unterschiede zu weitgehend vergleichbaren, ja sogar größeren Amplitudeneffekten hinsichtlich des Umfangs als die der vorausgesetzten Unterschiede zwischen den Rassen: Der Mexikaner mit dem umfangreichsten Schädel erhält die Zahl 100, und der Weiße mit dem kleinsten Schädel wird nur mit einer 75 bedacht.

Gobineau stellt daher fest, dass es den ersten Rassenforschern nicht gelingt, »die sämmtlichen an den Racen bemerkten leiblichen Verschiedenheiten regelrecht in ein System zu bringen«.[26] Es gibt Unterschiede, doch es ist nicht möglich, sie mit *einem einzigen Einteilungssystem* zu begründen. Gobineau erkennt deutlich die Gefahr, die sich daraus ergibt, wenn man sich nur auf das sichtbarste Wesensmerkmal verlässt, mit dem sich die Menschen untereinander unterscheiden, nämlich ihre Hautfarbe: »[…] weil die Farbe die Aufstellung zahlloser Stufenfolgen zulasse, durch welche man unmerklich vom Weißen zum Gelben, vom Gelben zum Schwarzen gelange, ohne eine genügend scharfe Grenzlinie entdecken zu können.«[27]

Die Rassentheoretiker müssen diese grundlegende Grenzlinie direkt in unserer Natur ziehen. Die Unterscheidungsmerkmale, wie etwa die der Art und des Genders, erweisen sich nun als *intensiv*: Es sind endlose Abstufungen und keine dicht abgeschlossenen Bereiche. Gobineau als Vertreter des modernen Rassialismus begreift also den Rassenunterschied nicht mehr als eine *substantielle* Unterscheidung. Die gegenwärtigen Rassen sind nach seiner Ansicht ganz unterschiedliche Entwicklungszweige eines oder mehrerer verlorengegangener Ursprungsstämme, die in vorgeschichtlichen Zeiten gelebt haben und die wir uns nicht mehr vorstellen können. Das ursprünglich einheitliche Modell sei verlorengegangen und lasse sich nicht mehr wiederherstellen. Tatsächlich habe uns das Vergessen von unserer ursprünglichen Einheit abgeschnitten. Als Ergebnis der Geschichte, deren Verlauf verlorengegangen sei, existierten offenkundige Unterschiede, die uns ein einziges wissenschaftliches Modell nicht erklären könne. Daher müsse man die Unterschiede der äußeren Gestalt, der Proportion der Gliedmaßen, der Knochenstruktur des Kopfes, des Wesens der Behaarung und der Hautfarbe kombinieren. Gobineau erkennt die Evolutionslehre an, als er den modernen Klassifizierungsbegriff der Rasse konzipiert, und gleichzeitig beschleunigt er dessen Auflösung. Rassen seien deutlich getrennte, aber nicht substantielle komplexe Typen, die nicht durch Bedingungen, sondern nur durch *Kreuzungen* verändert werden können.

Nun führten Kreuzungen aber zu einer Mestizisierung, welche die unterschiedlichen Wesensmerkmale immer mehr vermische. Diese Rassenvermischung sei eine unvermeidliche Geschichtstendenz, die Gobineau bedauert, aber anerkennt. Indem die Menschheit ihre unterschiedlichen Typen vermische, bewege sie sich der Einförmigkeit entgegen: Während sie glaube, neue Zwischenformen zu erfinden, erzeuge sie tatsächlich eine einzige Gattung von Hybriden.

Die strategische Rolle, die das Intersex in der Geschichte des Genders einnimmt, wird hier vom Mischling gespielt: Er ist das Individuum mit doppelter Zugehörigkeit und zugleich ohne vordefinierte Zugehörigkeit, das die Kategorisierungen vereitelt, einen Zwischenraum erfindet und dazu zwingt, neue Linien zu ziehen, bis sich die Grenzlinien vervielfachen und unklar werden. Dann ersetzt die Intensität wieder einmal die Ausdehnung: Es gibt keine unterschiedlichen Rassen, sondern komplexe genetische Vermischungsprozesse, und dadurch zeichnet sich ein Spektrum oder ein Regenbogen von Farben und Wesensmerkmalen ab, deren endlose Abstufung die Vorstellung von Typen ersetzt. Wie es Lévi-Strauss formuliert hat: »Tatsächlich prägen sich diese Mischungsverhältnisse ja in unmerklichen graduellen Schattierungen aus.«[28]

Gegner von Rassenunterscheidungen sprechen sich zunächst begeistert für diese Auflösung der Rassentypen aus. Wie dies Lévi-Strauss in *Rasse und Geschichte* anerkennt: »Die Erbsünde der Anthropologie besteht jedoch in der Verwendung des rein biologischen Rassebegriffs (vorausgesetzt übrigens, dass er auch nur in diesem begrenzten Bereich Anspruch auf Objektivität erheben kann, was die moderne Genetik bestreitet) zur Erklärung der unterschiedlichen soziologischen und psychologischen Leistungen der einzelnen Kulturen.«[29] Der biologische Rassismus muss in den Hintergrund treten, aber, erklärt Lévi-Strauss, es bleibt die Frage des kulturellen Rassismus nach der Hierarchisierung oder der einfachen Unterscheidung zwischen den Menschengruppen.

Nun, in der zweiten Hälfte des 20. Jahrhunderts, kommt ein neues Moment des Auflösungsprozesses der Klassifizierungskategorien ins Spiel. Nach der Begeisterung für die Überwindung der Einteilung in Arten, Gender und Rassen, die das Lebendige im sozialen Raum isolierte, findet man allmählich Verständnis für ein Argument, das darin besteht, zu bedauern, dass zugleich mit der *Hierarchisierung* der Kategorien die *Unterscheidung* durch diese Kategorien verlorengegangen ist. Jene, die glücklich sind, dass die Ungleichheit zwischen den Rassen (oder zwischen den Geschlechtern oder auch Arten) nicht mehr kategorial begründet wird, stellen beunruhigt fest, dass diese Kategorien, die nunmehr außerstande sind, die geringste abgestufte Einteilung zu begründen, uns nicht mehr ermöglichen, irgendetwas *anderes* zu unterscheiden. Dies ist das Thema der Rede vom »Ende der Alterität«. Da es keine Kategorien gibt, die Identitäten zwar hierarchisierten, aber auch definierten, indem sie sie unterschieden, fürchtet das Denken nun die Einförmigkeit, denn die Herrschaftsprinzipien waren gleichzeitig die Unterscheidungsprinzipien.

Die Entwicklung im Denken von Lévi-Strauss und in dessen Rezeption ist ein gutes Indiz für diesen Übergang zu einem neuen Moment in der Geschichte der Klassifikationskategorien. Während *Rasse und Geschichte* den Schwerpunkt auf die Kritik der das Genetische und das Kulturelle vermischenden Rassenkategorien legte, zeigt sich *Rasse und Kultur* annähernd zehn Jahre später beunruhigt über den Sieg dieser Kritik, die, als sie die schlechten Anwendungen der Einteilung beseitigt, gleichzeitig auch die guten verbietet. Seine Meinung wird manchen als Indiz einer reaktionären Wende erscheinen, weil er die moderne Vermischung aller Identitäten bedauert: »Denn man kann sich nicht gleichzeitig im Genuss des Anderen verlieren, sich mit ihm identifizieren und sich doch in seiner Verschiedenheit erhalten. Wenn sie in vollem Maße gelungen ist, verurteilt die integrale Kommunikation mit dem Anderen auf mehr oder weniger kurze Sicht die Originalität seiner und meiner Schöpfung.«[30]

Wir wollen dieser Art von Diskurs, die einen wichtigen Moment des Prozesses der modernen Kategorien kennzeichnet, den Namen »Lob der Grenze« geben. Die »Lobreden auf die Grenze« haben am Ende des 20. Jahrhunderts eine Blütezeit erlebt. Sie wurden oft als reaktionär beurteilt, weil sie im Verdacht standen, sie wollten Hierarchien und gleichzeitig Unterscheidungsprinzipien wiederherstellen, doch waren sie auch stets Ausdruck folgenden Wunsches: *Wir brauchen* Grenzen, *wir brauchen* Linien zwischen uns und den anderen, damit wir wissen, wer wir sind und wer sie sind, damit wir ausreichend unterschiedlich sind, um in Kontakt zu kommen, zu kommunizieren, uns auszutauschen und uns gegenseitig zu stärken. Das Lob der Grenze als Unterscheidungs- und Identitätsprinzip ist ganz einfach die Wiederentdeckung der Notwendigkeit der Ausdehnung, weil sonst die Intensitäten, Variationen und Modulationen zwar Singularitäten, jedoch nie Partikularitäten produzieren: Nichts ist von etwas anderem ausreichend getrennt, um anders zu sein, um also unterschieden zu sein. Der verabsolutierte Unterschied ist die verallgemeinerte Identität.

Historiker, Sprachwissenschaftler, Psychoanalytiker und Essayisten, wie etwa Allan Bloom,[31] Philippe Muray,[32] Régis Debray[33] oder Alain Finkielkraut[34] haben Loblieder auf die Grenzen und Einschnitte angestimmt, in denen sie die Politiken des Unterschieds mit einer liberalen Vereinheitlichung der Welt unter der glitzernden Maske der Vielfalt gleichsetzten. Ohne Einteilungslinien zwischen sich selbst und dem anderen verschwimme und vermische sich das Selbst im anderen und umgekehrt. In einem rein intensiven Modell der Speziation, der Sexuierung oder der kulturellen Differenzierung zwischen den Menschen ist alles stets unterschiedlich: Der Unterschied ist der eigentliche Gegenstand des Lebendigen oder des Sozialen. Doch der unruhige kritische Geist hat den Eindruck, dass der Unterschied nur ein anderer Name für Identität ist: Alles ist ebenso gut identisch, denn alles ist gleichermaßen unterschiedlich. Man kann das Problem zurückweisen, indem man den Standpunkt vertritt, dass alles auf unterschiedliche Weise unterschiedlich sei. Doch wenn alles unterschiedlich ist oder wird, lässt sich der Unterschied nicht mehr empfinden: Er wird unmerklich, ohne dass seine Verteidiger es wissen, zu einer universellen Identität. Je singulärer alle sind, desto weniger Singularität gibt es. Die Kategorie der Besonderheit verschwindet in dem Maße, wie das Universelle singulär und die Singularität universell wird. Das Bedauern über die Vereinheitlichung der Welt, das eine nunmehr wohlbekannte rhetorische Figur der heutigen Diskurse angesichts der »Globalisierung« ist, nimmt stets eine tragische Wendung, denn im Gegensatz zum Enthusiasmus der Politiken des verallgemeinerten Unterschieds postuliert es die Notwendigkeit, Besonderheiten einzuteilen; doch es ist nicht imstande, zu entscheiden, wo und wie einzuteilen ist.

Der in den Lobreden auf die Grenze geäußerte Wunsch ist ein frommer Wunsch: Alle können ihn übereinstimmend formulieren, aber niemand hat eine mit den anderen übereinstimmende Meinung über die Stelle der zu ziehenden Grenzen. Denn modern zu sein bedeutet, weiterhin den Prozess gedanklich zu erfassen, durch den die Klassifizierungskategorien *entgründet* werden und immer nur unseren Darstellungen entsprechen. Da sie die Klassifizierungskategorien nicht in die Natur oder in die Realität selbst einschreiben können, sitzt das ein Loblied auf die Grenzen anstimmende Denken in der Falle, sofern es nicht wieder vormodern wird. Wie sollen wir die kulturellen Grenzen begründen, deren Wiedererscheinen wir erreichen möchten? Wie sollen wir den Unterschied zwischen den Geschlechtern neu begründen, ohne die Teilung weiterzuführen, zu deren *Entgründung* alles im modernen Wissen geführt hat?

Entweder muss man sich zurückwenden, also reaktionär sein und die Klassifizierungskategorien der Art, des Genders und der Rasse *im Widerspruch zu* den modernen Erkenntnissen – welche die Ausnahmen, Unterschiede und variablen Intensitäten, die Entwicklung und Geschichtlichkeit der Kategorien beachten – neu begründen, oder man muss anerkennen, dass das Lob der Grenzen nur ein ohnmächtiger Seufzer ist. In *Der Blick aus der Ferne* kann sich Lévi-Strauss dieser Ohnmacht nicht entziehen: »Damit sie aber nicht zugrunde gehen, muss in anderer Hinsicht zwischen [den kulturellen Gruppen] eine gewisse Undurchlässigkeit fortbestehen.«[35]

Richtig. Undurchlässige Einteilungen – das heißt, dass eher Ausdehnungen als Intensitäten genutzt werden – *müssen* fortbestehen. Aber wie? Unter den heutigen geschichtlichen Bedingungen ist dies nicht möglich, denn unsere Erkenntnisse haben zur Auflösung aller verfügbaren Einteilungskategorien geführt. Nun begreifen wir, dass eine grundlegende Einteilung notwendig ist; doch sie ist auch unmöglich. Unsere Natur verweist tatsächlich auf Nuancen; sie selbst neigt zu Linien, doch sie legt keine fest. Wir haben unsere theoretische Aufmerksamkeit so lange den Unterschieden zugewandt, dass unsere Wissenschaften zahlreiche Beispiele von Ausnahmen bieten, die es verhindern, das Leben der Gesellschaft klar einzuteilen, es somit durch begründete Konzepte zu kategorisieren. Wie die anderen Klassifizierungskategorien, die im Zeitalter der Aufklärung erarbeitet und im ganzen Verlauf der Moderne aufgelöst wurden, sind die Rassen nur noch soziale Vorstellungen, die sich nicht auf natürliche Weise am Grund unseres Wesens eingeschrieben finden. Daher wird die heutige Verwendung der Rassenunterschiede rein *strategisch*.

*

Und nun kommt endlich der »nächste Schritt«, auf den wir am Beginn dieses Kapitels hingewiesen haben.

Der Rassenbegriff wird nicht mehr nur entweder aufgelöst oder neu begründet, sondern wird strategisch *als falsche Kategorie* benutzt.

Diesen Sinn hat zum Beispiel die Haltung der antirassistischen Aktivisten, die bewusst Rassenkategorien benutzen, wenn sie »den Weißen« vorführen wollen, um verborgene Herrschaftsformen aufzudecken. (Wer in der Literaturgeschichte ist *weiß*? Wer in dieser oder jener Berufssphäre ist *weiß*?) Um dekolonialer Aktivist zu sein, muss man die weiße Macht bezeichnen, die zwar behauptet, sie sei gegen Rassismus und Diskriminierungen, diese jedoch tatsächlich reproduziert. Aus Antirassismus kann man also Rassenkategorien benutzen, um die Hautfarbe derjenigen sichtbar zu machen, die sich bei ihrer Machtausübung für untadelig und farblos halten. Man ist antirassistisch, man kämpft gegen Rassismus und Kolonialismus, doch als Reaktion wird man dazu veranlasst, das »Blanctriarcat«[36] (das »weiße Patriarchat«, die Privilegien der männlichen Weißen der höheren Gesellschaftsklassen) infrage zu stellen und selbst jene, die behaupten, gutwillig zu sein, daran zu erinnern, dass ihre Hautfarbe, die weiß ist, sie dazu verdammt, herablassend zu sein, ohne es zu bemerken. Man beschließt also, diejenigen, die sagen, sie seien für die Völkerfreundschaft, daran zu erinnern, dass sie ebenfalls eine Hautfarbe haben, die sie gern vergessen. Und man erinnert daran, dass der wissenschaftliche Rassismus eine weiße Erfindung ist. Um den Entwurf der Rassen zu brandmarken, beschließt man, sich eines Rassebegriffs zu bedienen.

Manche halten diesen Gebrauch für einen unerträglichen umgekehrten Rassismus. Andere meinen, dass die geschichtliche Kompensation diese Operation während einer bestimmten Zeit politisch legitimiere: »Man muss die Rasse gedanklich erfassen«, resümieren Elizabeth Esch und David Roediger, »um zu entrassifizieren«.[37] Doch der strategische Gebrauch, der darin besteht, den Rassismus gegen diejenigen zu wenden, die ihn praktiziert haben (indem man die weiße Hautfarbe desjenigen verdeutlicht, der behauptet, farblos zu sein), kann allmählich den Eindruck erwecken, diese Strategie beruhe auf einer Realität. Dies ist eine Art von Regel beim Gebrauch des »Wir«: Da es sich auf einer Folie, einer über seine Objekte gelegten Bildschicht einschreibt, gilt es schließlich stets als das Objekt selbst, und *die Vorstellung erhält sich nie lange als reine Vor-*

stellung, sie erscheint am Ende immer in die Realität eingeschrieben. Warum? Weil das Prinzip der Bildschicht darin besteht, dass man sie von ihrem Grund ablösen, doch auch diesen Grund auftauchen lassen kann. Wenn man zwischen uns Rassengrenzen zieht, selbst wenn man weiß, dass sie nur unbegründete Vorstellungen sind, von denen man einen strategischen Gebrauch macht, verwechselt man sie schließlich unfehlbar mit einer Art von Grundlage. Diese Idee wird von Generation zu Generation zwangsläufig wieder auftauchen: Wenn wir Rassenkategorien benutzen, so deshalb, weil sie einer wahren Grundlage entsprechen. Es gibt Weiße, und es gibt Schwarze. Dann wird man feststellen, dass zugleich wissenschaftliche, metaphysische und politische Diskurse wieder auftauchen, welche die Einteilung der Menschheit in rassische Untergruppen legitimieren. Wenn man eine illusorische Folie abermals anwendet, um unsere Identitäten zu verstehen, etwa indem man die Kategorie der Rasse auf die soziale Welt anwendet, ist es nicht unmöglich, dass die Geschichte jene bestraft, die sie überlisten wollen, indem sie sie veranlasst, wieder an die Realität dieser strategischen Kategorien zu glauben.

Dies ist keine Regel, sondern eine psychologische Neigung: Auf Dauer scheinen die Vorstellungen, deren man sich bedient, am Ende immer begründet. Nachdem man Gefallen an der strategischen Bezeichnung der Weißen gefunden hat, glaubt man schließlich, dass es *wirklich* Weiße gibt und dass diese Kategorie begründet ist. Die weißen Männer werden jene, die *ihrem Wesen gemäß* das Böse und die Herrschaft in sich tragen und die alle die Menschen spaltenden Kategorisierungs- und Rassisierungssysteme erfunden haben.[38] Sie seien die Schlange der Geschichte, die in das erträumte Paradies einer geeinten Menschheit das teuflische Prinzip der Trennung eingeführt habe, und dieses müsse man gegen sie wenden: Man müsse den Weißen stigmatisieren, man dürfe nicht länger auf ihn hören. Es ist nicht verboten, einen solchen Diskurs vorzutragen, doch in diesem Fall müssen wir zu unserem Ausgangspunkt zurückkehren: Als wir glaubten, die Bildschicht der Rassenvorstellungen wie die Gobineaus *entgründet* zu haben, um die Individuen von den Rassenzugehörigkeiten zu befreien, denen sie zugeteilt waren, haben wir diese Bildschicht neu begründet. Nun sind wir zu unserem Ausgangspunkt zurückgekehrt: einer Begründung der Rassenkategorien. Als geschichtliche Wesen bleiben wir nie davor bewahrt, das Gegenteil eines politischen Handlungsprinzips im Namen dieses Prinzips auszuführen: Der Lauf der Zeit kehrt oft den Sinn unserer Handlungen um.

So stellt sich unser Dilemma dar: Welche Überzeugungen wir auch haben, ob wir Rassisten oder Antirassisten sind, wir wissen nun, dass die Rasse eine *entgründete*, von der Natur losgelöste Kategorie ist, die in unseren geschichtlichen Vorstellungen erscheint. »Wenn die Rasse nicht existiert«, schreibt Colette Guillaumin, »wird deshalb nicht die soziale und psychologische Realität der Sachverhalte der Rasse zerstört.«[39] Dies sei eine »Wirkung ohne Ursache, eine irreale Realität«, resümiert die Zeitschrift *Vacarme* zu Beginn ihres Dossiers über die Rasse:[40] also eine *entgründete* Kategorie, die man jedoch durchaus benutzen muss, damit man es nicht ablehnt, wenigstens ihre Einteilungs- und Klassifizierungswirkungen zu erkennen. Darunter gibt es beinahe nur noch variable (ethnische und kulturelle) Intensitäten, Abstufungen, die unsere geschichtliche, soziale und politische Erfahrung der unbegründeten Klassifizierung nicht erklären: Da eine Einteilung, selbst eine falsche und grobe, fehlt, ist unsere Selbsterfahrung trügerisch. Die Wahrheit unserer Identitäten lügt über die Realität unserer Identitäten, weil diese Realität geschichtlich und das Ergebnis von falschen Kategorien, wie etwa jener der Rasse, ist. Es ist heuchlerisch, sie nicht zu benutzen (»es gibt keinen Weißen und keinen Schwarzen: wir sind alle gleich, alle unterschiedlich«); wenn man sie jedoch benutzt, setzt man der Lüge eine weitere Lüge hinzu (»die Trennung zwischen dem Weißen und dem Schwarzen ist eine Erfindung der Weißen«).

Und damit kommen wir zu einem unsicheren Moment der Geschichte unserer Kategorien, in dem wir uns weniger mit der *Wahrheit* unserer Einteilungskategorien des Lebendigen und der sozialen Welt als vielmehr mit dem *strategischen Gebrauch* ihrer theoretischen Hülle beschäftigen.

Dies ist unsere heutige politische Situation.

Klasse

Vielleicht muss man anerkennen, dass unser einziger grundlegender Zwang gesellschaftlich ist. Die wahren Kategorien, welche die Menschen trennen, sind die, zu denen der Zusammenschluss dieser Menschen in einer Gesellschaft führt. Es gibt keine natürlichen grundlegenden Kategorien, nur geschichtliche und kulturelle Kategorien. Doch eigentlich haben die großen gesellschaftlichen Kategorien der modernen *Entgründung* nicht besser als die natürlichen Kategorien widerstanden. Der Auflösungsprozess wirkt so stark, dass er ebenfalls beeinflusst, was sich als einfache geschichtliche Konstruktion darstellt.

Wir wollen als »Klasse« jedes geschichtliche Organisa-tionsprinzip einer Gesellschaft[41] bezeichnen, das die un-terschiedliche Stellung der Individuen begründen will.

Bekannt ist die Aufteilung zwischen Bürgern und Skla-ven in den griechischen Stadtstaaten und ihre komplizier-ten Anpassungen. Man weiß, dass es im okzidentalen Mit-telalter die Trennung zwischen *laboratores*, *oratores* und *bellatores* gab.

Gehen wir aber von der modernen Einteilung zwischen Rentiers, Kapitalisten und Proletariern aus, die Karl Marx teilweise von David Ricardo übernommen hat. Trotz des heuristischen Gebrauchs, den Marx stets aus der zuneh-menden geschichtlichen Konfrontation zwischen zwei Klas-sen, denen der Proletarier und denen der Kapitalisten, zu gewinnen hoffte, bezieht sich Marx auf eine große Vielfalt von Gesellschaftsklassen. Sein Einteilungsprinzip scheint dem jeweiligen gewählten Blickpunkt entspre-chend zu variieren. Jon Elster stellt die Liste aller Klas-sen zusammen, die in Marx' Werk erwähnt werden, und schreibt: »Die Klassen sind: Bürokraten und Theokraten in der asiatischen Produktionsweise; Freie, Sklaven, Plebe-jer und Patrizier in der Sklavenhalterordnung; Grundherr, Leibeigener, Zunftmeister und Geselle in der Feudalord-nung; Industriekapitalisten, Finanzkapitalisten, Grund-besitzer, Bauernschaft, Kleinbürgertum und Lohnarbei-ter in der kapitalistischen Ordnung.«[42] Nicht alle diese Klassen tauchen in jedem Werk von Marx auf. So gilt der Unterschied zwischen Industriekapitalismus und Fi-nanzkapitalismus im Wesentlichen in den Werken über politische Geschichte, die Marx zur Lage in Frankreich verfasst hatte, doch für den Ökonomen Marx, den Verfas-ser des *Kapitals*, verliert er an Interesse. Um Marx' Diskursarten zu unterscheiden, hat Schumpeter versucht, klar und deutlich einen »Soziologen Marx«, einen »Historiker Marx«, einen »Ökonomen Marx« und einen »Propheten Marx« auseinanderzuhalten:[43] Man wäre versucht, zu behaupten, dass die Aufteilung der Gesellschaftsklassen für jeden von ihnen variiert und dass gerade die Variation dieser Verteilung bei Marx zu einer Anpassung der Gesellschaftsanalyse und zum Rückgriff auf das eine oder andere von seinen Registern führt.

Die Geschichte des Marxismus, die von endlosen Auseinandersetzungen über die tatsächliche Definition der die Gesellschaft teilenden Klassen durchzogen wird, ist nun aber kompliziert, weil der Klasse das *Klassenbewusstsein* hinzugefügt wird. Erste Möglichkeit: Man vertritt den Standpunkt, dass die Klassenzugehörigkeit eine von der Beziehung, die man zu ihr unterhält, verschiedene Realität darstellt, doch damit setzt man sich dem Vorwurf des »Mechanismus« aus, denn das von der konkreten Zugehörigkeit determinierte Bewusstsein kommt dann zu ihr hinzu, ohne sie zu beeinflussen. Zweite Möglichkeit: Nach dem Vorbild von Lukács in *Geschichte und Klassenbewusstsein* vertritt man den Standpunkt, dass das Klassenbewusstsein mit der Klassenzugehörigkeit organisch verbunden sei, sodass es keine endgültige Linie gebe, die Interesse und Idee, das ererbte »Wir« und das gewählte »Wir« trenne.[44]

Wie man sieht, wird eine universelle und objektive Einteilung der gesellschaftlichen Realität von vornherein durch den fehlenden Unterschied zwischen Interesse und Idee behindert: Was geht vor sich, wenn ein Arbeiter beschließt, »wir Bourgeois« zu sagen, je weiter er auf der sozialen Stufenleiter emporsteigen will? Und ist ein Arbeiter, der sich im Namen von »wir Arbeiter« darstellt, *mehr* oder ein *besserer* Arbeiter als der, der es ablehnt, seine Zugehörigkeit zur Arbeiterklasse anzuerkennen? Ist der seiner Lage und seiner Interessen in der Gesamtgesellschaft bewusste Arbeiter *mehr* oder ein *besserer* Arbeiter als der Arbeiter, für den dies nicht zutrifft? Die variable Intensität des Klassenbewusstseins, die eine kontinuierliche Funktion ist, stört die Klarheit der graduellen wissenschaftlichen Einteilung der realen Gesellschaft.

Der grundlegende Interpretationskonflikt zwischen einer intensiven und einer extensiven Konzeption der Kategorien, der die so genannten »natürlichen« Kategorien der Art, des Genders oder der Rasse unterminiert hat, hat auch die so genannten »sozialen« Kategorien beeinflusst. Die Logik der Auflösung der Konzepte ist also nicht mit einer Denaturalisierung, sondern mit der Vermehrung von Ausnahmen und dem Gefühl verbunden, dass die Realität der Identitäten variabel und nuanciert ist. Von einer starken, beinahe essentialisierten, als Familienerbe angenommenen Identität ist die Gesellschaftsklasse also zu einer labilen Identität geworden, die von der veränderlichen, mit ihr unterhaltenen Beziehung beeinflusst wird.

Louis Chauvel bietet ein interessantes Modell für die Entwicklung der Klasseneinteilung, das vier Pole in Beziehung setzt.[45] Am ersten gibt es Klassen an und für sich, was bedeutet, dass man sich in einer Gesellschaft befindet, die von sehr starken objektiven Unterschieden zwischen Bevölkerungsklassen und einem sehr ausgeprägten Klassenbewusstsein gekennzeichnet ist: Dies ist ein klarer und deutlicher Moment des Klassenkampfes, der dem Goldenen Zeitalter der Arbeiterorganisationen von ungefähr 1848 bis 1945 entspricht, als man sich direkt mit der

Unternehmerschaft auseinandersetzt. Danach ist es den von der Arbeiterklasse errungenen Vorteilen (Arbeitszeitverkürzung, Rente, Krankenversicherung, bezahlter Urlaub) zu verdanken, dass der Klassenkampf im Westen eine relative Angleichung der Bedingungen, jedenfalls eine stärker gestaffelte Verteilung der Ungleichheiten ermöglicht, was sich so weitgehend auswirkt, dass die genaue Trennungslinie zwischen Besitzenden und Werktätigen nicht mehr zu ermitteln ist (dies ist zum Beispiel das Prinzip der Belegschaftsaktien), selbst wenn sich das Klassenbewusstsein sehr stark erhält und etwa der gewerkschaftliche Organisationsgrad hoch bleibt. In einer dritten Periode nimmt nun auch das Bewusstsein ab, und man erhält das, was man als »Mittelschichten« bezeichnet hat: gesellschaftliche Zwischenschichten, deren Identität und Solidarität schwach sind. Während in einer vierten und letzten Periode diese Schwächung des Klassenbewusstseins (Mitgliederschwund der Gewerkschaften, Entpolitisierung, Zersplitterung der Wahlstimmen) andauert, nehmen die Ungleichheiten wieder zu, und neue Gräben brechen auf. Und wenn das Klassenbewusstsein zunimmt, wobei es einen Rückstand von einer oder zwei Generationen zur Zunahme der Klassenunterschiede hat, sind wir wieder zur Ausgangssituation zurückgelangt.

Louis Chauvels Modell hat den Vorteil, Klassenbewusstsein und Gesellschaftsklassen voneinander zu trennen, sodass es alle Situationen wiedergibt: starke gesellschaftliche Unterschiede, die mit einem schwachen Identitätsbewusstsein einhergehen, und schwache Unterschiede, die mit einem starken Bewusstsein einhergehen, usw.

»Die Theorie vom Ende der Gesellschaftsklassen wird meistens mit der Feststellung begründet, dass das Bewusst-

sein der Klassen (oder ihrer *kollektiven Identität*) verloren-
geht, um damit auf das Verschwinden der ihm zugrunde
liegenden objektiven Ungleichheiten zu schließen, *während diese zwei Dimensionen zwar nicht voneinander unabhängig, doch jedenfalls auf nichtmechanische Weise verbunden sind*«, fasst Louis Chauvel zusammen.[46]

Unter diesem Gesichtspunkt wird die Kategorie der
Klasse nicht durch das Bewusstsein des modernen Menschen *beseitigt*. Sie ist einfach nicht mehr substantiell und
in der Geschichte selbst begründet, sondern wird nun
eine variable Form und ein Produkt der Geschichte.

Unsere Art, die Gesellschaft einzuteilen, hängt auch
von unserer Situation in dieser Gesellschaft, von unseren besonderen Interessen und unseren politischen Ideen
ab. Je mehr wir uns als Moderne angesehen haben, desto mehr sind wir uns der Relativität unserer Einteilung
bewusst geworden. Pierre Bourdieus Analyse in *Sozialer
Raum und »Klassen«*[47] ist ein ausgezeichnetes Beispiel für
dieses moderne Bewusstsein des »konstruierten« Wesens
aller Teilungen. Was man unter »Bourgeoisie« versteht, ändert sich gemäß dem strategischen Ziel, das man verfolgt,
aber auch gemäß dem geschichtlichen Status der anderen
Klassen. Es geht nicht mehr um eine Art von »transzen-
dentaler Bourgeoisie«, welche angeblich die ganze moderne Geschichte überlagert, sondern um eine Bourgeoisie,
die sich in Abhängigkeit von ihren Beziehungen zu den
anderen Klassen verändert. In der Sprache Bourdieus bedeutet dies, dass es strukturelle Homologien zwischen unterschiedlichen Klassen geben kann, die in unterschiedlichen gesellschaftlichen Hierarchien den gleichen Platz
einnehmen. Was zählt, ist die *relative Position*. Unter diesem Gesichtspunkt könnte die Mittelklasse gegenüber der

Bourgeoisie des 20. Jahrhunderts das sein, was die Bourgeoisie des 17. Jahrhunderts der Aristokratie der damaligen Zeit gegenüber war.

Aber nicht nur das, denn die Mittelklasse ist auch die Konstruktion einer soziologischen Neuheit, welche die allgemeine Einteilung der Gesellschaft desorganisiert, indem sie eine Ausnahme systematisiert. Die Teilung in Gesellschaftsklassen gerät stets *durch die Mitte* in die Krise. Das Auftreten der Mittelschichten in den soziologischen Untersuchungen hat die Herausbildung von antagonistischen Klassen immer stärker behindert, ebenso wie die Trennung zwischen Mann und Frau durch die Aufmerksamkeit untergraben wurde, die man allmählich der Zwischengruppe, den Intersexen, Androgynen und Transsexuellen, widmete.

Die Klassenüberläufer, die zunächst als besondere Fälle dargestellt wurden, diejenigen, die Chantal Jaquet die »Interclasses« (Zwischenklassen)[48] nennt, haben die Aufmerksamkeit auf die »Nichtreproduktion« gelenkt: auf die persönlichen Geschichten, welche die Klassenidentität unwirksam machen oder wenigstens ihre Übertragung zu vereiteln scheinen. Dazu gehören der tragische Entwicklungsweg Julien Sorels bei Stendhal ebenso wie die *Success Stories* der amerikanischen *Selfmademen*: des Zeichners und Filmregisseurs Walt Disney, des Schokoladenherstellers Milton Hershey, des Bildungsunternehmers John Sperling oder des Medienmagnaten David Sarnoff. Sie alle stammten aus sozial benachteiligten Verhältnissen und arbeiteten sich durch alle Schichten der amerikanischen Gesellschaft bis zu Machtpositionen hinauf. Der Klassenüberläufer ist der große Held der modernen Kultur. Mitunter wird er wegen seines tragischen Charakters gefeiert – weil er schließlich zu keiner Klasse mehr gehört –, mitunter auch wegen seiner beispielhaften Bedeutung – weil er seine Integration erreicht hat und für alle Benachteiligten einen Grund zur Hoffnung verkörpert. In allen Fällen bestätigt er seine Individualität, indem er die Klassengrenzen überschreitet. Pierre Macherey kommentiert: »Ein *Transclasse* zu sein bedeutet, eine Singularität zu fordern oder zu erleiden, die aufgrund ihres abgehobenen Wesens die gewöhnlichen, den Fortbestand der Gesellschaftsordnung garantierenden Normen infrage stellt, untergräbt, ja sogar zerstört. Wie soll man einen solchen Ausnahmefall behandeln? Führt er dazu, die gemeinsame Regel zu annullieren oder im Gegenteil zu stärken, wie es der traditionellen Formulierung entspricht, dass ›die Ausnahme die Regel bestätigt‹? Und um dieser Frage eine noch größere Tragweite zu geben: Welchen Status soll man im Allgemeinen der Singularität zusprechen? Soll man sie hauptsächlich standardmäßig erfassen, wie das, was sich einem Rationalisierungsversuch entzieht, oder gibt es vielmehr eine dem Singulären eigene Rationalität?«[49]

In dem Maße, wie der *Interclasse* eine der wichtigsten Figuren der modernen Literaturen und Filme geworden ist, hat das Problem der Ausnahme die Grundlagen der gesellschaftlichen Aufteilung erschüttert. Denn es besteht ein entscheidender Unterschied zwischen der Ansicht, dass die Gesellschaft ausschließlich in Klassen gespalten sei, deren gigantische Kämpfe die Geschichte erklären, und der Einschätzung, dass es durchaus eine annähernde Einteilung in zwei große Gruppen gibt, welche die *Mehrheit* der Bevölkerung betreffen, zwischen denen sich jedoch stets ein Spielraum, bestimmte Zwischenstadien erhalten, in denen sich die Individuen entwickeln können. Ein solches Zwischenstadium kann sich selbstverständlich zu einer Identität an sich umwandeln: Diejenigen, die den antagonistischen Klassenidentitäten entgehen, konstituieren allmählich eine neue Zwischenklasse.

Was die Androgynie für das Geschlecht dargestellt hat, das hat die Mittelklasse für die Klassen verkörpert: ein erstes *Zwischenglied*, das die dialektische Teilung der großen Kategorien untergräbt. Im Verlauf der heftigen Auseinandersetzungen, welche die Soziologen untereinander ausgefochten haben, hat die Anerkennung der Mittelklasse ein kritisches Licht auf die Zweiteilung der Gesellschaft geworfen. Die Verteidiger dieser Zweiteilung haben umgekehrt all jene beschuldigt, die sich für eine feiner abgestufte und komplexere Einteilung des sozialen Raums interessierten, die evidenten Unterschiede zu verdecken und die Nuancen so sehr zu vervielfachen, dass man blind für die wahre Grenze, den Abgrund werde, der eine Gesellschaftsklasse von einer anderen weiterhin trenne.

Nun hat die Rhetorik derjenigen, die sich auf die kategoriale Klassenteilung berufen haben, darin bestanden, das Problem der Mittelklasse als eine strategische Ablenkung der Macht darzustellen, um für die tiefgreifende Teilung der Gesellschaft an ihren äußersten Enden blind zu machen, indem man sie durch die scheinbaren Feinheiten der Detailunterschiede in der Mitte der Gesellschaft ersetze. »Das vorliegende Werk«, schreibt so etwa Alain Bihr in der Einleitung zu seinem kämpferischen Buch, »wendet sich an die Männer und Frauen, die den Diskursen misstrauen, mit denen man weismachen will, dass sich die heutigen Gesellschaften angeblich auf die Herausbildung einer die übergroße Mehrheit ihrer Bevölkerung um-

fassenden ›Mittelklasse‹ zubewegen. Diskurse, welche die
kontinuierliche, offenkundige und erdrückende Vertie-
fung der gesellschaftlichen Ungleichheiten als irrelevant
einschätzen und verschleiern, dass dies die Auswirkungen der ›Marktgesetze‹, doch auch von wohldurchdach-
ten Politiken sind (…). Dieses Werk wendet sich also an
die Männer und Frauen, die das vage Gefühl haben, dass
unsere Gesellschaften in soziale Klassen mit divergierenden und sogar widersprüchlichen Interessen geteilt bleiben und dass sie somit das Feld eines intensiven, jedoch
latenten Klassenkampfes darstellen.«[50]

Hier wird klar verständlich, was bei der kategorialen
Einteilung auf dem Spiel steht: Je weiter man einteilt, desto weniger groß sind die Unterschiede zwischen den Klassen und über eine desto genauere Farbenpalette verfügt
man, um die Tönungen der verschiedenen sozialen Gruppen und ihrer Abstufung zu bestimmen. Doch je mehr
man entschlossen ist, auf einen Unterschied zu achten, der
bis zum Gegensatz (dem Klassenkampf) reicht, desto weniger achtet man auf die Vielfalt und die graduellen Intensitäten der Unterschiede zwischen den Gruppen.

Man muss wählen. Und gerade diese Wahl hat die Auflösung der organischen Klassenkategorie beschleunigt.

Der Klassenbegriff stellte tatsächlich den Schauplatz
einer Auseinandersetzung zwischen zwei Lagern dar. Es
gibt die, die man als »Extensivisten« bezeichnen könnte.
Man hat sie als »Reaktionäre« und dann als an die Wahrheit des Klassenkampfes glaubende Neomarxisten angesehen, weil sie weiterhin für die einfachste und stärkste
Einteilung zwischen zwei Blöcken eingetreten sind, die
sie immer noch hartnäckig als »Klassen« bezeichnen. Daher halten sie bei ihrer Interpretation des gesellschaftli-

chen Feldes an den Begriffen einer frontalen Auseinandersetzung fest, weil sie versuchten, dass es in der Gesellschaft eine Kluft gibt, die so tief ist, dass man sie nicht
auf derselben Ebene wie alle anderen verortet. Zwischen
einem kleinen Teil der Bevölkerung und der überwälti-
genden Mehrheit gibt es einen grundlegenden Unterschied
der Lage (Erbe, Vermögen, Zugang zu den Produktions-
mitteln), der groß genug ist, um *beinahe* absolut zu sein,
und es somit verdient, allein auf der Bildschicht der sozialen Einteilung zu erscheinen. Die kleineren Unterschiede
zwischen Untergruppen und Unterklassen müssen zweitrangig bleiben und es ermöglichen, die Interpretation zu
verfeinern. Wenn man sie jedoch in den Vordergrund auf
die vorrangige Bildschicht verlegt, bedeutet dies, dass
man sich zu Zerstückelung und Zersplitterung, zu falschen
Subtilitäten verdammt, die für die massiven Tatsachen
und für die gesellschaftliche Herrschaftsordnung blind
machen.

Auf der anderen Seite gibt es die, die man als »Intensi-
visten« bezeichnen könnte. Sie nun verlangen das Recht,
vorrangig auf die variablen Intensitäten aller Unterschiede zwischen sozialen Gruppen zu achten. Sie erkennen
an, dass es zwar einen Unterschied, eine Linie gibt, die
stärker als die anderen ist, doch sie vertreten den Standpunkt, dass es immer nur einen graduellen Unterschied
zwischen dem gibt, was die Besitzenden und die anderen
trennt, und zwischen dem, was verschiedene Untergruppen innerhalb dieser »anderen« trennt.

Der ganze Schwerpunkt dieses Konflikts lag bei den
Mittelklassen.[51] »Intensivist« zu sein bedeutete, anzuerkennen, dass es einen *graduellen* Raum gibt, der die Kapitalisten von den Proletariern trennt. Im Verlauf der mo-

dernen Geschichte konnte dieser graduelle Raum so bedeutsam werden, dass er selbst auf der sozialen Bildschicht eingezeichnet und eingeteilt wird und die Rolle einer dritten Klasse spielt. Für einen »Extensivisten« ergab sich das Problem nicht, und es war sogar gefährlich, es aufzuwerfen: Die angebliche Mittelklasse sei nur die Illusion eines Ganzen, das tatsächlich den unteren Teil der Oberklassen und den oberen Teil der Unterklassen umfasse. Was aber den einen Teil und den anderen verbinde, erweise sich stets als schwächer und zweitrangig, wenn man es mit der die Mittelklasse durchziehenden Trennungslinie vergleiche. Diese Klassenlinie müsse deutlich im Vordergrund der gesellschaftlichen Welt eingezeichnet bleiben.

Wieder einmal lässt sich die ganze Auseinandersetzung auf eine Rangordnung der Bildschichten zurückführen. Wie Ernesto Laclau zusammenfasst, geht es für die Theoretiker des Klassenkampfes nun darum, ob »die Logik der differentiellen Identitäten nicht die Klassengrenzen durchschneidet, um Identitäten zu konstituieren, die nicht die Klassenpositionen überschneiden«.[52]

In den Augen derjenigen, die die traditionelle marxistische Zweiteilung ablehnen, ist die Einteilung des Klassenkampfes dazu verurteilt, die Ad-hoc-Argumente zu vervielfachen, um die Vorrangstellung der Zweiteilung um jeden Preis aufrechtzuerhalten, indem man es stets so einrichtet, dass man auf »Satelliten«-Klassen reduziert, was sich zwischen den zwei großen antagonistischen Klassen einfügen lässt. Diese Meinung äußert ein antimarxistischer Liberaler wie Raymond Boudon, wenn er urteilt: »Die Entwicklung des Staates und seiner Funktionen, die wachsende Komplexität der ›Organisationen‹ (Unternehmen, Ver-

waltungen) und die Diversifizierung der Organisations-
typen machen es unmöglich, das System der beruflich-so-
zialen Positionen auf eine kleine Zahl ›sozialer Klassen‹ zu
reduzieren. A fortiori kann die ›soziale Struktur‹ moderner Industriegesellschaften nicht anhand eines zwei antagonistische Klassen einander gegenüberstellenden Sche-
mas beschrieben werden.«[53] Doch wenn man ein Drittes
anerkennt, überlässt man das Feld de facto – und alle
Marxisten wissen es genau – dem Auflösungsprozess der
Klassen.

Diese Dilemmas zwischen (intensivem) *Feinsinn* und
(extensiver) *Geometrie* der Teilungen sind uns heute wohlbekannt. Sie sind unsere eigentliche Voraussetzung des
Denkens. Sie betreffen nicht die Kategorie der gesellschaftlichen Klasse im Besonderen, und wir haben hoffentlich
gezeigt, wie unbegründet es war, das historische Schicksal jeder einzelnen Klassifizierungskategorie von den anderen zu isolieren: Die Polemiken um den Klassenbegriff
stellen sich auf eine Weise dar, die sich mit den Auseinandersetzungen über Art, Gender oder Rasse vergleichen lassen. Man muss sie also gemeinsam gedanklich erfassen.

Ebenso wie alle anderen Kategorien sind die Klassen
nicht dazu verurteilt, aus der Gedankenwelt zu verschwinden, wohl aber dazu, ohne eine Grundlage fortzubeste-
hen, sich somit unablässig mit ihrer eigenen Auflösung
konfrontiert zu sehen und sich auf unserer Vorstellungs-
ebene neu zu bilden, um uns zu ermöglichen, unsere Identitäten strategisch zu interpretieren. Aber sie erscheinen
nicht mehr darunter, in der Natur der Dinge selbst. Sie
schweben an der Oberfläche unseres Blicks. So bekommen
sie eine Art von phantomhafter Konsistenz: Man darf vor

allem nicht vergessen, dass sie vorhanden sind, gleichwohl kann man ihre Existenz nicht begründen.

Alter

Die allgemeine Bewegung ist nunmehr klar. Es ist nicht notwendig, hier auf das Schicksal aller Kategorien im Einzelnen hinzuweisen. Stellen wir lediglich fest, dass eine der interessantesten gewiss am wenigsten untersucht wird: die des Alters. Es kann paradox wirken, wenn man das Alter als eine mit Klasse, Gender oder Rasse vergleichbare Klassifizierungskategorie der Menschen ansieht. Die intersektionalen Studien beachten es kaum. Es stimmt, dass das Alter eine Besonderheit hat: Dabei handelt es sich um eine Kategorie, die nicht nur die Menschen untereinander trennt (wie es den aufeinanderfolgenden Generationen entspricht), sondern die auch jedes Individuum im Lauf der Zeit *von sich selbst* trennt. Das Alter scheint eine natürliche, für alle identische Bewegung zu sein, die uns unausweichlich mitreißt und uns von uns selbst entfernt.

Doch ebenso wie Gender, Klasse oder Rasse ist das Alter eine Einteilung, die sich den einzelnen Epochen oder Kulturen entsprechend ändert und auf mehr oder weniger natürliche Umbruchsphasen, wie etwa Pubertät oder Wechseljahre, projiziert wird. Bei den Römern verlief die Teilung zwischen: *infans* (Mädchen oder Junge unter sieben Jahren), *puer* (der Junge von sieben bis siebzehn Jahren) und *puella* oder *virgo* (das Mädchen bis zu zwölf Jahren), *adulescens* (der junge Mann über siebzehn Jahre) und *uxor* (das junge heiratsfähige Mädchen), dann *matrona* (die verheiratete Frau), *juvenis* (der Mann von dreißig

Jahren an), *senior* und schließlich *senex*. Festzustellen ist, dass die lateinische Einteilung biologische (Pubertät, Wechseljahre) und zivilrechtliche (Wahlrecht, Recht, die Toga zu tragen, Wählbarkeit) Abgrenzungsprinzipien vermischt; auffällig ist ebenfalls, dass die Abgrenzung genderisiert ist. Den jeweiligen theoretischen Optionen entsprechend lässt sich das, was man das Alter nennt, als reine kulturelle Konstruktion oder als reine biologische Realität ansehen, denn die Einteilung der Altersgruppen vermittelt in jeder menschlichen Kultur zwischen ontogenetischen Ereignissen und sozialen Konventionen. Dies ist somit eine politische Kategorie, ebenso wie alle anderen, selbst wenn man weniger darauf achtet. Die Alters- und Generationsunterschiede sind für die Herausbildung eines »Wir« sehr wohl entscheidend, sobald man zu verstehen hofft, was uns voneinander trennt und was uns zusammenführt. In allen politischen Organisationen etwa errichtet die Altersgemeinschaft Brücken der Komplizenschaft und zieht Gräben des Unverständnisses zwischen Generationen, die ebenso maßgeblich wie die Gender-, Klassen- oder Rassensolidaritäten und -trennungen sind.

Auf diskretere, aber nicht minder klare Weise als die anderen Kategorien hat nun die des Alters eine schicksalhafte Entwicklung der Entstehung und Auflösung erlebt. Mit der Bewegung des Humanismus und der Entwicklung der Pädagogik wurde die zum großen Teil von den Griechen und Römern übernommene Einteilung der Altersgruppen in Europa aufgrund von Altersklassen neu durchdacht, die an aufeinanderfolgende Lehrzeiten und somit an Kompetenzen angepasst wurden, welche der heranwachsende Mensch auf natürliche Weise zeigte. Der mährische Bischof Comenius verfasst Lehrpläne, die in Altersgruppen von jeweils sechs Jahren aufgeteilt sind.[54] Vom ersten bis zum sechsten Jahr werden zu Hause die sensorischen Fähigkeiten geweckt. Vom siebenten bis zum zwölften Jahr folgt unter Angehörigen derselben Generation die elementare Ausbildung im Sprechen, in den Sitten und der Religion, die es ermöglichen soll, Erinnerung und Vorstellungsvermögen zu entwickeln. Vom zwölften bis zum achtzehnten Jahr soll die Urteilskraft durch Mathematik, Rhetorik und Ethik vervollkommnet werden. Und so weiter.

Die menschlichen Altersklassen werden auch noch dadurch eingeteilt, dass Zahlen die wechselhafte Realität eines Lebens überlagern. Nach dem Vorbild von Art oder Gender ist das Alter im rationalistischen Zeitalter eine Kategorie, die zwischen der Metaphysik (sie setzt die Regelmäßigkeit der Zahlen durch), positiven Wissensbereichen (sie interessieren sich für die psychomotorische Entwicklung des Kindes) und rechtlichen und politischen Erfordernissen (sie legen zum Beispiel die Grenze der Volljährigkeit fest) vermittelt.

Nach und nach hat unsere moderne Alterseinteilung die Erfordernisse der mathematischen und metaphysischen Regelmäßigkeit aufgegeben und sich die spontane Bewegung des Lebens zu eigen gemacht, was beispielsweise bis zur genetischen Epistemologie Jean Piagets geht, der das Leben den Entwicklungsetappen der kognitiven Fähigkeiten des Kindes entsprechend einteilt. Nach Ansicht der Modernen ging es nicht mehr darum, der Bewegung des Lebendigen eine transzendentale Ordnung aufzuzwingen, sondern der spontanen Entwicklung des Organismus eine natürliche Einteilung in Stadien zu entnehmen. Schon setzte sich das Ideal der variablen Intensität gegen die extensive Einteilung *partes extra partes* durch. Der Beweis hierfür war unser zunehmendes Bewusstsein für das sich von Epoche zu Epoche ändernde Wesen des Bildes und der Typisierung jeder Altersgruppe.

Die Figur der »Frau von dreißig Jahren« im realistischen Roman des 19. Jahrhunderts ist besonders signifikant für diese kategorialen Verlagerungseffekte: Was man von der dreißigjährigen Frau sagte, wurde etwas später von der vierzigjährigen und dann von der fünfzigjährigen Frau gesagt. Was ein natürliches, unmittelbar in das Gesicht eingeschriebenes Alter zu sein schien, ist für uns ein variables Alter geworden, das unsere sozialen Vorstellungen entsprechend den Moden, kosmetischen Normen und medizinischen Fortschritten konstruiert und dekonstruiert haben. Bei Balzac war das Leben der Frau von dreißig Jahren naturgemäß beendet – dann, so urteilte der Romancier, festigte sich allmählich ihr Gesichtsausdruck: »Der wahre Gesichtsausdruck der Frau beginnt erst mit dreißig Jahren. Bis zu diesem Lebensalter findet der Maler in diesen Gesichtern nichts als Rosa und Weiß, als Lächeln und Ausdrucksäußerungen, die immer den gleichen Gedanken wiedergeben, den Gedanken von Jugend und Liebe, einen gleichförmigen, tiefelosen Gedanken. Aber im Alter ist alles bei der Frau Sprache geworden, haben sich die Leidenschaften in ihr Gesicht eingekerbt; sie ist Geliebte, Gattin, Mutter gewesen; die gewaltigsten Äußerungen von Freude und Leid haben dann ihre Züge durchglüht, durchquält, haben sich schließlich in tausend Fältchen darin eingenistet [...].«[55] Je mehr sich die Frauen am Berufsleben beteiligen, sich das Mutterschaftsalter hinauszögert, auch die Sitten freier werden und es zu einer Emanzipation von den geheiligten Ehegesetzen kommt, könnte man heute kaum noch beanspruchen, diese fatalistische Beschreibung auf eine junge Frau von ungefähr dreißig Jahren anzuwenden. Außerdem erscheint uns Balzacs Grausamkeit eindeutig von Sexismus geprägt: Solange eine junge Frau bezaubernd und verführerisch ist, wie bei Schopenhauer, ist sie zwangsläufig oberflächlich und leichtfertig, und erst der Verlust des jugendlichen Zaubers verleiht den Frauen Tiefe und Verstand. So ist denn die Frau dazu verurteilt, zwischen zwei sozialen Altersklassen hin- und hergerissen zu sein: zwischen dem Alter der Schönheit ohne Verstand (der für das Gefallen nicht notwendig ist und sogar den *unschuldigen* Zauber verdirbt) auf der einen Seite und dem Alter des Verstandes und Bewusstseins auf der anderen Seite, dies jedoch erst, sobald die Schönheit entschwunden ist. Es ist gewiss unmöglich, die Triebkräfte des auf die Frauen ausgeübten Drucks zu verstehen, ohne die Unterschiede zwischen den Einteilungen zu untersuchen, die der gesunde Menschenverstand zwischen den Altersklassen im Leben eines Mannes und den Altersklassen im Leben einer Frau vornimmt, wobei er die Ansicht vertritt, dass ein Mann nach und nach seinen ganzen Zauber gewinnt, während ihn eine Frau gleichzeitig verliert. Doch die genaue Datierung dieser sozialen Altersklassen, auf die wir uns unablässig und vage in den alltäglichen Diskussionen berufen, entwickelt sich ebenfalls: Das Frauenmagazin *Marie Claire* titelte vor kurzem: »40 ist das neue 30!«,[56] während Flaubert in der *Schule des Herzens* von einer »alten Jungfer von fünfundzwanzig Jahren« sprach, womit er Mademoiselle Aglaé meinte.[57] Die »Frau von dreißig Jahren« konnte also einmal kaum fünfundzwanzig Jahre alt sein – und heute kann sie eine Vierzigjährige sein.

Das moderne Bewusstsein hat das Alter als soziale (und

somit veränderliche) Konstruktion immer mehr vom natürlichen Alter abgelöst, das als ein in einer Zahl ausgedrückter, jedes Individuum von seinem Geburtsdatum trennender Abstand verstanden wird. Die soziale Zahl entspricht nicht zwangsläufig der natürlichen Zahl. Vielleicht gibt es eine natürliche Zahl, aber gibt es lediglich ein einziges Einteilungssystem für die von der Natur innerhalb der ständigen Variationen eines Lebens festgelegten Grenzen? Die Spätmodernen haben den Eindruck bekommen, dass im Alter als Einteilungsprinzip nichts absolut natürlich ist: Die ersten Menstruationen treten mehr oder weniger früh ein, was sich von einer Menschengruppe zur anderen unterscheidet, und ihr Auftreten hängt von der Ernährung oder den sexuellen Praktiken ab; die Menopause kommt in den jeweiligen Zeitaltern und Gesellschaften nicht genau in demselben Alter; die Dauer der Kindheit und des Zeitraums, den man Jugend nennt, unterscheidet sich von einer sozialen Klasse zur anderen …[58] In der Konstruktion der Lebensalter kann der heutige Mensch beinahe nur noch eine kontinuierliche Intensität erkennen, die des Vergehens der Zeit, also eines Flusses; doch unmittelbar in unserer Natur scheint es keinen absoluten Unterschied zu geben.

Diese Trennung zwischen auf eine soziale und kulturelle Bildschicht projizierten Einteilungsprinzipien einerseits und in der Natur eingeschriebenen Intensitätsvariationen andererseits, die wir jedes Mal festgestellt haben, hatte stets die langfristige politische Folge, die liberale Vorstellung einer Wahlmöglichkeit des »Wir« zu begünstigen, zu dem wir gehören möchten. Man muss davon ausgehen, dass wir in liberalen Gesellschaften künftig immer stärker danach verlangen, unser Alter frei bestimmen zu können. Dann werden wir nicht mehr ertragen, dass man es uns als eine natürliche Realität aufzwingt. Vielleicht wird man den Individuen nach und nach erlauben, auf ihren Ausweispapieren das Alter, das sie nach ihrer eigenen Einschätzung haben, und nicht dasjenige anerkennen zu lassen, das ihnen von außen zugeschrieben wird. Ein zwanzigjähriges Individuum kann den Eindruck haben, einer anderen Altersklasse anzugehören und sich schon als alt anzusehen, und ein sechzigjähriges Individuum kann sich ebenso inmitten von ganz jungen Leuten unter seinesgleichen fühlen. So wollte etwa Madonna unablässig den Anschein erwecken, sie sei eine Sängerin, die zur Gemeinschaft der Jugend gehöre. In einem Artikel der *Daily Mail* stellten die Journalisten allerdings fest, dass »die immer junge Madonna mit vierundfünfzig Jahren von ihren alternden Händen verraten wurde, wenn sie ohne ihre Markenhandschuhe ausging«.[59] Ihr Gesicht gehört zum »Wir« der Jugendlichen, doch ihre Hände gehören zu dem der Älteren. Etwas widersetzt sich im natürlichen Alter vorerst dem sozialen Alter im medial vorgeführten Körper der Sängerin. Doch je mehr es dank der Fortschritte der ästhetischen Chirurgie möglich sein wird, die Wirkungen des Alterns vollständig zu verdecken (oder sie im Gegenteil zu beschleunigen), um das Aussehen auf das empfundene Alter abzustimmen, desto mehr wird das Alter vollständig als eine Frage der politischen Identität erscheinen, die sich mit der des Genders vergleichen lässt.

Wir leben noch nicht in einer liberalen Gesellschaft, die von dem Verlangen, das Alter als eine Variable anzusehen, und von der Hoffnung strukturiert wäre, es zu manipulieren und zu denaturalisieren, um es auf unsere Wünsche abzustimmen – und unsere diesbezüglichen Ansichten beruhen vorläufig auf reiner Spekulation[60] –, doch es gibt wenigstens schon ein greifbares Zeichen für den Entgründungsprozess unserer Lebensalter: Dies ist die soziale Bedeutung der Jugend. Die Geburt der modernen Figur des Jugendlichen, der zu einem Helden der Gegenwartskultur (der Pop-Kultur) geworden ist, erklärt sich durch die Umwandlung dessen, was nur eine Schwelle – ein *limen* – zwischen Kind und Erwachsenem gewesen war, sich jedoch zeitlich ausgedehnt hat. Es ist zunächst ein Zustand, dann ein Alter an sich geworden. Mit der Jugend hat sich ein neues Alter zwischen zwei bereits existierende Lebensalter eingeschaltet. Dies ist eine typisch moderne Operation der Umgestaltung einer Grenze zu einem autonomen Raum: Je näher unsere Wissenskategorien an Grenzen herankommen, desto mehr wird das, was als eine einfache inkonsistente Linie zwischen zwei konsistenten Räumen erschien, zu einem dritten, deutlich unterschiedenen Raum. Nichts bleibt lange eine bloße Grenze: Es wird zu einem neuen Raum, der wiederum von Grenzen bestimmt wird. Klar erkennen wir die unendliche Vervielfältigungsoperation, die in allen unseren modernen Kategorien am Werk ist: Die Trennungslinie zwischen zwei Klassen ist dazu verurteilt, als eine Zwischenklasse zu erscheinen.

So hat sich die Jugend bald in die Zeit zwischen Präadoleszenz und Postadoleszenz gegliedert. Und von Kategorie zu Kategorie haben wir den Eindruck, dass es unablässig die gleiche Geschichte ist, mit wechselndem Personal, die von dem erzählt wird, was man die Moderne genannt hat: ein langer, endloser Prozess der Auflösung unserer Grundkategorien.

Allgemeine Erzählung des Auflösungsprozesses

Tragen wir unsere verstreuten Elemente zusammen und resümieren wir: Wie sind wir zu dem Bild der voneinander getrennten Bildschichten gekommen, um unsere Konzeption von unseren Identitäten darzustellen?

1) Der hypothetische Ausgangspunkt aller unserer kurzen Erzählungen ist ein universelles, organisches und begründetes Zuschnittssystem. Dies ist zwar nicht die *Realität*, wohl aber wenigstens das *Ideal* des Zeitalters der Aufklärung. Art, Gender, Rasse, Klasse, Alter oder Glaubensgemeinschaft ordneten den Raum des Lebendigen und insbesondere den sozialen Raum durch eine Reihe von einander überlagernden, doch sehr selten im Widerspruch zueinander stehenden Zuschnitten. Sie entstanden aus organischen Verbindungen zwischen metaphysischen Begriffen, wissenschaftlichen Klassifizierungen und rechtlichen oder politischen Ordnungen. Wenn man »wir« sagte, bedeutete dies, dass man sich in der Natur mithilfe einer Reihe Koordinaten zurechtfand, die über die Zugehörigkeit entschieden. Diese kategoriale Voreinteilung wurde von einem Ensemble aus Trennungslinien konstituiert, das unterschied, wo der Mensch begann und das Tier endete, wo das Männliche begann und das Weibliche endete, wo die Rechte und Pflichten der Sklaven, Leibeigenen, Peones und Arbeiter aufhörten, wo die Kindheit vorbei war und das Mannesalter anfing, wie weit das Christentum reichte, wo der Islam einsetzte – und so weiter.

Diese klassische Voreinteilung, die es ermöglichte, die Konflikte und Bündnisse zwischen den »Wir« zu organisieren, wurde jedoch als streng *extensiv,* das heißt als eine *Teil für Teil* strukturierte Ordnung der Wirklichkeit aufgefasst. Dies war ein nichtintensiver Raum, der sich wenig für Abstufung oder Modulation eignete und die Welt so einteilte, wie Hecken einzelne Ackerparzellen abgrenzen. Selbstverständlich ermöglichten es die gewöhnlichen Gebrauchsweisen, diese Kategorien beträchtlich aufzulockern, doch Metaphysik, Klassifizierungswissenschaften und Recht ließen keinen Vorrang der Variation gegenüber der Kategorisierung zu.

Setzen wir die Erzählung fort.

2) Die Ausdehnungen wurden durch die *Ausnahmen* in eine Krise gestürzt. Während des ganzen Zeitalters der Aufklärung war festzustellen, dass wissenschaftliches und künstlerisches Interesse für jene besonderen Fälle entstand und zunahm, die sich der Systematisierung und der streng extensiven Einteilung des Lebendigen und des Sozialen widersetzten. Nahe bei den Grenzen, welche die verschiedenen, in der Natur begründeten »Wir« ordnen, sind in dem Maße, wie man dem größere Aufmerksamkeit widmete, emblematische Singularitäten entstanden, die sich weder auf der einen Seite noch auf der anderen der kategorialen Linie befanden. Die »Zwischen«-Entitäten, die Hauptfiguren der modernen Kultur, haben neue Zwischenräume definiert.

Die Kategorisierungssysteme brechen stets in der Mitte zusammen. Wenn sich das Auge den zwischen mehreren Identitäten gezogenen Trennungslinien nähert und die Wahrnehmung der lebendigen Welt und der sozialen Welt verfeinert, sieht es, dass vielfältige Unterkategorien erscheinen, die sich der Zweiteilung entziehen. Dann muss man anstelle der Trennungslinie eine neue Teilgesamtheit isolieren: Das Gefüge des Realen erscheint immer reichhaltiger, und unsere Kategorien wirken immer armseliger.

3) Am Ende des 19. Jahrhunderts tritt die Faszination für den Reichtum der Ausnahmen hinter dem Willen zurück, alle Identitäten zu desubstantialisieren, denaturalisieren und historisieren. Dies ist das Motto der Moderne. Von den universellen Einteilungskonzepten des Lebendigen bleiben in den alltäglichen Gebrauchsweisen nur *Wörter* übrig. Wir identifizieren uns weiter als Mensch, Mann, Frau, Proletarier, Bourgeois, Erwachsener, Schwarzer, doch wir wissen, dass »es viel komplizierter ist«. Denn »die Einteilung vernichtet und nötigt die Komplexität des lebendigen und sozialen Realen«, wie es der typisch modernen Formulierung von Shubha Bhatthacharya[61] entspricht.

Das subtile moderne Bewusstsein erkennt an, dass man unter Mann oder Frau, Schwarzem oder Weißem, Abendländer oder Orientalem, Kind, Jugendlichem oder Erwachsenem immer nur *Annäherungen* versteht: Die Einteilungssysteme sind keine das Reale durchziehenden Linien mehr, sondern die Überlagerung von Einteilungsrastern einer Realität, die Trennungslinien nicht von sich aus zeigt, durch unsere Gewohnheiten und Interessen. Modern ist, wer der Ansicht ist, dass er sich des *getrennten* Wesens dessen bewusst ist, was begrenzt ist und was begrenzt. Oft setzt der moderne Mensch hinzu, die Trennungslinien seien Effekte und Widerspiegelungen unserer Sprache, Kultur und Bildung.

Wie ein Tier bei der Häutung macht er die Erfahrung, dass sich die zweite Haut seiner Vorstellungen von der ersten Haut seiner Natur zunehmend ablöst. Dies ist vielleicht das Ende der Moderne, doch unsere Erzählung geht stattdessen weiter.

4) Die Arten, Gender, Rassen oder Klassen kommen uns nunmehr wie Hüllen vor. Was erscheint darunter an Realem? Für das Bewusstsein am Ende des 20. Jahrhunderts, das man eine Zeit lang als »postmodern« bezeichnet hat, wird der Raum der Identitäten nicht mehr als eine ausgedehnte Sache – eine *res extensa* –, sondern als eine von variablen Intensitäten durchzogene Ebene angesehen. Es geht nicht mehr so sehr um den »Unterschied zwischen den Arten« als um mit dem Baum des Lebens verbundene »Speziationsprozesse«. Es gibt nicht mehr so sehr Gender als vielmehr Genderifizierungs- oder Sexuierungsprozesse. Eher als von unterschiedlichen und isolierten, durch Übergangsriten getrennten Lebensaltern spricht man von einem »ständigen Werden« des Individuums.

Die Identität hat keinen extensiven Sinn mehr und bezeichnet kein System von Zuschnitten, sondern ein Feld von variablen Kräften. Durch unendliche Abstufungen verschmelzen die »Wir« zunehmend miteinander. Am Ende des 20. Jahrhunderts hielten die postmodernen Denker dies für die ultimative Bedingung unserer Identitäten. Doch unsere Erzählung ist nicht zu Ende.

5) Den Klassikern ist es gewiss nicht gelungen, die Trennungslinien unserer Vorstellungen genau auf eine natürliche Grundlage abzustimmen, doch die Postmoderne ist umgekehrt damit gescheitert, unsere Vorstellungen genau auf die unendlichen Intensitäten und Modulationen des Lebens abzustimmen. Die neuen, pluralen und nicht übereinstimmenden Identitäten, die sie verteidigt hat, bleiben

tatsächlich weiterhin Einteilungen und erstarren zu Normen: Sie sind nie ganz Intensitäten, bloße Unterschiede oder subversive Schöpfungen.

Es ist immer schwierig, die Gegenwart zu definieren; dennoch ist es möglich, dass wir in einen neuen Abschnitt unserer Erzählung eingetreten sind, der vom *strategischen* Gebrauch unbegründeter Kategorien gekennzeichnet wird. Diejenigen, die nicht mehr an diese Kategorien glauben, benutzen sie trotzdem, weil es unmöglich ist, den sozialen und geschichtlichen Raum mit absolut richtigen Instrumenten zu beurteilen. Da die Gesellschaft wenigstens teilweise mit unbegründeten Kategorien gestaltet wurde, muss man sich tatsächlich dieser Kategorien bedienen, um die Gesellschaft zu verstehen. Man muss auch zur Falschheit greifen, um die geschichtliche Falschheit zu verstehen. Wenn man nur über ideale und subtile Kategorien verfügt, die winzige Unterschiede und reale Variationen wiedergeben, unterscheidet man schließlich nicht mehr die großen falschen Linien, welche die Welt durchziehen. Wenn man allerdings unbegründete Kategorien strategisch allzu weitgehend benutzt, droht die große Gefahr, dass man sie am Ende neu begründet, ohne es überhaupt zu bemerken.

*

In diesem Stadium der Erzählung haben wir kaum Fortschritte gemacht. Sicher wissen wir nun: Wir können und wollen uns durch eine natürliche Grundlage nicht mehr vollständig bestimmen lassen. Nicht etwa, dass es diese Grundlage nicht gäbe, ganz im Gegenteil, nur enthält sie nicht von sich aus die Einteilungskategorien, die wir benötigen, um uns selbst darzustellen.

Man kann durchaus ein Loblied auf die Grenzen anstimmen, doch dieses Lob klingt hohl: Wenn es darum geht, diese Grenzen konkret zu ziehen, gibt es keine Grundlage mehr, um unter unserer politischen Linienführung eine Linie zu ziehen, die schon im natürlichen und sozialen Raum eingetragen ist. Am Ende des langsamen Auflösungsprozesses unserer Klassifizierungskategorien ist keine in die Natur der Dinge eingetragene Linie deutlich genug, um unsere Darstellungen vollkommen zu begründen: Alles tritt über die Ufer, alles scheint zu verschwommen, abgestuft, nuanciert. Selbst die Grenze unseres Menschseins ist nicht mehr gesichert.

An dem Punkt, zu dem wir gelangt sind, verfügen wir entweder über ein »Wir«, doch es hat keine Grundlage, oder wir verfügen über eine Grundlage, doch sie ist ohne ein »Wir«. Dies ist unser tragischer Moment. Wir gebrauchen also unsere Kategorien weiter, obwohl uns ständig das Gefühl quält, dass dieser Gebrauch keine Grundlage hat.

Da wir uns wenigstens einer Gewissheit sicher sind, nämlich, dass wir Wert auf diesen Prozess legen und dass wir uns nicht damit zufriedengeben wollen, durch Amnesie zu einem früheren Moment seiner Entwicklung zurückzukehren, wollen wir versuchen, die Erzählung so einsichtsvoll wie möglich fortzusetzen. Wir wissen, dass wir uns keine vollkommene Grundlage schaffen können, doch wir lehnen ebenso die Ansicht ab, dass unsere Identitäten ohne zwingende Notwendigkeit seien. Denn diese scheinbare Grenzenlosigkeit ist immer nur standardmäßig so; vor allem macht sie uns blind für unsere eigenen Bestimmungen, und schließlich überzeugt sie uns zu Unrecht davon, dass wir alle nur Singularitäten seien, einfach deshalb, weil wir nicht mehr in der Lage sind, unsere Partikularismen klar und deutlich zu erfassen. Diese Partikularismen, die uns einordnen, identifizieren und differenzieren, sind keine Gefängnisse oder Herrschaftsinstrumente und dürfen es nicht wieder werden, sondern der plastische Sinn für das, was uns den Kategorien entsprechend organisiert. Daher müssen wir um jeden Preis verstehen, was uns zwingt, nie absolut einzigartig zu sein und auch nicht vollkommen gemeinsam zu empfinden, sondern politisch zwischen diesen beiden Extremen zu existieren, indem wir zugleich der absoluten Singularität und der universellen Gemeinschaft widerstehen. Wir müssen eine Logik finden, durch die wir zu dem verpflichtet sind, was wir sind, und durch die wir nicht vollkommen durch die Grundlage bestimmt sind, doch auch nicht vollkommen frei sind. Wir müssen ein Prinzip formulieren, das den Widerstand unserer Kategorien erklärt, all dessen, was aus uns keine unmittelbar singulären (ich bin *ich*) oder universellen (wir sind alle), sondern besondere – also in Gruppen, Gesamtheiten und Teilgesamtheiten organisierte – Wesen macht, ohne dass dies wortwörtlich in unsere Natur eingeschrieben wäre und ohne dass dies jemals dazu diente, den Zwang oder die Macht zu rechtfertigen, die wir absichtlich oder unabsichtlich über andere ausüben.

Wenn dies nicht unsere Grundlage ist, warum ist dies dann trotzdem so etwas wie ein Zwang, der die Konsistenz, die Widerstandskraft und das Interesse von allem ausmacht, was sich als »wir« darstellt?

2. Kapitel

Dynamik

Das Mysterium unseres »Wir« beruht darauf, dass die Form, die dieser Begriff prägt, kein freies Spiel ist und dass sie dennoch nicht von einer natürlichen Grundlage gestützt wird. Was bestimmt sie, was hält sie zurück? Was bewirkt, dass wir nicht irgendetwas sein können, wenn wir Gebrauch von einem »Wir« machen? Um das zu ermitteln, muss man das »Wir« an seine Grenzen führen. Man muss seine Elastizität erproben, es bis zum Äußersten ausdehnen und zusammenziehen, um zu prüfen, was im »Wir« widersteht. Diesen elastischen Widerstand werden wir als *dynamischen Zwang* bezeichnen.

Es geht also nicht mehr darum, zu erfahren, was uns von unten her zwingt (unsere Natur), sondern darum, was unsere Expansions- und Konzentrationsfähigkeit (unsere Grenzen) zurückhält oder nicht.

Wagen wir ein neues Experiment. Da wir am Ende unserer Erzählung frei von Zwängen scheinen, wollen wir uns unsere Identität als eine gummiartige Form vorstellen. Machen wir an uns das, was man in der Physik einen »Kriechversuch« nennt, das heißt einen Test, um durch Ausübung einer Kraft die Verformung eines Materials festzustellen, und versuchen wir, die Elastizitätsgrenze des »Wir« zu ermitteln: jenen Punkt, über den hinaus es zu einem Bruch kommt. Unsere erste Hypothese wird die folgende sein:

Was wir in der Moral oder der Politik meistens als Idealismus bezeichnen, besteht darin, keine absolute Elastizitätsgrenze anzuerkennen. Der Idealismus ist, was uns durch das Denken wie eine Art beliebig flexibler Figur ausdehnt, die nie auf einen unüberwindlichen inneren Widerstand stößt. Jeder Idealist verspricht, dass wir uns einer Idee entsprechend ausweiten können und dass unser einziger dynamischer Zwang das Ziel sei, das wir uns setzen. Deshalb sollen die Zwischenidentitäten, die unsere Ausweitung nach dem Vorbild dieser Idee behindern, Illusionen und Lügen sein, die der Idealist eines Tages überwinden wird, wie er uns verspricht.

Das idealistische Versprechen

Die christliche Verheißung

Testen wir unsere Elastizität. In den menschlichen Kulturen ist das erste Beispiel für die Ausdehnung einer Identität, die alle anderen umfasst, überwindet und auslöscht, sehr oft die religiöse Verheißung. Wir haben bereits angeführt, wie Paulus diese Verheißung formuliert: dass die Antagonismen zwischen den Geschlechtern, den Reichen und Armen sowie den Nationen alle in der umfassenderen Gesamtheit derjenigen enthalten sind, die in Jesus Christus eingehen und den Herrn erkennen. Die Teilungen unter den »Wir« sind zwangsläufig auf der Grundlage einer höheren Einheit vorhanden, die im Evangelium angekündigt wird und die, wenn sie verwirklicht sein wird, die Teilungen überflüssig macht: Sie werden verschwinden. Als Augustinus den Galaterbrief des Paulus kommentiert, stellt er fest, dem Apostel zufolge »ist die andere Geburt, die uns zu Männern und Frauen, Griechen und Juden, Skythen und Barbaren macht, nicht jene, bei der Gott wirkt, jene, bei der er den Menschen erschafft; wohl aber jene, die jeden Unterschied der Nationen, Geschlechter und Stellungen auslöscht und aus uns etwas Einziges nach dem Vorbild dessen macht, der einer ist, das heißt Christus, wie es derselbe Apostel noch an anderer Stelle wiederholt, wenn er sagt: ›Alle, die auf Christus getauft sind, haben Christus angezogen; es gibt nicht mehr Juden noch Griechen, nicht mehr Männer noch Frauen, nicht mehr Sklaven noch Freie, sondern alle sind einer in Christus.‹ Also wird der Mensch von Gott erschaffen, wenn er aus vielen einer wird, und nicht, wenn er sich aus einem in viele teilt. Nun hat uns aber die erste Geburt, das heißt die leibliche Geburt, geteilt; die zweite, die spirituell und göttlich ist, eint uns; und wir haben allen Grund, die eine der Natur des Leibes und die andere der höchsten Majestät zuzuschreiben.«[62]

Augustinus' Deutung erlaubt es, die christliche Verheißung eindeutig zu formulieren: Unsere Fleischwerdung, die aus uns besondere Wesen macht, verurteilt uns zu Teilungen und Antagonismen, denn wir werden zwangsläufig als Männer oder Frauen geboren, einer Klasse oder Kaste in einem bestimmten Land zugeteilt und dazu ausersehen, eine gegebene Sprache zu sprechen. Doch unsere höhere Identität als spirituelle Geschöpfe nach Gottes Ebenbild nähert uns der Einheit, die das Attribut unseres Schöpfers ist. Dank unserer Identität als Christen sind wir nahe daran, etwas Einziges zu sein. Diese verheißene Identität macht aus den besonderen Identitäten vergängliche Hüllen, die unsere Lage als zeitliche und geschichtliche Wesen bekunden. Wir müssen glauben, dass sich das »Wir« am Ende der Geschichte ausbreiten, ausdehnen, die Einheit anstreben wird und dass wir dann alle gleichermaßen singuläre Geschöpfe sein werden und von dem befreit sind, was die einen von uns dazu zwingt, uns in Bezug auf die anderen einzuordnen. Wir werden nur singulär und universell sein: Wir werden jeder einer sein, und wir werden alle geeint sein. Es wird keine Kategorien mehr geben.

Diese Verheißung ist ganz offenkundig nicht dem Christentum eigentümlich. Man findet sie gleichfalls in zahlreichen Suren des Korans formuliert. Die Lehre des Propheten erkennt die weltliche Ordnung an, der zufolge Allah die Menschen in Reiche und Arme, Männer und Frauen eingeteilt hat.[63] Doch sie verheißt auch die Verwirklichung einer höheren Ordnung des »Wir«, durch die allein die echten Gläubigen und die anderen unterschieden sein werden, ganz gleich, wie ihre Zugehörigkeitskategorien sind.[64]

Gleichwohl erstreckt sich das ausgedehnte, von den Buchreligionen verheißene »Wir« nicht über die Menschheit hinaus, die eine grundlegende Grenze bleibt. Buddha eröffnet nun einen weiteren Horizont: »Wie viele Arten von Lebewesen es auch geben mag – ob aus einem Ei oder einem mütterlichen Schoß geboren, aus Feuchtigkeit entstanden oder aus sich selbst heraus; ob diese Wesen nun Form haben oder keine Form, Wahrnehmungen haben oder keine Wahrnehmungen; oder ob von ihnen nicht gesagt werden kann, ob sie Wahrnehmungen haben oder nicht [offenbar sind hier Pflanzen gemeint] –, wir müssen all diese Wesen zum endgültigen, vollständigen Nirvana führen, damit sie Befreiung finden können.«[65] Alles Lebendige – Säugetiere, Vögel, Fische, Insekten, Pflanzen – ist hier durch die Verheißung einer Befreiung verbunden.

Das dynamische Konzept des »Wir« erlaubt den Religionen, uns zu verbinden und den Bereich dieser Verbindung so weit wie möglich auszudehnen, um alle »Wir«-Zwischenglieder zu umfassen, die zeitweilige Hindernisse für die vollständige und uneingeschränkte Verwirklichung unserer selbst darstellen. Die Stärke dieser Idee beruht auf der internen Dynamik des »Wir«-Konzepts: Wenn es scheinbar mehrere untereinander widersprüchliche »Wir« gibt, die der Gesellschaft und Geschichte ihre Konsistenz, das Gefüge ihrer Spannungen und Auseinandersetzungen verleihen, so bilden doch all diese »Wir« zusammen nicht weniger ein einziges »Wir«. Zwangsläufig wird ein Tag kommen, an dem sich zeigt, dass wir alle »wir« sind, selbst wenn alle es noch nicht wissen und sich mühsam an das klammern, was sie auf illusorische Weise voneinander unterscheidet. Die religiöse Verheißung erlaubt es, das zu benennen, was alle in Konflikt geratenden »Wir« gemeinsam haben, und mehrere Gruppen in eine versöhnte, sich selbst noch nicht kennende Gesamtheit umzuwandeln. Denn alles, was sich als »Wir« bezeichnet, gerät in die logische Falle dieses Begriffs: Die Feinde, die sich selbst jeweils »wir« nennen, werden früher oder später gezwungen sein, anzuerkennen, dass sie einander wenigstens darin gleichen, denselben Begriff zu benutzen. Dann werden alle »Wir« zu einem Ganzen verschmelzen. Je mehr wir uns des »Wir« bewusst sind, desto mehr identifizieren wir uns miteinander: Es gibt eine interne Logik des »Wir«, die seine langsame, jedoch notwendige und grenzenlose Ausdehnung bis zur Verwirklichung seiner letzten Idee lenkt. Das wahre »Wir« des Geistes wird die illusorischen »Wir« der Leiber auslöschen.

Dies ist, so meinen wir, das dynamische Prinzip einer Religion: dass wir uns durch eine Idee ausdehnen.

Die kommunistische Verheißung

Der diffusionistische Idealismus ist jedoch nicht allein religiös. Von ihm gibt es weltliche Erscheinungsformen, deren wichtigste vielleicht der Kommunismus gewesen ist. Am Ende des *Manifestes der Kommunistischen Partei* bieten Marx und Engels den Ausblick auf die klassenlose Gesellschaft, deren Beginn das Ende aller nationalen Antagonismen beschleunigen werde. Engels konzipiert darüber hinaus die Beseitigung der Männerherrschaft durch den Zukunftshorizont dieser klassenlosen Gesellschaft, denn die Unterdrückung eines Geschlechts durch das andere sei nur der geschichtliche Ausdruck der Spaltung der Menschen in Gesellschaftsklassen.

»Auf einer bestimmten Stufe der ökonomischen Entwicklung, die mit Spaltung der Gesellschaft in Klassen notwendig verbunden war, wurde durch diese Spaltung der Staat eine Notwendigkeit«, schreibt Engels in einer berühmten Textpassage. »Wir nähern uns jetzt mit raschen Schritten einer Entwicklungsstufe der Produktion, auf der das Dasein dieser Klassen nicht nur aufgehört hat, eine Notwendigkeit zu sein, sondern ein positives Hindernis der Produktion wird. Sie werden fallen, ebenso unvermeidlich, wie sie früher entstanden sind. Mit ihnen fällt unvermeidlich der Staat.«[66]

Über die Vergänglichkeit des Staates hinaus ist es die bedeutungsvollste Verheißung des historischen Materialismus, in der Geschichte die Gründe dafür zu finden, dass die Auslöschung einer einzigen Trennung zwischen den Menschen zur Auslöschung aller (falschen) kategorialen Trennungen zwischen den Menschen führen werde. Wohlgemerkt: In der marxistischen Tradition erkennen die meisten Denker an, dass Konflikte innerhalb der Menschheit fortbestehen werden. Doch diese Konflikte sollen nur die Einzelwesen betreffen, die nicht mehr Gefangene von Partikularismen, wie etwa denen ihres biologischen Geschlechts, ihres Genders, ihrer Kaste, ihrer Klasse, ihrer Nation, ihres Glaubens oder selbst ihrer Art sein werden.

Der vorsichtigere Althusser erkannte an, dass es »in der klassenlosen Gesellschaft« immer noch »Ideologie«,[67] das heißt die Artikulation falscher Trennungen zwischen den Menschen, geben werde.

Doch die Verheißung eines »Wir«, das sich ausbreiten und alle unbegründeten kategorialen Grenzen zwischen den »Wir« überdecken wird, ist deshalb nicht weniger in der marxistischen Wissenschaft enthalten. Alle Identitäten außer denen der Klasse müssen (direkte oder indirekte) Wirkungen der Klassenidentitäten sein, damit der Klassenkampf die Triebkraft der Geschichte bleibt. Wie McKown[68] feststellt, haben alle drei – Marx, Engels und Lenin – den folgenden Zusammenhang begründet: Je mehr man anerkennt, dass die Religion auf menschlicher Ohnmacht und Verzweiflung beruht, desto sicherer kann man sein, dass sie mit der Entstehung der klassenlosen Gesellschaft, die den Menschen von seiner Ohnmacht und Verzweiflung befreien wird, verschwindet. Und das zukünftige Absterben der religiösen Identitäten in einer klassenlosen Gesellschaft entspricht der Rolle, die heute die soziale Ausbeutung bei der Herausbildung dieser Identitäten spielt. Da die religiösen, aber auch die nationalen Identitäten unmittelbar als (zum großen Teil illusorische) Antworten auf den einzigen wahren, die Menschheit durchziehenden Widerspruch – den Klassenkampf – aufgefasst werden, wird das Verschwinden des Klassenunterschieds langfristig zum Verschwinden aller anderen die Menschheit trennenden Kategorien führen.

Gewiss haben es wenige marxistische Theoretiker gewagt, diese verheißene Gesellschaft eingehend zu schildern, in der die falschen »Wir« nicht mehr gelten. Ernest Mandel beispielsweise stellt sie sich so vor: »Eine solche Gesellschaft wird sich bemühen, alle zwischenmenschlichen Konfliktquellen auszuschalten. Sie wird die immensen Mittel, die heute für destruktive Zwecke vergeudet werden, dem Kampf gegen Krankheiten, der Charakterbildung des Kindes, der Erziehung und der Kunst widmen. Indem sie alle wirtschaftlichen und sozialen Antagonismen unter den Menschen ausschaltet, wird sie alle Ursachen für Kriege und heftige Konflikte eliminieren. Nur die Errichtung einer weltweiten sozialistischen Gesellschaft kann der Menschheit jenen universellen Frieden garantieren, der im Zeitalter der Atom- und Thermonuklearwaffen zur Voraussetzung für das nackte Überleben der Gattung wird.«[69]

Georg Lukács erkennt bereits 1919 an: »Diese Erlösung jedoch kann nicht nur ein Erfolg eines bloß automatischen, naturgesetzlichen Prozesses sein.«[70] Lukács akzeptiert, dass das erste Ziel des Proletariats die Klassenhegemonie, die Machtergreifung und die Ausübung der Diktatur sein wird, wie es den Auffassungen Lenins entspricht, zu deren Übernahme er sich damals bekennt. In einer ersten Etappe wird tatsächlich immer noch eine Klasse (die derjenigen, die nichts anderes als ihre Arbeitskraft besitzen) alle anderen beherrschen. Doch durch die Gnade der Dialektik, welche die Macht der »Klasse ohne Macht« in eine »Macht ohne Klasse« umwandelt, wird sich die Diktatur des Proletariats langfristig selbst überflüssig machen: »Nachdem es keine Klassen mehr gibt, kann Diktatur niemandem gegenüber mehr angewandt werden.«[71]

Der marxistische Diffusionismus beruht gerade auf dieser beinahe fantastischen Idee: Die Aufhebung eines einzigen Unterscheidungssystems werde sämtliche Unterscheidungssysteme beseitigen. Da die grundlegende Bildschicht des Klassenkampfes alle übrigen determiniert, ist es unmöglich, dass einige Antagonismen das Verschwinden des allen anderen Antagonismen übergeordneten Antagonismus überleben. Oder die Prinzipien des historischen Materialismus würden sich als falsch herausstellen.

Da die Weltgeschichte die Geschichte des Klassenkampfes ist, gibt es ein Endziel des »Wir«: ein geeintes »Wir« wie eine offene Landschaft, aus der die Waldgehege der parzellierten Gesellschaft und die Frontlinien ihrer Konflikte verschwunden sind. Dies ist das klassenlose »Wir«, das die ganze, endlich verwirklichte und versöhnte Menschheit umfasst.

Angesichts dieser Verheißung erkennt Walter Benjamin: »Marx hat in der Vorstellung der klassenlosen Gesellschaft die Vorstellung der messianischen Zeit säkularisiert.« Aber: »Die klassenlose Gesellschaft ist nicht das Endziel des Fortschritts in der Geschichte, sondern dessen so oft missglückte, endlich bewerkstelligte Unterbrechung.« Und darum: »Dem Begriff der klassenlosen Gesellschaft muss sein echtes messianisches Gesicht wiedergegeben werden.«[72]

Wie dies Benjamin selbst bekennt, vereint sich die kommunistische Verheißung als Ausdehnung des »Wir« über alle Unterschiede hinaus mit der religiösen Verheißung. Man hat ausführlich kommentiert, was den Marxismus dem christlichen Denken annähert und von ihm entfernt. Beide Verheißungen unterscheiden sich zweifellos, doch die eine wie die andere beruht auf der Überzeugung, dass ein einziges »Wir« durch seine geschichtliche Expansion alle anderen auslöschen kann und muss.

Evolutionärer Optimismus

Nun gibt es aber eine dritte idealistische Verheißung, die nicht mehr religiös oder geschichtlich, sondern naturalistisch ist. Sie ist das, was wir den »evolutionären Optimismus« nennen wollen. Die Verbreitung des »Wir« entspricht in diesem Fall einem der menschlichen Geschichte vorausgehenden Prinzip, das sich nicht auf eine Offenbarung, sondern auf die kenntnisreiche Deutung unserer Entwicklungsstadien stützt. Dieser Optimismus, der seine Stärke aus einer Deutung der Evolution gewinnt, entsteht in den Werken Darwins und tritt in Spencers Sozialdarwinismus sehr prägnant hervor. Er besteht darin, in den unablässigen Transformationen des Lebendigen und ganz besonders der menschlichen Spezies die rationalen Grundlinien einer langsamen, jedoch gelenkten Evolution zu entdecken. Es ist möglich, die Zukunft zu entwerfen, so wie man ausgehend von einer Strecke die folgende Strecke in ihrer Ausrichtung projiziert.

Da der evolutionäre Optimismus große Tendenzen in sehr langen Perioden herausarbeitet, findet er Gründe, zu glauben, dass sich alle Gruppen ausgehend von beschränkten Identitäten zum Bewusstsein einer immer universelleren Identität hin entwickeln. Es gibt vielfältige Versionen solcher Zukunftsaussichten. Hierbei denkt man an Teilhard de Chardins Suche nach dem »Omegapunkt«[73] oder in neuerer Zeit an Ray Kurzweils Posthumanismus.[74] Zahlreiche Popularisatoren, die heute Begriffe der evolutionären Psychologie oder der Kognitionswissenschaften benutzen, formulieren eine vergleichbare Verheißung neu: Das »Wir« verbreitet sich, das »Wir« dehnt sich aus! Arbeiten wir alle unermüdlich in diesem Sinne weiter. Von Kevin Kellys Analyse dessen, was er das »Technium« nennt (eine die Evolution lenkende neuartige Kraft),[75] bis zur »evolutionären Erleuchtung« des Spezialisten für Persönlichkeitsentwicklung Andrew Cohen,[76] von Carter Phipps' Arbeiten über Kooperation und die Entstehung einer evolutionären Spiritualität[77] bis zu denen Howard Blooms über die natürliche Entwicklung der Gesellschaften[78] ist das gleiche idealistische Prinzip am Werk: Die gewalttätigen Antagonismen seien nicht notwendig, und man könne eine allgemeine Bewegung voraussehen, durch die wir uns immer mehr verbinden und vereinen.

Eines der besten Beispiele für diesen evolutionären Optimismus ist das Unternehmen Steven Pinkers, der in *The Better Angels of Our Nature*[79] nach dem Grad an Gewalttätigkeit der menschlichen Gesellschaften fragt und zu der Schlussfolgerung gelangt, dass sich dieser Grad tendenziell verringert. Pinker definiert Gewalt durch die Ausübung von Macht mit dem Ziel, Schäden oder Verletzungen zuzufügen, und interessiert sich für Totschlag, Vergewaltigung, Diebstahl, Entführungen sowie für Kriege, Genozide, Todesstrafe oder absichtlich herbeigeführte Hungersnöte. Er verwirft jedes Phänomen einer symbolischen Transformation der Gewalt, da es nur eine Metapher sei (zum Beispiel die verbale Gewalt und die soziale Gewalt): Das hat man ihm nachdrücklich vorgeworfen. Doch dies ist der eigentliche Sinn und die Grenze des evolutionären Optimismus: Es geht darum, das Feld der »bedeutsamen Phänomene«[80] einzugrenzen, damit man gleich vielen weißen Steinchen, die am endlosen Weg der Geschichte ausgestreut sind, nur die Kennzeichen eines möglichen Fortschritts sieht. Dies setzt voraus, dass man die schwarzen Steinchen, die einen Fortschritt zur Katastrophe, eine Regression, endlose Zyklen oder eine entmutigende Stagnation bedeuten, als zweitrangig ansieht. Ohne zu behaupten, dass die langfristige Tendenz zu einer friedlichen Form des »Wir« garantiert sei, deutet Pinker gleichwohl die Geschichte als einen Zivilisationsprozess, zu dessen Ursachen die Ausgestaltung des Staates gehöre, der das Monopol auf die legitime Anwendung von Gewalt erhalte. Daher geht Pinker davon aus, dass die Reste von Gewalttätigkeit in den modernen Gesellschaften meistens illegal oder illegitim seien und dass sie an Systematik verlieren. Sie seien zunehmend zu vernachlässigen. Handel, Feminisierung oder Kosmopolitismus, also der Personenverkehr, begleiten und stützen diese rationale Bewegung, wodurch die gewalttätigen Antagonismen hinter vermittelbaren Konflikten zurücktreten.

Wir versöhnen uns immer mehr mit uns selbst: Die Evolution zeigt es – oder erlaubt es wenigstens, daran zu glauben.

In der von Pinker gebotenen umfassenden Sichtweise führen der Zusammenschluss in kleinen Gemeinschaften von isolierten Jägern und Sammlern, dann die Entstehung von Städten und Regierungen zusammen mit Ackerbau betreibenden Kulturen in einer ersten Periode zu zusätzlichen Kriegsgründen. Doch diese Bewegung ermöglicht im Lauf der Jahrhunderte die Verbreitung einer universellen Ordnung, die der Zivilisationsprozess seit dem Mittelalter (zum Beispiel die höfische Kultur), dann die Werte der Toleranz in der Aufklärung und schließlich der »Lange Frieden« zwischen den wichtigsten Nationen nach dem Zweiten Weltkrieg verstärkt haben. Wohlverstanden: Pinker geht nicht so weit, die Behauptung zu wagen, dass diese Entwicklung einer Befriedung unserer Antagonismen ein *vollständiges* Verschwinden der Gewalt mit sich bringe, doch er vertritt den Standpunkt, dass uns das Zeitgeschehen und die alltägliche Erregung irreführen, die von den Gewalttätigkeiten hervorgerufen wird, deren Zeugen wir sind. Langfristig gesehen verbreite sich ein irenisches »Wir«, das Pinker verbindet mit »einem wachsenden Widerwillen gegen Aggressionen im kleineren Maßstab, unter anderem, was Gewalt gegen ethnische Minderheiten, Homosexuelle, Frauen, Kinder und Tiere angeht. Diese Nebeneffekte des Konzepts der Menschenrechte – Bürgerrechte, Rechte der Homosexuellen, Frauenrechte, Kinderrechte und Rechte von Tieren – wurden seit Ende der 1950er Jahre mit einer Fülle von Bestrebungen durchgesetzt.«[81]

Der evolutionäre Optimismus beruht im Grunde darauf, dass man die Zeichen einer Ausdehnung der Empathie als vorrangig ansieht. Die Regressionen oder Trägheitseffekte, durch die Unterdrückung, Herrschaft und Zwang stark bleiben, erscheinen nur als Widerstände gegen eine Richtung der Geschichte und nicht als eigentliche Richtung der Geschichte.

Im ersten Buch hatten wir bereits darauf hingewiesen: Als Paola Cavalieri das »Great Ape Project« begründete, das anderen Primaten als den Menschen ebenfalls Rechte zuschreibt, hat sie diese Logik des evolutionären Optimismus noch etwas weiter vorangetrieben. Sie hat in groben Zügen die Ausweitung der »moralischen Gemeinschaft über die Artgrenzen hinaus«[82], also über die Menschheit hinaus, hervorgehoben. Cavalieri stützt sich auf die Geschichte der sozialen Befreiungsbewegungen und interessiert sich deshalb für das, was Darwin »die schrittweise Erleuchtung des menschlichen Geistes [...]« nannte, »die aus dem Fortschritt der Wissenschaft hervorgeht.«[83] Etappenweise dehnt die menschliche Spezies die empathische Form des »Wir«, die zuerst auf Stämme und Klans beschränkt war und dann durch den Fortschritt auf die ganze Menschheit ausgeweitet wurde, über sich selbst hinaus aus. In einer derartigen theoretischen Erzählung ist das, was wir »Wir« nennen, also eine tatsächlich freie Form, die sich naturgemäß bis ins Unendliche ausdehnen lässt. Die religiösen oder kommunistischen Verheißungen, aber auch die optimistischen Deutungen der Evolution ermöglichen es, die ideale Verbreitung der Subjektivität als einen Marsch nach vorn oder als eine Ausdehnung unserer elastischen Form bis zur universellen Verwirklichung ihrer Idee zu erfassen. Diese Verheißung ist nicht voll und ganz begründet: Sie ist lediglich eine großartige Idee, die von einigen sorgfältig ausgewählten Indizien strukturiert wird, und darauf stützen sich die Gläubigen, die Kommunisten oder manche Evolutionisten, um sich vorzustellen, dass es keine absolute Grenze für die Ausdehnung des »Wir« und keine Elastizitätsgrenze gibt.

Und dennoch leistet etwas Widerstand.

Die realistische Bestandsaufnahme

Geschichtliche Bestandsaufnahme

Wir haben das »Wir« durch eine Gedankenoperation ausgeweitet. Stellen wir uns nun die Frage, was es daran hindert, sich endlos auszuspannen und zu verbreiten.

Was geht in der Verheißung des Paulus, in der von Marx oder in der mancher Darwinisten verloren? Je weiter ein höheres »Wir« verbreitet wird, desto mehr sträubt sich etwas dagegen, und dieses Etwas stellt das realistische Denken dem idealistischen entgegen. Unter »Realismus« wollen wir hier jedes Denken verstehen, das sich nicht an einen durch ein expandierendes »Wir« gewonnenen Bereich, sondern an die Kräfte bindet, die ein solches »Wir« unterwegs aufgegeben hat.

Der Realist bestimmt immer den für die Verbreitung einer Identität zu bezahlenden Preis. Gerade an dieser Geisteshaltung erkennt man ihn.

Der idealistischen Verheißung stellt der realistische Mensch zunächst eine einfache Bestandsaufnahme entgegen. Man findet ihre Formulierung im Diskurs der Historiker. Im ersten Buch in Thukydides' *Peloponnesischem Krieg*[84] spürt man so ständig zwischen den Zeilen die Konzeption eines hellenischen »Wir«, das, wenn es sich durch Bündnisse und Eroberungen allzu weit ausdehnt, den Preis für seine Ausbreitung bezahlt: Es wird von Schwächung bedroht. Die gerade durch den Geländegewinn verlorene Macht ist die Obsession des Realisten. Nach Thukydides' Ansicht gibt es, wie man weiß, keinen absoluten Fortschritt und keine Verbreitung eines Zivilisationsprinzips ohne seine Kehrseite. Wie es Castoriadis formuliert hat, stellt sich Thukydides' Konzeption der Herodots darin entgegen, dass sie voraussetzt: »Mit der Zeit wird alles Große klein und alles Kleine groß werden.«[85] Die Elastizität des »Wir« ist so groß, dass jede in einer Richtung ausgeübte Kraft zu einer Reaktion führt. Wenn Thukydides bereits Realist ist, so auch deshalb, weil er beschließt, die Geschichte als ein Kräfteverhältnis und allgemeines oder annäherndes Nullsummenspiel zu deuten. Durch dieses Spiel stellen wir uns gegen uns selbst, wir dehnen uns aus, doch bald zerfallen wir, und unsere Bruchteile ballen sich zusammen, bilden nun selbst ein umfangreicheres Ganzes, das eines Tages dazu bestimmt ist, wieder Risse zu bekommen.

Machiavelli formuliert als einer der Ersten die explizite Regel dieses Geschichtsrealismus. Als er sich mit den Völkern Latiums und der Gründung der Republik beschäftigt, stellt er fest: »Die Ursache, weshalb sie sich nicht ausdehnen können, liegt darin, daß es eine getheilte Republik ist, die an verschiedenen Orten ihren Sitz hat, was ihnen die Berathungen und Entschließungen schwer macht.«[86]

Anders gesagt: In dem Maße, wie sich eine politische Identität ausdehnt, schwächt sich ihr Ganzes und wird weniger kohärent. Der Abstand zwischen ihren Teilen wächst, und das nicht nur im Raum, sondern auch im Konzept ihrer Identität selbst. Je mehr »Wir« ein bedeutendes Ganzes von unterschiedlichen Wesen bezeichnet, desto mehr verliert es an Konsistenz und Einheit. Das realistische Denken stellt somit den Idealismus infrage, der das »Wir« bedenkenlos als unendliches dynamisches Prinzip verbreitet.

Es gibt also eine interne Logik der politischen »Wir«,

deren ganz eindeutiges Modell man bei Toynbee findet.[87] Sein System besteht darin, die gesamte menschliche Geschichte im Licht dieser Dynamik des »Wir« zu deuten: Die Kulturen wachsen und dehnen sich aus, weil sie gegenseitig »herausgefordert« *(challenged)* werden; eine Kultur entwickelt sich dank einer »schöpferischen Minderheit« in ihrem Innern; diese Minderheit wird zu einer herrschenden Minderheit, welche die Machtbefugnisse an sich reißt; es bildet sich zugleich ein inneres Proletariat und ein äußeres Proletariat, denen der Zugang zu den Privilegien dieser Kultur verboten ist; in dem Maße, wie sich die betreffende Kultur ausdehnt und zu einem Großreich wird, weist sie Spannungen und Risse auf und wird schwächer; sie will die Einheit von immer mehr Sprachen, Territorien und Klassen sichern; bald ist sie nicht mehr stark genug, um eine widersprüchliche Realität zu vereinheitlichen, und es tritt ein »Schisma« zuerst im Gesellschaftskörper und dann in der »Seele« der Gruppe auf; das innere Proletariat gründet hierauf eine Universalkirche (den Buddhismus auf den Ruinen des klassischen Indien, das Christentum auf denen des Römischen Reiches, den Kommunismus auf denen des modernen Kapitalismus); und der Prozess beginnt unermüdlich von Neuem: Eine neue Kultur erscheint.

Toynbee findet Bestätigungen für dieses Modell in der ägyptischen, andinen, sinischen, minoischen, sumerischen, Maya-, altindischen, hethitischen, hellenischen, orthodoxen, persischen, arabischen, Hindu-, mexikanischen, yukatekischen oder babylonischen Geschichte, zu denen Kulturen hinzukommen, deren Ausdehnungs- und Auflösungsprozess innehielt, wie etwa die Polynesiens, die Kultur der Eskimo, der Osmanen oder Spartas. Toynbees Modell besteht darin, eine bestimmte Elastizitätsschwelle einzuschätzen, über die hinaus die Expansion eines Reichs die inneren Belastbarkeitsgrenzen einer Kultur überbeansprucht. Jedes »Wir« bricht schließlich auseinander, wenn es sich über einen bestimmten Punkt hinaus ausdehnt. Die internen Differenzen innerhalb des Ganzen setzen sich tatsächlich gegenüber der diesem Ganzen aufgezwungenen Identität auf lange Sicht immer durch. Die Dynamik des »Wir« ist tatsächlich so beschaffen, dass keine Idee jemals stark genug ist, um das »Wir« bis ins Unendliche auszudehnen, ohne Differenzen zwischen den »Wir« zu überdecken, die sich gegenseitig verstärken und das schöne einheitliche Gewebe, mit dem die idealistische Verheißung uns bedeckt hat, allmählich aufreißen lassen.

Politische Bestandsaufnahme

Das verheißene, sich ausdehnende »Wir« ist nicht nur der Gefahr des Zerreißens ausgesetzt, sondern in dem Maße, in dem es zum einzigen »Wir« wird, verliert es auch seine Identität. Diese ist keine bloß historische Feststellung. Im Geist des realistischen Menschen wird sie zum eigentlichen Prinzip der Politik.

»Die spezifisch politische Unterscheidung, auf welche sich die politischen Handlungen und Motive zurückführen lassen, ist die Unterscheidung von *Freund* und *Feind*«,[88] schreibt Carl Schmitt, der heute als Musterbeispiel des modernen politischen Realismus angesehen wird. Hierzu gibt es rechtsgerichtete Deutungen ebenso wie linke Interpretationen: Chantal Mouffe[89] trägt daher ihre marxistische Kritik der liberalen Ideale im Namen von grundlegenden Antagonismen vor, die jeden Irenismus als heuchlerisch erscheinen lassen und die Deutung der Gesellschaft mit Kampfbegriffen rechtfertigen. Diese Art von marxistischem Realismus ist eindeutig von Carl Schmitt inspiriert. Für ihn überdeckt das politische »Wir« alle übrigen, weil es das einzige grundlegende ist. Alle anderen »Wir« setzen es voraus und hängen von ihm ab: »Die politische Einheit ist höchste Einheit, nicht, weil sie allmächtig diktiert oder alle anderen Einheiten nivelliert, sondern weil sie entscheidet und innerhalb ihrer selbst alle anderen gegensätzlichen Gruppierungen [...] hindern kann.«[90] Die politische Einheit ist das entscheidende »Wir«, und dieses »Wir« definiert sich nur durch Negation: Das »Wir« positioniert sich, indem es opponiert. »Politisch ist jedenfalls immer die Gruppierung, die sich an dem Ernstfall orientiert.«[91]

Dieser von Schmitt hochgeschätzte Ernstfall tritt mit der Anerkennung eines Feindes auf, eines Anderen, mit dem mich nicht nur eine Feindschaft, sondern auch eine Beziehung des existentiellen Widerspruchs verbindet: Indem ich entdecke, dass der Andere all das ist, was ich nicht sein will, entdecke ich, wer ich bin. »Der Feind steht auf meiner eigenen Ebene. Aus diesem Grunde muss ich mich mit ihm kämpfend auseinandersetzen, um das eigene Maß, die eigene Grenze, die eigene Gestalt zu gewinnen.«[92] Warum steht der Feind »auf meiner eigenen Ebene«? Weil er – um diesmal unsere eigenen Begriffe zu verwenden – sich auf einer gleichen Identitätsbildschicht befindet, jener, die auf der anderen Seite liegt. Der Andere, unser Negativ, ist unsere Form. Ein »Wir« gibt es nur, wenn es durch die Identifizierung des Anderen in seiner Form gestärkt wird. Aus diesem Grund bewundert Schmitt die Revolutionsregierung des Jahres II, die Volksfeinde, Aris-

tokraten, Gemäßigte, Komplizen und Aufkäufer anpran-
gert. Die Grundfrage ist in seinen Augen stets die Bestimmung, »wer der wirkliche Feind ist«. Ohne den Widerstand dieses Feindes, der das Äußere des »Wir« schlechthin ist, empfindet das »Wir« nicht mehr seine Form: Es
wird formlos und unbestimmt. Es verliert sich im Vagen,
es will offen sein.

Dies ist der Irrtum des Idealismus: Er glaubt, er könne
allein von innen her ein universell inklusives »Wir« bestimmen. Schmitt stellt den idealistischen (insbesondere
marxistischen) Verheißungen keine Bestandsaufnahme einer Geschichtsdynamik, sondern die Bestandsaufnahme
einer politischen Dynamik entgegen: Überall und immer
hänge die politische Macht einer Identität von der Bestimmung ihrer Grenzen ab, also von unserer Entschlossenheit,
mit der wir unterscheiden, was nicht »wir« ist. Je mehr
und besser wir erkennen, wo der Feind beginnt, desto
mehr und besser wissen wir, wo wir allmählich zu uns
selbst werden. Schmitts realistische Politik beruht auf der
hartnäckigen Ablehnung des Idealismus als Definition des
»Wir« *in uns selbst und durch uns selbst*. Dessen, woran
der Realist überhaupt nicht glaubt, das heißt der Autonomie, also der Tatsache, dass man sich seine eigenen Gesetze und seine eigene Identität gibt. Nichts ist jemals in der
Lage, sich von innen her zu begrenzen. Im Innern träumt
jedes Subjekt, sich endlos auszudehnen, und nichts stößt
jemals auf Widerstand. Und die Realität ist, was uns von
außen Widerstand leistet. Diejenigen, die es ablehnen,
das Außen als Feind zu bezeichnen, nuancieren ihre
Diskurse, indem sie auf eine einfache »Andersheit« hin-
weisen. Sie sind schöne Seelen. Doch je mehr die Andersheit akzeptiert und aufgenommen wird, desto weniger

stark sind wir. Dieses Kräftespiel ist der politische Realismus.

Und dieses Kräftespiel geht vor dem Recht voraus, es gehört zur strikt existentiellen Ordnung: »Der Krieg, die Todesbereitschaft kämpfender Menschen, die physische Tötung von andern Menschen, die auf der Seite des Feindes stehen, alles das hat keinen normativen, sondern nur einen existentiellen Sinn.«[93] Sein Lager zu definieren heißt, Partei zu ergreifen. Nun verwirft aber Schmitt jede idealistische Dialektik, der zufolge ein Lager die Interessen aller vertreten könnte, wenn es für seine eigenen Interessen eintrete. Wir kämpfen immer nur *für uns* und *gegen sie*. Niemand, der für die Seinen kämpft, könne beanspruchen, für alle zu kämpfen. Dies sei eine Absurdität oder Heuchelei des Idealismus. Daher markiere die Politik den beschränkten Widerstand des Besonderen gegen die Versöhnung des Singulären und des Universellen. Nichts, was sich für seine Singularität einsetze, lasse das Universelle triumphieren: weder die Sekte der Christen noch die Kommunistische Partei, noch die liberalen und optimistischen Evolutionisten. Alle kämpfen immer nur *für sich selbst*. Aus diesem Grund könne sich niemand endlos ausdehnen. Je mehr sich ein »Wir« ausdehne, desto weniger Feinde finde es, verliere also seine eigene Identität.

Es werde keinen Endkampf und auch kein versöhntes Reich geben. Da sich die Macht eines »Wir« an seiner Fähigkeit messe, einen Feind zu bestimmen und das eindeutig abzugrenzen, was uns von ihm trenne, sei ein »Wir«, das sich endlos ausdehne und keinen Feind mehr anerkenne, in Wirklichkeit ein »Wir«, das schwächer werde und sich zum baldigen Verschwinden verurteile.

Die politische Dynamik funktioniere nur so lange, wie

es möglich sei, sich gegen andere zu definieren. Sich aus sich selbst heraus zu definieren bedeute, niemals seine Grenzen zu finden, also an Kraft und Klarheit zu verlieren.

Aggressivität unter Nachbarn

Wir wollen dieses rein realistische Prinzip als Prinzip der »Aggressivität unter Nachbarn« bezeichnen. Dieses verhärtet die elastische Form unseres eigenen »Wir«. Es entspricht der Vorstellung, die in den realistischen Diskursen nahezu ständig auftaucht, der zufolge sich die menschliche Spezies in kleine benachbarte und rivalisierende Gruppen gliedere und es niemals Gemeinschaften oder Kollektivitäten ohne eine aggressive Dynamik geben werde, durch die sich ein Zusammenschluss, selbst ein Zusammenschluss aus Liebe, von den nächsten Gruppen unterscheiden müsse.

Diese Logik liegt dem Pessimismus Freuds zugrunde, wenn er in *Das Unbehagen in der Kultur* feststellt: »Der Vorteil eines kleineren Kulturkreises, dass er dem Trieb einen Ausweg an der Befeindung der Außenstehenden gestattet, ist nicht geringzuschätzen. Es ist immer möglich, eine größere Menge von Menschen in Liebe aneinander zu binden, wenn nur andere für die Äußerung der Aggression übrig bleiben.«[94] Die Aggressivität unter Nachbarn macht kleine Menschengruppen vorteilhafter.

Der Zusammenhalt einer Gruppe hängt immer von ihrer Fähigkeit ab, sich nicht nur von dem existentiellen Feind, auf den Carl Schmitt hinweist, sondern auch von allen kleinen Nachbargruppen zu unterscheiden. Was uns hier eher als der von Freud definierte und seitdem oft angeführte »Narzissmus der kleinen Differenzen« interessiert, ist die Vorstellung, der zufolge es eine umgekehrte Beziehung zwischen der Ausdehnung einer Gruppe und der Kraft der sie vereinenden Bindungen geben soll. Nun soll aber diese Anziehungskraft von der Abstoßungskraft (dem Abreagieren der Aggressivität) gegenüber dem, was sich außerhalb der Gruppe befindet, abhängen. Je mehr sich die Gruppe ausweitet, desto weniger kann sie außerhalb von sich selbst das notwendige Mittel zum Abreagieren finden, um ihre Aggressivität abzulenken, deren Quantität gleichwohl immer beträchtlicher wird (da ja die Größe der Gruppe zunimmt). Dieses Prinzip gilt für Sekten, Parteien, Verbände und Staaten. Die idealistischen Verheißungen einer geeinten Gemeinschaft befürworten das Zurücktreten der kleinen Differenzen hinter einer großen höheren Identität. Doch die realistische Bestandsaufnahme der Aggressivität unter Nachbarn betont die Notwendigkeit, sich zu unterscheiden, den Zusammenhalt der Gruppe durch eine offen feindselige Distanzierung von den Nachbarn zu sichern.

Keine Gemeinschaft kann sich »Andere« ersparen, an denen sie die in der Gruppe akkumulierte Aggressivität auslässt, und im Verlauf der kollektiven Expansion verringert sich diese nicht, sondern steigert sich.

Es gibt vielfältige grobschlächtige oder gelehrte Theorien dessen, was wir hier als »Aggressivität unter Nachbarn« bezeichnen, die wir für das eigentliche Prinzip jeder realistischen Konzeption des sozialen Lebens halten. So hat etwa Konrad Lorenz in der intraspezifischen Aggressivität eine regulierende Funktion gesehen, welche die Verteilung von Organismen derselben Art auf einem ausgedehnten Territorium erlaubt.[95]

Von Freud oder Lorenz bis zu den heutigen Theorien über die Gruppenselektion finden wir diese vage Vorstellung, der zufolge sich die Intensität einer Gruppe am Ende gegen ihre Ausdehnung durchsetzt. Wenn wir unsere Barrieren durch die Verheißung einer endlosen Ausbreitung beseitigen, heißt das, diese Dynamik jeder Identität geringzuschätzen, die sich zuerst durch Opposition definiert. Je weniger man opponiert, desto weniger positioniert man sich. Die idealistischen Verheißungen begehen also den Fehler, zu ignorieren, dass ein »Wir«, das zwar beschränkt, aber stark und deutlich ist, weil es sich einem anderen entgegenstellt, naturgemäß einem zwar ausgedehnten, aber schwachen und vagen »Wir« vorzuziehen ist, weil dieses kein Außen hat.

Implizit greift jeder Realist in seinem Diskurs auf dieses Bild einer Aggressivität unter Nachbarn zurück, durch die eine kollektive Identität ihrer Vereinnahmung in eine höhere Identität widersteht, indem sie ihre Gewalttätigkeit an denen abreagiert, die ihr nahe sind, sich jedoch auf der anderen Seite der Barriere befinden. Der Realist urteilt nicht über diese moralische oder unmoralische Neigung: Er sieht in ihr ein einfaches dynamisches Prinzip, durch das jede beliebige Gruppe ihre Intensität aufrechterhält, ihre eigenen Bindungen stärkt und jene zerschneidet, die sie ungewollt mit den anderen verknüpfen, sodass es ihre Auflösung in einem den »Wir« übergeordneten »Wir« verhindert.

Dieses Prinzip erklärt innerhalb der Elastizität von »Wir«, dass wir die Neigung haben, wieder unsere ursprüngliche Form anzunehmen, nachdem wir uns übermäßig ausgedehnt hatten.

Die Dynamik der Ausdehnung und der Intensität

Am Ende dieses Gedankenexperiments zeigt sich klar, dass die idealistischen Verheißungen und die realistischen Bestandsaufnahmen widersprüchlich sind und dass sie offenbar keinen Ausgleich zulassen. Versuchen wir also, beide gleichermaßen abzuweisen, um die Dynamik des »Wir« zu verstehen.

Wenigstens das wissen wir: Wir unterliegen in unseren Identitäten keinem absoluten, grundlegenden Zwang, doch wir sind auch nicht absolut frei, uns auszudehnen oder zurückzuziehen. Um die Reichweite dieses uns zurückhaltenden relativen Zwangs zu erfassen, müssen wir lernen, die Rolle des Realisten gegen den Idealisten zu spielen und umgekehrt. Wir behaupten nicht, dass jeder einen Teil der Wahrheit besitze, sondern dass der eine und der andere vollständig recht haben, *bis ihnen der andere unrecht gibt*.

Wie soll man zwischen den idealistischen Verheißungen und den realistischen Bestandsaufnahmen entscheiden? Die einen und die anderen machen sich die Dynamik des »Wir« streitig. Durch Idealismus dehnt sich das »Wir« naturgemäß (oder logischerweise) aus. Durch Realismus zieht es sich naturgemäß (oder logischerweise) zurück.

Wir haben Idealisten und Realisten nacheinander gehört. Der Realist unterrichtet uns, warum wir das »Wir« nicht wie eine Idee erweitern können, ohne durch den Widerstand des Realen zurückgehalten zu werden. Der Idealist hingegen unterrichtet uns, warum wir uns nicht stärken können, wenn wir uns zurückziehen, ohne dass wir über uns hinausgehen und versuchen müssen, uns mit den anderen zu verbinden. Wenn sich ein »Wir« zwangsläufig ausweitet, so deshalb, weil alle antagonistischen »Wir« gleichermaßen »Wir« sind. Es lässt sich immer noch ein allen »Wir« übergeordnetes »Wir« denken und vorstellen, auf dessen Grundlage die von den Klassifizierungskategorien eingetragenen besonderen Unterschiede falsch, illusorisch oder wenigstens vorübergehend sind. Die Verheißung dieses den »Wir« übergeordneten »Wir« erscheint jetzt und in Zukunft unablässig wieder, weil wir alle »Wir« sind, selbst wenn wir zu unterschiedlichen »Wir« gehören. Wenn sich das »Wir« hingegen zurückzieht, so deshalb, weil es nur in dem Maße stark ist, wie es begrenzt ist. Das realistische Denken legt den für jede Ausweitung des »Wir« zu bezahlenden Preis fest. Eine sich ausweitende Identität wird im Innern schwächer und vervielfacht die Gefahren einer Spaltung oder eines Schismas. Doch sie schwächt auch ihre äußere Form, die sich bei ihr von dem herleitet, wogegen wir uns stellen, von unserem Feind. Wir sind stärker, wenn wir weniger ausgedehnt sind, weil die möglichen Teilungen zwischen den »Wir« weniger zahlreich sind und weil wir alle zusammen gegen das aktiv werden, was wir nicht sind, das weiträumig ist und uns ermöglicht, uns genau zu unterscheiden. Dieses Verhältnis zwischen dem inneren Zusammenhalt und der äußeren Unterscheidung gegenüber dem Feind nennen wir die *Intensität* des »Wir«. Unsere Intensität ist unsere Identität, welche die zugleich innere und äußere Macht des Selbst ist. Je weniger wir in »Wir« geteilt sind, desto mehr unterscheiden wir uns von etwas anderem und desto intensiver sind wir.

Die Lehre, die der Realist erteilt, ist richtig. Aber der Realist macht aus der Intensität das *höchste* Kriterium einer Identität.

Das idealistische Denken hingegen urteilt über eine Identität nach ihrer Ausdehnung. Solange es außerhalb von uns andere »Wir« gibt, bleibt unsere Identität etwas Partikulares für den Idealisten. Ihr fehle es an Universalität, und sie müsse im geschichtlichen Sinne fortschreiten. Je weiter sich eine Identität ausdehnt, desto mehr vollendet sie sich, so nimmt der Idealist tatsächlich an. Dies ist das Prinzip des christlichen, doch auch des muslimischen oder buddhistischen Universalismus. Und es ist ebenso das Prinzip des marxistischen Universalismus und des evolutionistischen Optimismus mancher liberaler Denker.

Die Lektion, die der Idealist erteilt, ist genauso richtig.

Nun zeigt sich klar der dynamische Zwang des »Wir«: *Je mehr sich ein »Wir« ausdehnt, desto weniger intensiv ist es; doch je mehr es sich intensiviert, desto weniger ausgedehnt ist es.* Realismus und Idealismus treten also in eine inverse Funktion ein, wenn es darum geht, die Dynamik eines politischen Subjekts zu messen. Wenn sich die Subjektivität ausbreitet, versöhnt sie verschiedene »Wir« und vereint sie. So entdeckt sie, was wir alle »jenseits des uns Trennenden«, jenseits der unsere Antagonismen beherrschenden Kategorien sind. Doch indem die politische Subjektivität dies tut, verliert sie an Intensität: Sie schwächt sich zugleich innen und außen, bis ihre Grenze nachgibt. Im Innern zwingt ihre Ausdehnung sie dazu, allzu viele unterschiedliche Entitäten zu überdecken. Wenn wir annehmen, dass wir alles Empfindungsfähige »wir« nennen können, müssten wir anerkennen, dass wir nur noch unser Empfindungsvermögen gemeinsam haben. Das ist viel, doch es genügt nicht, damit es die Unterschiede zwischen Pflanzen und Tieren oder zwischen dem, was ein Zentralnervensystem besitzt und was es nicht besitzt, was spricht und was nicht spricht, umfassen könnte. Mit diesem Problem werden die Tierpolitiken und die heutigen ökologischen Politiken unausweichlich konfrontiert. In dem Maße, wie ein »Wir« eine umfangreichere Gesamtheit von verschiedenen Organismen einbezieht, werden die Differenzen in seinem Innern stärker als die Differenz, die allein die Grenze zwischen »Wir« und »Nicht-Wir« zulassen muss. Am Ende von allzu vielen Eroberungen teilt sich das weite Reich des »Wir« in Regionen und bald in feindliche Lager, was zu einem Bürgerkrieg führt. In dem Maße, in dem sich das »Wir« ausdehnt, stößt es auch nicht mehr auf ein anderes – oder vielmehr vermindert sich die Andersheit, der es sich außerhalb von ihm selbst entgegenstellen kann. Tatsächlich vereinnahmt und verschluckt es die anderen in sich selbst, sodass seine Form weniger deutlich wird. Seine Konturen sind unsicher, weil es schwer wird, das genau zu benennen, was sich außerhalb von uns befindet und was nicht nur als Äußeres, sondern auch und vor allem als Feind gelten kann. Wenn uns äußere Feinde fehlen, finden wir sie schließlich unter uns. Das von inneren Spaltungen geschwächte Reich des »Wir«, das sieht, wie sich seine eigene Grenze verwischt, verliert an Intensität.

Doch dieser Lehre des Realismus muss man stets die idealistischen Verheißungen entgegenstellen: Ein einfaches »Wir« unter Nachbarn, das sich intensiviert, indem es sich auf ganz besondere Identitäten (des Klans, der Gruppe, des Stamms, der Familie) zurückzieht, verliert an Ausdehnung. Das bedeutet nicht nur, dass es einen kleineren Umfang hat, sondern auch und vor allem, dass es nur ein »Wir« unter anderen ist. Nach und nach weiß es nicht mehr, was es mit allen anderen – benachbarten oder fernen – »Wir« gemeinsam hat. Das sehr intensive »Wir« beschränkt sich darauf, nur ein besonderer Teil eines Ganzen zu sein, das es immer weniger erkennt, weil es sich in einer unscharfen Vorstellung verwischt, die nur Misstrauen einflößt: das menschliche »Wir«, das höhere »Wir«, das Christentum, Marxismus oder eine optimistische Deutung der Evolution verheißen. Wenn ein »Wir« allzu konzentriert ist, erkennt es nicht mehr, was es mit ähnlichen Gruppen verbindet, und es verurteilt sich dazu, sich in seiner Partikularität zu verkrampfen, die es schließlich für etwas Universelles halten kann.

Sobald wir nachdrücklich wir selbst sind, sind wir nur noch ein »Wir« unter anderen, selbst wenn wir dies ignorieren; doch wenn wir uns auf alle »Wir« ausdehnen, werden wir schwächer.

Und es gibt keine Zauberformel, um mit uns selbst deckungsgleich und zugleich so intensiv und so ausgedehnt wie möglich zu sein.

Das ist unsere Lage. Das ist unser erster Zwang.

Wir sind niemals mit uns selbst deckungsgleich

»Wir« ist keine ganz und gar freie Form, weil jede Identität, selbst eine *entgründete*, dieser Regel gehorcht, die weder von den idealistischen Verheißungen noch von den realistischen Bestandsaufnahmen anerkannt wird, die sie sich aber gegenseitig aufzwingen. Wenn es diese Regel nicht gäbe, könnte sich das »Wir« ausdehnen, ohne sich zu spalten, und eine absolute Idee anstreben: Dann hätte die christliche Verheißung oder die marxistische Verheißung vollständige Gültigkeit. Was wir gewinnen, indem wir uns ausdehnen, verlieren wir jedoch zugleich im Innern des »Wir« und an unseren Grenzen: Die Unterscheidung schwächt sich rund um uns ab, und im »Wir« nimmt die Spaltung zu. Aus diesem Grund ist die Ausbreitung des Christentums eine Geschichte von aufeinanderfolgenden Schismen, und die Verbreitung der kommunistischen Idee bedeutet zugleich ihre Spaltung in verschiedene Tendenzen. Was vereinen will, führt schließlich zur Trennung, und der Sieg einer Identität ist gleichzeitig das Vorzeichen ihres Misserfolgs.

So leben alle Identitäten, alle »Wir« und »Sie« der Nationen, Verbände, Kirchen und Freundschaften, ebenso die der Paare.

Wenn das »Wir« ganz minimal ist, zieht es sich zur Liebe zwischen zwei Menschen zusammen. Dies ist gewiss das intensivste, von der Lyrik und den Liedern verheißene »Wir«. Aber es ist auch das am wenigsten ausgedehnte, also am wenigsten singuläre: Wir entdecken sehr schnell, dass wir immer nur ein Paar neben anderen sind. Jede Liebe möchte die einzige sein: *»we are the only lovers left alive«*, um den Titel eines Films von Jim Jarmusch zu paraphrasieren.[96] Wenn dieses »Wir« jedoch seine Ausdehnung auf zwei Personen beschränkt, gibt es außerhalb von sich eine Menge anderer möglicher »Wir« auf und bereitet so seine eigene Relativierung vor: Was wir sind, sind andere ebenfalls. Wir müssten sagen können, dass alle lieben, wirft Diotima im *Gastmahl* ein:[97] Alle sind verliebt. Eine Zeit lang versuchen wir, unsere Singularität zu benennen und zu bestätigen, dass *wir nicht wir sind wie ihr*. Doch ihr sagt auch, dass ihr nicht wie die anderen seid. Die äußerst schwache Ausdehnung des verliebten »Wir« bringt unendlich viele andere »Wir« hervor und verbreitet es so ganz allgemein. Da es entdeckt, was es mit allen anderen gemeinsam hat, weitet es sich aus: Wenn wir verliebt sind, erkennen wir an, dass wir Menschen wie die anderen sind – wie all jene, die sich lieben. Unser »Wir« verliert gewiss an Intensität, was es an Ausdehnung gewinnt. Die ist die persönliche Geschichte jeder Liebe.

Tatsächlich ist die Schwäche jedes allzu weiten »Wir« ganz offensichtlich. Die idealistischen »Wir« glauben in ihrer Naivität, dass sie an Ausdehnung gewinnen, ohne jemals etwas zu verlieren. Nun ist aber »wir Tiere und Menschen« bereits weniger stark als »wir Menschen«. Solange die Tiere »die anderen« waren, trat das, was uns mit ihnen verband, in gewissem Maße deutlich hervor, und es verliert plötzlich diese Deutlichkeit, wenn wir beschließen, uns zusammen mit ihnen als gleichartige Mitglieder einer einzigen Gemeinschaft anzusehen. Nunmehr tritt das, was uns trennt, am deutlichsten hervor. Die kosmischen »Wir« entintensivieren ihr Subjekt, entleeren es von seiner ganzen politischen Substanz: Wir halten nur noch durch unsere Beteiligung am großen Ganzen zusammen, weil wir jeder etwas, ein Teil der Gesamtheit sind. Wenn wir von unserer Vernunft, unserem Empfindungsvermögen, unserem Organismus, unseren Spezifika absehen, gehen wir in eine Gemeinschaft ein, in der wir auf die gleiche Weise wie der Stein existieren. Was uns vereint, ist sehr weiträumig, dies jedoch in einer Intensität, die gegen null strebt.

Alles, was sich ausdehnt, macht seine inneren Spaltungen sichtbar. Aus diesem Grund hat zum Beispiel der Humanismus den Rassialismus als wissenschaftliches System zum Vorschein kommen lassen. Das ist kein Paradox: Je mehr der Mensch ein Ganzes war, desto besser musste man die Unterschiede zwischen den Menschen begründen. Man musste – leider – die Rasse begrifflich bestimmen und so den Preis veranschaulichen, den man für den Humanismus, der nicht nur ein Fortschritt, sondern auch ein Rückschritt war, zu bezahlen hatte.

In diesem Hin und Her, zu dem die Form des »Wir« gezwungen ist, lässt sie keine absolute Versöhnung, also kein Ende und auch keine Erstarrung zu. Wir leben in Zeiten, in denen sich unsere Identitäten verbreiten, bis die Ausdehnung, die wir ihnen geben, sie so weitgehend schwächt, dass sie sie aufspaltet. Dann erleben wir Momente der Konzentration des »Wir« rund um nahe Zentren, bis die Koexistenz mehrerer »Wir«, die einander gegenüberstehen oder ignorieren, zu ihrer langsamen Zusammenballung in irgendeiner höheren Einheit führt.

Wir sind nicht absolut, was wir wollen: Wir sind zu dieser geschichtlichen Dynamik gezwungen, die keine Wunderlösung zulässt. Da wir nicht absolut idealistisch und auch nicht absolut realistisch sind, werden wir zwischen unseren eigenen Identitäten hin und her gerissen, die sich in einer Richtung verringern, wenn sie in der anderen zunehmen. Was nach hartem Kampf als Gewinn vor uns liegt, wird stets in unserem Rücken verloren und hindert uns für immer daran, uns zu verabsolutieren, macht aus dem »Wir« zwangsläufig erzwungene, unstete und geschichtlich bedingte Identitäten, die unablässig ihre Intensität und ihre Ausdehnung aushandeln, indem sie Politik machen.

3. Kapitel

Herrschaft

Diese Auffassung des »Wir« ist berechtigt, aber naiv.

Wenn wir uns nur nach unserer Dynamik richten, sieht sie von jeder Herrschaftsform ab, welche die schöne Mechanik dieses Modells im Ungleichgewicht hält. Wir haben argumentiert, als unterhielten die verschiedenen, sich ausbreitenden und zusammenziehenden »Wir« gerechte und ausgewogene Beziehungen. Dies ist nicht der Fall, und die Naivität unseres Modells wirkt beunruhigend, denn sie erklärt nicht die einfache Tatsache, dass die Beziehungen zwischen den »Wir« nicht makellos symmetrisch sind. Gesetze, Sitten, Bräuche, Erziehung, Glaubensvorstellungen, Erbe, Produktionsverhältnisse, doch auch Geistesverwandtschaften, Kameradschaften, Abstammung, Liebes- und Freundschaftsbeziehungen führen darin *Symmetriebrechungen* ein.

Asymmetrie

Dies ist ein Gemeinplatz der Sozialwissenschaften. So vertrat etwa vor kurzem der wissenschaftliche Ausschuss eines Kolloquiums über die »Soziologie der neuen Machtverhältnisse und der gegenwärtigen Herrschaftsformen« in einem Aufruf zur Einreichung von Vorschlägen die Ansicht, dass »das, was Gesellschaft ausmacht, in erster Linie die asymmetrischen Beziehungen sind, die sich zwischen den Individuen herstellen«.[98] In einer Familie, einer Verwaltung, einer Partei, einer Kirche, einem Klub, einem Klan führen die Autoritäts- und Hierarchieverhältnisse zu bestimmten Systemen von Rechten und Pflichten, Anerkennung und Infragestellung, Verbindlichkeit und Vermittlung, Bewunderung und Geringschätzung, Gehorsam und List, die Zwang ausüben: Zwischen den »Wir« ist nicht alles gleich, und man muss sich damit abfinden, indem man es entweder annimmt oder ablehnt – oder indem man auch unablässig laviert. Diese gegebene Asymmetrie wird oft als allgemeine Herrschaftsform angesehen. Ihre Intensität variiert und ändert sich dem jeweiligen Kontext entsprechend, je nachdem, ob wir es mit Sklaverei, Leibeigenschaft, Peonage, Lohnarbeit oder Klientelismus zu tun haben und wie es außerdem den betreffenden Einteilungskategorien entspricht: soziale Klassen, doch auch Rassen, Gender oder Arten. Eine Herrschaftsform entsteht, sobald es zwischen uns, den Lebenden, ein asymmetrisches Verhältnis gibt. Dies kann eine offene, gewaltsame, physische oder eine symbolische Herrschaft, eine sehr starke oder sehr schwache Herrschaft sein: Die entsprechende Form bleibt die gleiche.

Nun ist es sehr schnell zu einer Aufgabe der Sozialwissenschaften geworden, dass sie verstehen wollen, wie und warum Individuen so weit kamen, ein Herrschaftsverhältnis anzuerkennen. La Boétie hat geschrieben: »So ist die erste Ursache der freiwilligen Knechtschaft die Gewohnheit.«[99] Damit hat er eine Reihe von nie abgeschlossenen Betrachtungen über die psychologischen Triebkräfte eingeleitet, denen die Beherrschten gehorchen, wenn sie ihren Zustand auf sich nehmen. Man kann den Standpunkt vertreten, dass die Soziologie als Wissenschaft von Durkheim oder Weber begründet wurde, um sich nicht mit einer *Psychologie* der Herrschaft abzufinden und stattdessen die Beziehungen zwischen der psychologischen Anerkennung der Herrschaft und ihrer gesellschaftlichen Durchsetzung zu untersuchen.

Daher betrifft die soziologische Frage nach den »Motiven des Gehorsams« und den »Legitimitätsgründen« schlechthin die Beziehungen zwischen dem Individuum und der sozialen Gruppe, zwischen mir und ihnen, mir und euch oder mir und uns. Im vorliegenden Werk ist unser Subjekt nun nicht ich oder ihr. Was uns mehr als der Unterwerfungsmechanismus und seine Übernahme durch die Individuen interessiert, ist das Herrschaftsverhältnis zwischen »Wir« und »Wir«. Um einen Symmetriebruch zwischen »Wir« und »Wir« zu verstehen, brauchen wir nicht zu begreifen, wie und warum die Menschen akzeptieren, sich zu unterwerfen, vielmehr müssen wir die ungleichen Bindungen zwischen einer kollektiven Identität und einer anderen definieren. Ohne dass wir uns hier für Autorität, Charisma und Hierarchie interessieren, ist es erforderlich, in unser Modell unserer selbst die *kategoriale Herrschaft* einzuführen, das heißt diese asymmetrische Einteilung unserer Identitäten durch Kategorien oder vielmehr durch das, was von ihnen übrig bleibt: strategische Hüllen. Unter »Herrschaft« verstehen wir also nicht die psychologische und soziale Situation eines oder mehrerer Individuen, die sich mit der Asymmetrie ihrer Beziehungen zu den anderen auseinandersetzen, sondern diese Asymmetrie selbst als Bruch der prinzipiellen Gleichheit zwischen verschiedenen Einteilungen derselben Kategorie, zwischen zwei Arten, zwei Gendern, zwei Rassen oder zwei Klassen.

Werden wir, um bei einer einfachen Formulierung zu bleiben, davon sprechen, dass es Herrschaft gibt, sobald eine Ungleichheit zwischen zwei Teilen ein und derselben Bildschicht unserer Vorstellungen auftritt? Nicht ganz. Wir haben uns bisher gewiss naiv verhalten, indem wir voraussetzten, dass es stets nur darum ging, uns in Teile zu untergliedern, und nicht darum, diesen Teilen ungleiche Werte zuzuschreiben. Einteilungen in sozialer Hinsicht vorzunehmen heißt, Trennungslinien, doch auch ein Profil zu erfassen, wodurch manche Schnitte den Vorrang vor anderen haben, sich erheben und die anderen erniedrigen: Dies bedeutet nicht nur, Rassen *einzuteilen*, sondern sie zu *hierarchisieren*. Davon abgesehen besteht die kategoriale Herrschaft nicht schlicht und einfach darin, Ungleichheit in unsere Einteilungen einzuführen. Man kann sogar behaupten, dass sie nicht darin bestehe, bestimmte Bevölkerungskategorien auf- oder abzuwerten, wohl aber darin, unterschiedliche Bedeutungen von »Wir« bei einer Einteilung zu artikulieren. Unter diesem Gesichtspunkt hatten wir recht, alles mit Einteilungsbegriffen zu interpretieren. Nun aber müssen wir unserem Modell einen anderen Zwang als den streng dynamischen von Ausdehnung und Intensität hinzufügen.

Welche Art von Zwang übt die Herrschaft auf unsere Einteilungen aus? Was sich der Symmetrie in einer Einteilung des »Wir« entgegenstellt, ist nicht so sehr die Auffassung von höheren Rassen, Klassen und Arten als vielmehr eine gewisse fein abgestufte Artikulation der Ungleichheit und Gleichheit zwischen den »Wir«, durch die sich jede beliebige Herrschaft auszeichnet, ob es sich nun

um die der Männer über die Frauen, der Kolonisten über
die Kolonisierten, der Weißen über die Nichtweißen, der
Gläubigen über die Ungläubigen, der Menschen über die
anderen Tiere, der Heterosexuellen über die sexuellen
Minderheiten, der besitzenden Klassen über die arbeitenden Klassen usw. handelt.

Gleichheit in der Ungleichheit

Was gibt es Gemeinsames zwischen den offensichtlichs-
ten Herrschaftsformen und denen, die am wenigsten
sichtbar und am stärksten umstritten sind? Die kategoriale Symmetriebrechung hat nichts von roher Ungleichheit,
denn zwischen dem, was als absolut ungleich angesehen
wird, wird keine Symmetrie gebrochen. Das Bild einer
Symmetrie (also einer Gleichheit) muss mit dem Bild eines
Bruchs (also einer Ungleichheit) zugleich existieren, damit wir herrschen oder beherrscht werden. Herrschen
heißt nicht zwingen – nicht nur. Wenn wir meinen, dass
wir alle Rechte haben und dass jene, die wir »sie« nennen, kein Recht haben, beherrschen wir sie nicht: Sie haben überhaupt nichts gemeinsam mit uns, wir erkennen
nichts von uns in ihnen, sie sind nur das Rohmaterial für
die Entwicklung unserer Subjektivität und die Befriedi-
gung unserer Bedürfnisse. Herrschaft beginnt mit dem
Gefühl – vielleicht dem Skrupel oder dem Gewissens-
biss –, dass es wenigstens eine Bedeutung gibt, der zufolge sie wie wir sind, dass aber diese Bedeutung der folgenden Bedeutung unterworfen bleibt, der zufolge sie es
nicht sind. Herrschaft beginnt also durch die fein abgestufte Artikulation der Ungleichheit und der Gleichheit

zwischen den »Wir«, und sie setzt einen Zwischenraum zwischen wenigstens zwei Bedeutungen von »Wir« voraus.

Nehmen wir zum Beispiel die offensichtlichste Herrschaftsform, die Sklaverei. Als Aristoteles ihre Rechtfertigung vornimmt, verwendet er große Sorgfalt darauf, innerhalb der Gemeinschaft der Menschen eine Unterscheidung zwischen Freien und Unfreien vorzunehmen: »So erhellt denn, dass einige Menschen von Natur Freie oder Sklaven sind, für welche Letzteren es auch nützlich und gerecht ist, Sklaven zu sein.«[100] Richtig verstandene Gleichheit entsteht aus der Ungleichheit der Stellung und deren Anerkennung: »Denn was von Natur dank seinem Verstande vorzusehen vermag, ist ein von Natur Herrschendes und von Natur Gebietendes, was dagegen mit den Kräften seines Leibes das so Vorgesehene auszuführen imstande ist, das ist ein Beherrschtes und von Natur Sklavisches, weshalb sich denn die Interessen des Herrn und des Sklaven begegnen.«[101] Aristoteles zufolge sind Herr und Sklave von Natur aus ungleich in ihren Fähigkeiten und in dem Maße gleich, wie jeder seinen ungleichen Fähigkeiten entsprechend behandelt wird. Die Vorstellung einer *Gleichheit in der Ungleichheit* stützt alle Diskurse zur Legitimation der Sklaverei. Nach Augustinus' Ansicht verdirbt die Erbsünde in gewisser Hinsicht die Natur[102] und leitet eine Geschichte ein, die zu Ungleichheit und Ungleichgewicht verdammt ist: Da die Geschichte unausgeglichen, somit ungerecht sei, wäre es historisch ungerecht, absolut gerecht zu sein. Die Ungleichheit sei gegeben, und wenn man ihr entgegenwirkte, würde dies immer nur darin bestehen, Ungleichheiten in umgekehrter Richtung zu reproduzieren. Die Erbsünde habe diese ungleiche Ordnung begründet, zu deren Auswirkungen die Sklaverei gehöre. Doch die Idee der Gleichheit wird deshalb nicht aufgegeben. Herrschaft ist das Ergebnis des Bündnisses dieser Idee mit der geschichtlichen Ungleichheit. Herr und Sklave können ein Gleichgewicht in ihrer ungleichen Stellung finden, die Ausdruck der zwischen den Menschen gegebenen Ungleichheit ist, sodass der Herr nicht *absolut überlegen*, sondern *absolut gleich* ist, während er gegenüber demjenigen *relativ überlegen* ist, der ihm *relativ unterlegen* ist. Dieses Ausgleichsverhältnis setzt eine natürliche Komplementarität voraus, durch die sich die meisten Herrschaftsdiskurse rechtfertigen, so etwa zwischen den Geschlechtern: Bei Aristoteles lässt sich das Weibchen mit einem verstümmelten und unvollkommenen Wesen vergleichen, denn bei der Zeugung komme der Körper vom Weibchen – und die Seele vom Männchen. Wohlbekannt sind vergleichbare Diskurse in der rassialistischen Rhetorik, oder wenn es darum geht, die Überlegenheit der menschlichen Spezies über alle anderen Arten zu beweisen. Hier geht es nicht darum, die Herrschaftsdiskurse zu verurteilen oder auch nur zu kritisieren, vielmehr soll ihr gemeinsamer Gebrauch eines bestimmten Modells des »Wir« identifiziert werden, der es uns ermöglichen müsste, zu bestimmen, wie die Herrschaft durch Asymmetrie Zwang auf unsere Einteilungssysteme ausübt.

Durch *Gleichheit in der Ungleichheit* muss jeder seinen Platz einnehmen und seine Rolle verkörpern. In dieser Hinsicht gibt es tatsächlich Gleichheit: Die Herrschenden erhalten ebenso wie die Beherrschten ihre Funktion zugewiesen. Und wenn die Herrschenden freier sind, gibt es stets einen Preis für diese Freiheit: Da ihre soziale Funktion darin besteht, frei zu sein, sind sie nicht absolut frei, sondern – wie es die müßiggängerische Aristokratie war – einer Funktion der Freiheit zugewiesen, ebenso wie den unteren Klassen eine arbeitende Funktion zugewiesen ist. Diese Letzteren gehorchen der Pflicht zu gehorchen, während die Erstgenannten der Pflicht zu befehlen gehorchen. Oder wie im Falle der klassischen Rechtfertigungen der menschlichen Herrschaft, wo die Tiere als von Natur aus natürlich angesehen werden und die Menschheit als von Natur aus sozial, die Tiere als zum Instinkt verurteilt und die Menschheit als zur Freiheit verurteilt, die Tiere als in sich selbst eingeschlossen und die Menschheit als außerhalb ihrer selbst eingeschlossen und gezwungen, ihr eigenes Wesen zu erfinden. In dieser Zuweisung, die jedem Ausdruck einer Herrschaft zugrunde liegt, gibt es eine Art von Gleichheit, sofern man nicht leugnet, dass eine Gleichheit, die sich mit ihrem Gegenteil vermischt, überhaupt keine mehr ist. Und diese gemischte Gleichheit wird nur in der Ungleichheit verwirklicht: Wir werden der Überlegenheit und die anderen der Unterlegenheit zugewiesen. Aber wir sind beide gleichermaßen einer Stellung zugewiesen.

Sie im Wir

Seit langem gibt es Debatten über den Unterschied zwischen »Abhängigkeit« und »Sklaverei«, die meistens zu der Schlussfolgerung führen, dass es keine innere Sklaverei gebe, das heißt keine Sklaverei »unter uns«. Der Sklave muss ein anderer sein, er muss zu »denen« gehören. Im *Dictionnaire des esclavages* (»Lexikon der Sklavereien«)

bietet Jacques Annequin einen Überblick über die kollektive Sklaverei in Illyrien, die Penesten in Thessalien, die Kyllyrier in Syrakus, die kretischen Klaroten oder die Gymneten in Argos: »Dies sind Völker, die aus dem Gebiet stammen, auf dem sie in Gemeinschaft leben und sich dauerhaft niedergelassen haben, deren Angehörige nicht ins Ausland verkauft werden dürfen und denen sich nur ausnahmsweise die Möglichkeit der Freilassung bietet. Sie befinden sich am unteren Ende der sozialen Stufenleiter und werden gewaltsam und zuweilen durch Erniedrigungsprozeduren in Unterjochung gehalten, und dennoch gehören sie (im Gegensatz zu den Sklaven) zu einer Gemeinschaft, in der die Individuen eine wirkliche soziale Identität haben.«[103] Sie scheinen also keine Sklaven zu sein, weil sie zur Gemeinschaft des »Wir« gehören, selbst wenn dies in mancher Hinsicht nur in geringem Maße gilt. Die Sklaven sollen hingegen in dem Maße zu den Beherrschten gehören, in dem sie vom »Wir« absolut ausgeschlossen sind. Doch diese Vorstellung kann kaum zufriedenstellen. So vertrat etwa Moses Finley die Ansicht, dass die Sklaven des Altertums niemals eine soziale Klasse gebildet haben, obwohl sie »eine logische und rechtliche Klasse«[104] darstellten; Claude Meillassoux hat die »Entsozialisation« der Sklaven[105] nachdrücklich betont; Alain Testart hob den Ausschluss der Sklaven aus einer »Dimension« hervor, »die durch die Gesellschaft als grundlegend angesehen wurde«,[106] ein Nicht-Wir unter uns. Der entmenschlichte Sklave bleibt gleichwohl menschlich – und gerade das macht aus der Sklaverei eine Herrschaft. Ebenso wie die Frau, die als niedere Verkörperung des vollwertigen Menschen angesehen wird, auch ganz und gar menschlich bleibt, um diskriminiert werden zu können. Alain Testart hat unterstrichen, dass man in Bezug auf das römische Recht oft eine unsinnige Haltung vertritt, die darin besteht, aus der Bezeichnung des Sklaven als Sache *(res)* abzuleiten, dass er aus der menschlichen Gemeinschaft ausgestoßen war. *Res* bedeute nur das Rechtsobjekt im Gegensatz zum Rechtssubjekt und habe nur rechtliche, aber keine existentielle Gültigkeit.[107] Die Menschen spalten sich in Freie und Sklaven. Und unter den Menschen bestimmen die freien Menschen die Sklaven. Es gibt also zwei »Wir«: ein »wir Menschen«, das die freien Menschen und die Sklaven umfasst, und ein »wir freien Menschen«. Herrschaft besteht in der *Affinität*, die zwischen »Wir« und »Wir« geschaffen wird, und folglich in der Auffassung von einem »Sie« im »Wir«. Genau dies sind immer Beherrschte: »Sie« im »Wir«.

Olivier Pétré-Grenouilleau zitiert folgende Klage einer Sklavin, der »Mulattin« María Gómez, die im Jahre 1776 über ihre Herren schrieb: »Ständig überhäufen sie mich mit Beleidigungen, versetzen mir Schläge und behandeln mich mit äußerster Strenge, was ihnen Menschlichkeit und Gesetze eigentlich nicht erlauben, selbst wenn man meine Lage als Sklavin und meine ganz niedrige Herkunft als Sklavin bedenkt.«[108]

Wenn man sich nach ihrer Rhetorik richtet, so gelingt es María Gómez vollkommen, das Kräfteverhältnis zu erfassen, durch das ihre Lage bestimmt ist: Sie bemächtigt sich des »Wir«, das ihr gestattet ist, des allgemeinen »Wir« der Menschheit, um ihre Gleichberechtigung als Subjekt zu verteidigen, obwohl sie zugleich anerkennt, dass ihr innerhalb von »wir Menschen« zugeteilt ist, nicht »wir«, sondern »sie« zu sein. Während die Herren doppelt »wir«, also zweimal Subjekte sind, ist sie es nur einmal – doch sie ist es trotz alledem. So fasst es 1814 eine juristische Stellungnahme zusammen, die ebenfalls von Grenouilleau zitiert wird: »Der Sklave gehört zur Gesellschaft wie jeder beliebige andere Mensch.«[109] Darin besteht kein Paradox, sondern die harte Wahrheit der Herrschaft: der Abstand zwischen einem weiten (aber schwächeren) Sinn von »Wir« und einem engeren (aber intensiveren) Sinn von »Wir«.

Die Herrschaft der Art, des Genders, der Klasse und Rasse, welche die äußeren Hüllen dieser Klassifizierungskategorien überlebt, ist also niemals auf bloße Grenzziehung reduzierbar: Sie schlüpft vielmehr in den Zwischenraum zwischen »Wir« und »Wir«, der von unserer dynamischen Logik herkommt. Immer hält sich ein enger und ein weiter Sinn dessen, was wir »Wir« nennen, weil ein notwendiger Unterschied zwischen dem intensiveren »Wir« des Realismus und dem weiteren »Wir« des Idealismus übrig bleibt. Und in dieser Kluft, dieser Spalte entsteht und wächst jede soziale Herrschaft: Wir können unsere Zugehörigkeiten zu einer Klasse, einem Gender, einer Ethnie, einer Gemeinschaft von Gläubigen, einer Partei oder einer Familie nicht begreifen, ohne darüber hinaus ein weniger starkes »Wir« zu projizieren, das zusammen mit den »Wir« eine bestimmte Zahl unter den »Sie« vereint, sodass es stets ein paar von den »Sie« in der erweiterten Vorstellung gibt, die wir uns von den »Wir« machen.

Und aus diesem »Draußen-Drinnen« bildet sich systematisch die Herrschaft heraus.

Wenn wir diese sehr allgemeine Konzeption der Herrschaft anerkennen, ist am erstaunlichsten, dass die Symmetriebrechung zwischen einem *»Wir in uns«* und einem

»Sie in uns« von der Idealisierung des »Wir« herrührt. In jeder Herrschaft gibt es Idealismus. Die notwendige Vorstellung von einem »Wir« *jenseits des »Wir«* führt tatsächlich diese Kluft ein, durch die sich ein Herrschaftsprozess konstituiert: Eine Gruppe muss anerkennen und erklären, dass sie nicht auf die gleiche Weise wie uns (in einem engeren Sinn) jene behandelt, die zu uns (in einem weiteren Sinn) gehören. In jedem beliebigen Herrschaftsdiskurs wird sogar vage zugestanden, dass wir – Schwarze und Weiße, Gläubige und Ungläubige, Juden, Muslime, Patrizier und Plebejer, Zivilisierte und Eingeborene, von hier und anderswo, von hoher und niedriger Geburt, gut und schlecht Erzogene – etwas gemeinsam haben, das als Grundlage für die Einordnung dessen, was wir nicht gemeinsam haben, dienen muss. Selbstverständlich stellt sich nun die offengelassene Frage: Wer entscheidet über die Glieder der Asymmetrie? Wer bezeichnet die starken oder höheren und die schwachen oder niedrigeren Kategorien? Die Antwort beruht auf dem Modell des »Wir«: *diejenigen, die zweimal »wir« sagen.* Es herrschen diejenigen, die über die sozialen, geistigen und rechtlichen Mittel verfügen, in zwei Bedeutungen »wir« zu sagen.

Deshalb können die Beherrschten stets einen, wenn auch beschränkten Zugang zu der Möglichkeit beanspruchen, »Wir« zu sagen und gleichermaßen wie alle anderen gehört zu werden – bis zu einem bestimmten Punkt, an dem sich zeigt, dass sie nicht die Macht haben, über dieses »Wir« zu entscheiden: »Sie in uns« sind diejenigen, die nicht wissen oder von dem »Wir« lernen müssen, was wir alle sind. Und darum werden sie beherrscht.

Da jedoch Herrschaft systematisch zwischen zwei Bedeutungen von »Wir« schlüpft und wir anerkannt haben, dass wir niemals vollständig mit uns selbst deckungsgleich werden, müssen wir dann zugeben, dass Herrschaft unvermeidlich ist? Müssen wir eingestehen, dass wir uns trotz unseres guten Willens keine politische Subjektivität vorstellen können, ohne an Herrschaftsverhältnisse zu denken? Dann würden wir zu den Realisten überschwenken, die annehmen, dass wir von asymmetrischen Verhältnissen bestimmt werden, die es stets gegeben hat und die es stets geben wird. Für die Befreiung zu kämpfen wäre so bestenfalls nur ein regulatives Ideal, das sich niemals verwirklichen wird, schlimmstenfalls nur eine gefährliche Illusion.

Entwickeln wir die Argumentation so weit wie möglich im Sinne einer Rechtfertigung der Herrschaft, als handelte es sich um einen grundlegenden Zwang von allem, was die Form des »Wir« hat.

Notwendigkeit der Herrschaft

Erkennen wir an, dass jede Beweisführung für Herrschaft auf der Vorstellung einer gerechten Ungleichheit beruht, die von einer ursprünglichen Bruchstelle zwischen »Wir« und »Wir« herrühren soll: Wir sind niemals mit uns selbst deckungsgleich, stets gibt es in uns etwas anderes als das »Wir«. Diese Überzeugung ist Grundlage für die Herrschaftsdiskurse. In der Menschheit gibt es das Andere des Mannes, das die Frau ist. In der Menschheit kommt der Andere des Weißen unter, nämlich der Schwarze. In der Menschheit kommt der Andere des freien Mannes unter, nämlich der Sklave, der Andere des Gläubigen, nämlich der Ungläubige, der Andere des Individuums, nämlich die Masse oder der Pöbel. Aber auch: In unserem Volksstamm gibt es jene, die als Abhängige oder Knechte dienen. In einem weiteren Sinne wird alles, was einem »Wir« ähnelt, in einem ausgedehnten, aber schwachen und in einem intensiven, aber eingeschränkten Sinne verstanden: Zwischen beiden gibt es einen Raum zwischen »Wir« und »Wir«. Es gibt einen symbolischen Platz für Nicht-»Wir« im »Wir«. Dieser Platz ist der der Beherrschten.

Dem entspricht ebenso die Stellung der nichtmenschlichen Tiere, wenn wir anerkennen, dass sie wie wir zur weiten und idealen Gemeinschaft der empfindenden Wesen gehören, bevor wir präzisieren, dass wir unter »Wir« in einem engeren Sinne auch jene verstehen, die fähig sind, »Wir« zu sagen, das heißt die Vertreter der menschlichen Spezies. Herrschaft über die anderen Tiere durch die Menschheit gibt es ab dem Augenblick, in dem sie das »Wir« in zwei Bedeutungen gebraucht und die anderen Tiere nicht schlicht und einfach aus der Sphäre der Subjektivität ausstößt, sie vielmehr in einem ersten Sinn einschließt und in einem zweiten Sinn ausschließt. Die Herrschaft ersetzt dann den reinen Zwang oder die reine Gewalt.

In Bezug auf »Sie« gibt es keine Herrschaft. Gegenüber den »Sie« *unter uns* wird eine Herrschaft ausgeübt, die voraussetzt, rechtmäßig zu sein und mehrere Bedeutungen des »Wir« zu artikulieren.

Doch wenn Herrschaft nichts anderes als die Artikulation von zwei Bedeutungen des »Wir« ist, dann ist sie durchaus notwendig: Man kann sie bekämpfen, sie kann ihre Form ändern (so etwa kann die Herrschaft der Männer zu einer Herrschaft der Frauen werden), doch sie wird nie verschwinden, sie ist ein grundlegender Zwang von allem, was sich als »Wir« darstellt. Es kann kein »Wir« geben, das mit sich selbst deckungsgleich ist, und der Raum, in dem sich die Herrschaft entwickelt, wird niemals ausgefüllt sein.

Das Paradox dieser Auffassung besteht darin, dass sie die Kluft zwischen Realismus und Idealismus für den Herrschaftsraum verantwortlich macht. Wenn es einen Abstand zwischen einem besonderen und einem universellen »Wir« gibt, so deshalb, weil eine Vorstellung des »Wir« existiert, die unsere besondere Identität zwangsläufig ausdehnt. Und gerade diese Vorstellung öffnet den Herrschaftsraum. Im Grunde gibt es Herrschaft, weil uns unser Idealismus zwingt, unser »Wir« über unser »Wir« hinaus auszudehnen: Was sich aus der Vorstellung des »Wir« herleitet, ohne zum realen »Wir« zu gehören, ist der Bereich der Herrschaft. Die Sklaverei als Herrschaftsform entsteht paradoxerweise aus der hochherzigen Vorstellung von der Menschheit als einer den Menschen, die frei sind, und den Menschen, die es tatsächlich nicht sind, gemeinsamen Identität: Zwischen dieser weitgefassten Menschheit und der engeren Gemeinschaft der freien Menschen erscheint ein Negativbereich. Damit wird es erforderlich, juristische und ethische Argumente zu entwickeln. Man muss ständig begründen, was es rechtfertigt, diese Kluft zwischen dem »Wir« *gegen sie* und dem »Wir« *mit ihnen* aufrechtzuerhalten. Derselbe Begriff, der einer Variation der Ausdehnung und der Intensität unterliegt, erlaubt es, unsere Feindseligkeit zu bezeichnen, und lässt zugleich unsere Gemeinschaft hervortreten.

Was die Herrschaft ermöglicht, ist zugleich das, was sie unhaltbar macht.

Notwendigkeit der Befreiung

Je weiter sich eine Herrschaft ausweitet, desto mehr Energie muss die sie legitimierende Gesellschaft aufwenden, um innerhalb des »Wir« den Unterschied zwischen dem »Sie« und dem »Wir« aufrechtzuerhalten: Dies ist ein gewaltiger theoretischer Energieaufwand, der die Produktion von Beweisführungen, Argumenten und Gegenargumenten voraussetzt; es ist auch ein juristischer, moralischer und institutioneller Energieaufwand. Und je mehr es darum geht, das »Sie« im »Wir« aufrechtzuerhalten, desto mehr zeigt sich das, was wir gemeinsam haben, und desto schwieriger wird es, das Prinzip einer Gleichheit in der Ungleichheit eher als das einer schlicht und einfach bestehenden Gleichheit beizubehalten. Es entwickeln sich Bewegungen, die Rechte einfordern. Die Vernunft kann unsere unterschiedliche Behandlung innerhalb unserer gemeinsamen Identität immer weniger begründen, und die physische Gewalt wird zum einzigen Garanten der Herrschaftsordnung, die im Lauf der Jahre schließlich nachgibt.

Es ist also ein schwerwiegender Irrtum, wenn man die Herrschaft theoretisch als notwendig begründet. Es bedeutet, den Realismus zu übertreiben und zu übersehen, dass die Realität jeder Herrschaft in sich die Vorstellung von dem trägt, was uns von ihr befreit. Die weitgefasste Vorstellung von »Wir alle« wandelt die bloße Ungleichheit in Herrschaft um: Sie bezeichnet einen über das »Wir«

hinausgehenden Zustand des »Wir«, das Andere einschließt, und so führt sie eine Asymmetrie zwischen einem
»Wir«, das doppelt »Wir« ist, und einem »Sie« im »Wir«
ein. Doch diese weitgefasste und großherzige Vorstellung von »wir alle« macht die Herrschaft auf Dauer auch
unhaltbar. Jeder Herrschaftsmechanismus lehrt die Herrschenden, die Beherrschten als zugleich ähnliche und un-
ähnliche Wesen anzusehen und sie als Ausdruck der Andersheit in unserer gemeinsamen Identität aufzufassen:
So wurden die Frauen, Schwarzen, Juden, Orientalen, Kolonisierten oder Proletarier in den modernen Herrschafts-
prozessen durch den weißen Mann des Westens angesehen.

Nun ist aber das Erlernen der Herrschaft für die Herrschenden und die Beherrschten der Schlüssel der Befreiung: Es ist die Entstehung einer gemeinsamen Vorstellung,
in deren Namen eine höhere Gleichheit in der Ungleichheit
verteidigt wird. Die Befreiung in der Herrschaft gleicht
»dem Weckruf in den Träumen«, wie es Verlaine formuliert hat:[110] Das Endziel der Herrschaft ist die gemeinsame
Vorstellung von einem »wir alle«, das als Grundlage dieser Herrschaft diente.

Allmählich lässt sich der Abstand zwischen »Wir« und
»Wir« nur noch mit Gewalt aufrechterhalten: Die Herrschaft gibt dem bloßen Zwang nach und verliert an rationaler Wirksamkeit. Während sie bisher auf Unterwerfung
durch die Wirkung der Gewohnheit, auf Erziehung und
diskursiven Konstruktionen beruhte, erweist sie sich nun
immer mehr als unerträglich.

Dies ist eine glückliche Entdeckung für jene, welche
die Gleichheit herbeiwünschen: Anscheinend tendiert die
Geschichte stets zum Zusammenbruch einer Herrschaft.

Wir sind nicht zu irgendeiner Herrschaft verurteilt, oder wir sind es vielmehr nur in dem Maße, in dem die Herrschaft nicht zu halten ist und sie selbst uns zur Befreiung verurteilt. Aus dieser Feststellung müssen wir ein tröstliches Gefühl gewinnen, denn in einem Kampf gegen die Herrschaft spielt die Herrschaft auf längere Sicht gegen sich selbst, indem sie zwangsläufig die erweiterte und egalitäre Vorstellung des »Wir« vorführt, durch die sie sich verurteilt.

Zum Nachteil der Befreiungspolitiken wird unsere theoretische Freude von kurzer Dauer sein. Denn es gibt ein Gegenstück dieser vorteilhaften Logik: Im Verlauf der Geschichtsprozesse, durch die Herrschaften gestürzt werden, werden die Herrschaften weniger deutlich, und in dem Maße, wie sich unsere Einteilungssysteme vermischen, zeigt sich, dass der Unterschied zwischen der *Herrschaft* und dem *Herrschaftsgefühl* zunehmend verschwindet.

Reale Herrschaft, Wirkungen der Herrschaft und Herrschaftsgefühl

Wir waren zuerst naiv, weil wir von der Herrschaft absahen, und jetzt sind wir naiv, weil wir der Eindeutigkeit der Herrschaft vertrauen.

Jede Herrschaft erweckt ein Gefühl (der Ungerechtigkeit), durch das wir uns für »berechtigt« halten: Wenn man beherrscht wird und somit entmachtet ist, bedeutet dies zwangsläufig, dass man sich selbst das Recht zuspricht, mehr tun zu können; beherrscht zu werden bedeutet, dass man sich beispielsweise *als Reaktion* das Recht auf – verbale oder physische – Gewalt zuspricht, deren Legitimität man bei den anderen nicht anerkennen würde. Gerade das Gefühl, beherrscht zu werden, führt dazu, sich selbst als berechtigt anzusehen, weil man von den anderen entmachtet wird. Das Herrschaftsgefühl, das von der realen Herrschaft ausgeht und das man hinsichtlich der unterschiedlichen Behandlung mehrerer Gruppen objektiv feststellen kann, hat nun die Tendenz, sich im Verlauf der Geschichte zu verselbstständigen und sich von der realen Herrschaft abzulösen.

Dies hat im Verlauf der Emanzipationsbewegung der Frauen zum Maskulinismus geführt, der in einer Verteidigung der Rechte und Interessen der Männer nach dem Vorbild des Feminismus besteht. Dies hat heute die Vorstellungen von einer umgekehrten sexuellen Herrschaft, einer »bemutternden und kastrierenden Gesellschaft« bewirkt, wie es der Formulierung entspricht, die Philippe Muray[111] in Bezug auf devirilisierte Männer mehrmals verwendet. Natürlich können wir diese Diagnose infrage stellen und den Standpunkt vertreten, dass sie reaktionär sei[112] und beispielsweise auf der Vorstellung beruhe, Männer seien von Natur aus viril. Oder wir können annehmen, dass es sich um eine perverse Haltung handele, die reale, seit Jahrhunderten andauernde und für manche Frauen immer noch fortbestehende Ungleichheiten und ein einfaches, sich aus dem Verlust der männlichen Privilegien ergebendes kindisches Gefühl der Demütigung gleichstelle. Wenn man einen solchen Diskurs vorträgt, muss man über Beweise verfügen, die es erlauben, zwischen realer Herrschaft und einer eingebildeten Gegenherrschaft zu unterscheiden. Es gibt die entsprechenden Beweise, und die Argumente, die manche Feministinnen gegen Maskulinisten vorbringen, sind sicher zulässig.

Nur, und in diesem Moment schnappt die unausweichliche Falle zu, die dem Herrschaftsbegriff selbst in der geschichtlichen Bewährungsprobe eigen ist, *je mehr man die reale Herrschaft beweisen muss, desto mehr muss man kämpfen, um eine bestimmte Herrschaftsdiagnose durchzusetzen* (der Männerherrschaft, der kolonialen und postkolonialen Herrschaft usw.). In diesem Kampf darum, unsere Diagnose des Herrschaftszustandes gegen den von »ihnen« durchzusetzen, bekommt die Gegenherrschaft zwangsläufig Herrschaftswirkungen. Selbstverständlich weigern wir uns zuerst, sie zu sehen, denn im Namen der von uns bekämpften Herrschaft »halten wir uns für berechtigt«: Aber es gibt diese Wirkungen, denn man setzt keine Herrschaftsdiagnose durch, ohne selbst ein wenig (geistig, symbolisch, medial) zu herrschen. Daher, und dies ist in der Geschichte stets der Fall, lässt sich das Herrschaftsgefühl nicht mehr von der realen Herrschaft unterscheiden. Wir können durchaus meinen, dass wir über objektive, wissenschaftliche, zahlenmäßige Beweise für die Herrschaft der einen über die anderen verfügen – unsere eigene Stellungnahme hat ungewollt Herrschaftswirkungen, so rechtmäßig sie auch sein mag. Und das Gefühl, beherrscht zu werden, wird zunehmend das, was bei uns am meisten geteilt wird.

Allmählich zeigt sich, dass sich Herrschaft nicht einfach beweisen lässt, denn man spürt sie. Wer auch immer behauptet, er brauche lediglich Zahlenangaben, Statistiken, Meinungsumfragen und Gesetzestexte, um die Objektivität einer Herrschaft festzustellen, setzt sich der Gefahr eines schrecklichen Scheiterns aus, denn es kommt zwangsläufig eine Zeit, in der er mithilfe von etwas anderem als Tatsachen zeigen muss, was die herrschende Homophobie und Islamophobie, den Antisemitismus und den gegen die Roma gerichteten Rassismus, die Negrophobie oder Diskriminierungen von Behinderten, den Frauenhass, die Transphobie, die Klassenverachtung, die Leugnung der Empfindungsfähigkeit von Tieren oder wenn man sich anderen politischen Lagern hinzurechnet, was den Hass gegen die Reichen und Erfolgreichen, den Neid auf Unternehmer und die Tyrannei der Minderheiten bestätigt. Und um diese Diagnosen abzusichern, muss man ein Gefühl notgedrungen mithilfe von Aussagen politisch Verantwortlicher, von Berichterstattungen in den Zeitungen, von Dingen, die wir in unserer Umgebung gesehen und gehört haben, von aufschlussreichen Anekdoten, von Handlungen oder Worten, die man im öffentlichen Raum, in den Medien, bei Familientreffen, in den sozialen Netzwerken wahrgenommen und ausgewählt hat, messen und quantifizieren. Es wäre Heuchelei, wenn man leugnete, dass sich diese intuitiven Diagnosen mit der methodischen Beschreibung der Herrschaften vermischen. Nun machen aber diese Diagnosen schrittweise Realität und Gefühl der Sache ununterscheidbar, und es wäre vergeblich, wenn man diese fehlende Unterscheidung durch irgendeine wissenschaftliche Methode infrage stellen wollte. An dem Punkt, zu dem wir bei der Auflösung unserer Klassifizierungskategorien gelangt sind, erweist sich lediglich, dass die Herrschaft nicht mehr ein Objekt ist, das sich objektiv erfassen lässt und das es ermöglicht, deutlich zwischen Herrschenden, die beanspruchen, Herrschende zu sein, und Beherrschten zu unterscheiden, die sich ihrer Identität als Beherrschte be-

wusst sind. Wir sind in ein Stadium der Herrschaftsgeschichte gelangt, in dem der Fortschritt der Befreiung auf
vielen Ebenen im Zusammenspiel mit der Auslöschung
der genauen Kategoriengrenzen als Reaktion zwangsläufig ein verallgemeinertes Herrschaftsgefühl hervorbringt. Der Herrschaftsbegriff verliert an Relevanz, wenn
die Herrschenden nicht mehr vollständig akzeptieren,
Herrschende zu sein, »Wir« im »Wir« zu sein, sondern
sich auf symbolischen Ebenen auch als Beherrschte fühlen. Sie fühlen sich zugleich als andere, weil sie Privilegien verloren haben und weil es innerhalb des »Wir« zu
einer Umkehrung zwischen »Wir« und »Ihnen« gekommen ist.

Die gegenwärtigen Themen des anti-weißen Rassismus, des Maskulinismus, der Verwandlung der Mehrheit
in eine Minderheit durch den Lobbyismus der Minderheiten und der *political incorrectness* werden deshalb nicht
legitim. Doch diese Thematisierungen müssen als reale
Symptome einer solchen Situation verstanden werden,
durch die jene Herrschaftsformen, die Symmetriebrechungen zwischen den »Wir« waren, uns nunmehr symmetrisch erscheinen. Wir sind deshalb nicht gleich geworden, bei weitem nicht. Aber alle Identitäten haben durch
die Einleitung moderner Befreiungsprozesse (der Frauen,
der ethnischen und rassischen Minderheiten, der Kolonisierten, der sexuellen Minderheiten) einander allmählich
durch Herrschaft und Gegenherrschaft geantwortet und
die Trennungslinie zwischen konkreter und symbolischer
Herrschaft ausgelöscht. Es bleibt ein im Wesentlichen strategisch gebrauchtes Herrschaftsgefuhl ubrig, mit dem jeder versucht, sein Recht anerkennen zu lassen, und sich
als berechtigt ansieht, das heißt unablässig die politische,

gleichermaßen verbale und physische Gewalt moduliert, die er sich nach der Maßgabe dessen erlaubt, was er als sein Gefühl ansieht, von den anderen in die Minderheit gedrängt zu werden.

Strategische Minderheit

Aus diesem Grund hat sich der politische Schwerpunkt allmählich von der Verteidigung der Rechte oder Pflichten der einen und der anderen auf den Kampf verlagert, unsere Diagnose gegen die von »denen« durchzusetzen. Wenn man die in der Gegenwart relevanten Informationen auswählt und ordnet, ist es das erste Ziel einer antikapitalistischen Politik, die Herrschaft des Kapitalismus täglich zu beweisen, damit wir zuletzt nicht an die ideologischen Diskurse glauben, denen zufolge der Klassenkampf unzeitgemäß sein soll; das Ziel einer nationalpatriotischen Politik ist es, Tag für Tag die unerträgliche Herrschaft der europäischen Institutionen, der amerikanischen kulturellen Hegemonie, des Kosmopolitismus, der Abschaffung der Grenzen und der die nationale Identität der Völker zerstörenden Migrationspolitiken zu veranschaulichen; das Ziel einer liberalen Politik ist es, die Vorstellung durchzusetzen, dass der Etatismus, die korporatistischen und gewerkschaftlichen Archaismen und die nationalen Verkrampfungen die Oberhand gewonnen haben; das Ziel der Antispeziesisten ist es, zu verdeutlichen, dass der Speziesismus vorherrscht; das Ziel der Humanisten ist es, klarzumachen, dass das Empfindungsvermögen oder die Sentimentalität gegenüber den anderen Arten zum Nachteil unserer eigenen majoritär geworden sind; der Verteidiger der Laizität kämpft darum, offen zu zeigen, dass die religiösen Identitäten beinahe überall gesiegt haben; der Gläubige setzt sich dafür ein, dass die Hegemonie einer autoritären und aggressiven Laizität anerkannt wird; die LGBTIQ-Aktivisten gehen an die Front, um das Bewusstsein für die sichtbare und unsichtbare Herrschaft der Homophobie und Transphobie zu wecken, während die Gegner von gleichgeschlechtlichen Ehen kämpfen, um der Öffentlichkeit ihre Diagnose vorzustellen, der zufolge heute eine homophile Ideologie gesiegt haben soll. So hat denn in einem demokratischen System die Minderheit eine strategische Rolle bekommen.

Selbstverständlich bestehen die realen Herrschaftsverhältnisse weiter. Sie sind nicht beseitigt. Doch der Begriff »Herrschaft« selbst erlaubt es nicht mehr wirklich, die Positionen objektiv zu unterscheiden, denn sie alle nutzen ihn nun rhetorisch. Um seine Identität neu zu begründen, überzeugt sich jeder davon, dass er beherrscht wird. Aus diesem Grund wird die Befreiung durch ihre eigenen geschichtlichen Effekte unausweichlich behindert oder sogar zum Stillstand gebracht. Die Herrschaft trägt in sich das, was ihr ein Ende setzen kann, doch die Befreiung trägt ebenfalls in sich das, was sie am Ende verhindert.

Denn gerade die Tatsache, eine Herrschaft zu kritisieren, macht es erforderlich, zu kämpfen und unserer Diagnose über diese Herrschaft zum Sieg zu verhelfen, also sich in ein geistiges und politisches Kräfteverhältnis zu begeben, um allen aufzuzwingen, was wir für den Zustand des »Wir« halten und gerade dadurch das partikulare Bild, das wir uns von den Beziehungen zwischen uns allen machen, zu universalisieren. Dieses Bild kann wahr sein. Das ändert nichts an der Tatsache, dass man es gewaltsam anerkennen lassen muss. Jeder, der mithilfe von theoretischen Texten, Kunstwerken, Gesetzestexten und Lehrplänen seine Auffassung vom Zustand des »Wir« anerkennen lässt, bringt indirekte Herrschaftseffekte hervor. Der Betreffende kann gutwillig sein, und trotzdem entziehen sich ihm diese Auswirkungen. Die Herrschenden oder jene, die als solche angesehen werden (man weiß es nicht mehr ganz genau: so etwas kann von einer Bildschicht zur anderen variieren), sind nie davon entlastet, die von den Beherrschten vermittelte Auffassung des »Wir« zu akzeptieren. Sie fühlen sich von der Geschichtserzählung als »sie« bezeichnet, und obwohl sie sich wenigstens teilweise als Herrschende behaupten, machen sie die Erfahrung, von der Diagnose der anderen beherrscht zu werden. Diese Geschichtserfahrung, die oft in jenen Ländern festgestellt wird, wo eine Kolonisation stattgefunden hat (dabei denken wir zum Beispiel an die Békés – die weiße Minderheit auf den französischen Antillen – oder an die Pieds-Noirs – die »Schwarzfüße«, d. h. die Algerienfranzosen –), macht die Herrschaft zunehmend umkehrbar und relativ, wenigstens als Gefühl, bis zu dem Augenblick, in dem sich das Gefühl nicht mehr allzu sehr von dem unterscheidet, worauf es sich bezieht.

Dies ist das ganze Drama der Vorstellung von Herrschaft, die als Prinzip der politischen Einteilung zwischen den »Wir« tatsächlich nur so lange Geltung hat, wie die Herrschenden ein Interesse daran haben, sich als solche darzustellen. Sobald der Begriff frei benutzbar wird, ermöglicht er es nicht mehr, die Gesellschaft und die einzelnen Bildschichten unserer Vorstellungen von uns selbst richtig zu interpretieren. Er ist dann nur noch das Zeichen für das klare Bewusstsein eines jeden in Bezug auf seine Stellung als Beherrschter auf einer Ebene und für seine Blindheit in Bezug auf seine Position als Herrschender auf einer anderen Ebene. Es ist nicht mehr möglich, über eine Herrschaftswissenschaft zu verfügen. Man kann immer wütend reagieren und es für unerträglich halten, dass das Gefühl der Rassisierung durch diejenigen »missbraucht« wird, die selbst Rassisten waren, und dass diejenigen, die Frauen unterdrücken, sich nun selbst von ihnen unterdrückt fühlen. Doch diese Empörung kann mit hoher Wahrscheinlichkeit unbegründet sein, und sie verhindert es, die tiefe Logik des Herrschaftszwangs, diese Asymmetrie zwischen den »Wir« zu erfassen, die nicht notwendig ist und bekämpft werden kann, aber nur unter dieser Bedingung: in dem Maße, wie das, was gegen eine Herrschaft erkämpft wurde, durch ein Herrschaftsgefühl ersetzt wird, das die Herrschaft undurchschaubar und verworren macht und das es immer weniger erlaubt, klare Unterscheidungen zu treffen, um zu ermitteln, wer unter uns privilegiert und wer benachteiligt ist.

Es geht nicht darum, Relativist zu sein und zu versichern, Herrschaft sei absolut reversibel. Doch nun verstehen wir etwas besser, mit welcher zugleich einfachen und komplexen Logik das, was durch eine umfassendere und gleichartigere Vorstellung des »Wir« gegen die Herrschaft gewonnen wird, am Ende allmählich gegenteilige Wirkungen haben kann. Diese Wirkungen verlangsamen die Befreiung, verhindern ihren geschichtlichen Sieg und unterbinden die Verwirklichung des idealistischen, egalitären und versöhnten »Wir«.

Wenigstens dies können wir daraus schließen: Die

Herrschaft ist keine notwendige Bedingung des »Wir«, wohl aber die Herrschaftsgeschichte. Wir können uns vollkommen ohne Herrschaft, alle frei und gleich vorstellen; da wir jedoch bisher nicht gleich gewesen sind, ist die Herrschaft eine unabänderliche Symmetriebrechung, die selbst aus der Befreiung eine Art von Gegenherrschaft macht, sodass die Befreiung, so gutwillig sie auch sein mag, gegenteilige Wirkungen hervorbringt, indem sie auf die Herrschaftsgeschichte reagiert. Sagen wir es so: Es ist nicht notwendig, dass unser »Wir« eine ungleiche und ungerechte Struktur hat; da wir jedoch das Produkt einer ungleichen und ungerechten Geschichte sind, kann unsere Befreiung (die der Menschen, die aller Lebewesen) jetzt und in Zukunft nur ungleich und ungerecht sein.

Betrachten wir ein Beispiel.

Die Geschichte der Sklaverei ist zu einem politischen Schlachtfeld geworden, das offenbart, wie weitgehend die Herrschaftsgeschichte unsere Vorstellungen von uns selbst aus dem Gleichgewicht bringt, wobei sie sich einer Seite zuneigen und sich durch eine übermäßige Bewegung in der umgekehrten Richtung wieder ins Gleichgewicht bringen.

Herrschaftsgeschichte als Schlachtfeld

Die »Globalgeschichte« bezeichnet in der angelsächsischen Welt seit zwanzig Jahren die Rückkehr zu sehr »großen« Erzählungen, die auf Braudel zurückgehen und es erlauben sollen, alle möglichen transnationalen Phänomene zu erklären. Damit stellen sie die tradierten historischen

Einteilungen und die traditionellen Kulturräume infrage und treten zugleich gegen eine eurozentristische Geschichtsschreibung an – mit der postkolonialen Hoffnung, »Europa zu provinzialisieren«[113] und die Geschichte aus der Sicht der Besiegten neu zu schreiben.[114]

Doch die Wirkungen stehen manchmal im Widerspruch zu den Absichten. So stellen etwa die größten Anhänger der postkolonialen Kritik oft die Möglichkeit ganz infrage, eine globale Geschichte dieses besonderen Gegenstandes, nämlich der Sklaverei, zu schreiben. Eine solche Operation würde voraussetzen, den Sklavenhandel der Europäer, den arabisch-muslimischen und den innerafrikanischen Sklavenhandel auf die gleiche Stufe zu stellen. Dazu müsste nun gehören, sich mit Zahlenvergleichen zwischen diesen drei Formen zu beschäftigen und vor allem zu behaupten, dass der europäische Sklavenhandel der zahlenmäßig am wenigsten bedeutende gewesen wäre. Dies entlastet ihn nicht im mindesten, doch der Vergleich wirkt sich direkt oder indirekt politisch günstig für jene aus, die stillschweigend annehmen, die muslimische Welt habe *mehr* mit Sklaven gehandelt oder die afrikanischen Bevölkerungsgruppen hätten sich *zuerst* gegenseitig versklavt, also müsse sich das weiße Europa nicht als Erstes auf einen Bußprozess einlassen.

Da manche den globalen Ansatz als theoretische Voreingenommenheit infrage stellen, die dazu führe, derartige reaktionäre Diskurse durch einen unangebrachten Vergleich zu legitimieren (wobei sich dieser aus einem falschen Universalismus ableite), entscheiden sie sich für eine andere Position. Sie ziehen es vor, für die irreduziblen Besonderheiten jeder Form der Sklaverei einzutreten und den Begriff aufzulösen, selbst wenn sie sich der Gefahr des Relativismus aussetzen – jede »Raum-Zeit« habe ihre Spezifik, also ihre eigene Sklaverei. Es könne keine »globale« Sklaverei als allgemeine anthropologische Realität geben. Der Idee von »differenzierten Raum-Zeiten«[115] liegt die Auffassung von vielgestaltigen Sklavereipraktiken zugrunde, die man nicht in einen Topf werfen dürfe, weil man sonst inkommensurable Realitäten miteinander vergleiche. So dürfe Leibeigenschaft oder Entführung in manchen westafrikanischen Gesellschaften nicht unter denselben Begriff wie die Sklaverei des »Negerhandels« subsumiert werden, der die Konstruktion des »Negers« als des *Anderen* durch das weiße Subjekt voraussetze.

Man versteht, dass es bei der Differenzierung zwischen dem globalen Ansatz und einzelnen Raum-Zeiten, zwischen dem Universellen und den Partikularismen um eine strategische Auseinandersetzung über die Herrschaftsgeschichte geht. Jeder wirft dem anderen vor, eine Methode zu befürworten, die einen bestimmten politischen Diskurs über die Gegenwart (in diesem Fall: über den Teil an Verantwortung, den der europäische Sklavenhandel für die heutige Armut des afrikanischen Kontinents trägt) legitimieren soll.

Doch es gibt eine zweite Auseinandersetzung in der Geschichtsschreibung. Sie bezieht sich nun auf die Definition des Begriffs selbst. In *Qu'est-ce que l'esclavage?*[116] verteidigt Olivier Pétré-Grenouilleau die klassische Position, der zufolge das, was sich leicht begreifen lässt, auch leicht denken lässt, und er fügt die modernere Auffassung hinzu, dass das, was sich leicht denken lässt, eindeutig bekämpft werden kann. Nach seiner Ansicht geht es darum, die Sklaverei zu verurteilen, doch vor allem darum, dass man weiß, was man dann verurteilt. Der Autor sucht in seinem Buch, in dem er es nie unterlässt, Gemeinschaftssklaverei, Peonage, Zwangsarbeit, Lohnarbeit, Dienstverhältnis oder Klientelismus als einzelne Unterkategorien zu unterscheiden, ständig nach einer Trennungslinie zwischen dem Begriff der Sklaverei (»der Sklave ist ein Mensch, den ein anderer besitzt«[117]) und dem, was in den jeweiligen Variationen als Metaphern der Sklaverei in der Alltagssprache oder im heutigen politischen Wortschatz erscheint: »Der Begriff ist heute zum Synonym für eine Ausbeutungsform des Menschen und für eine Beeinträchtigung der individuellen Freiheit im Allgemeinen geworden. So können Opfer von industriellen Standortverlagerungen als ›moderne Sklaven‹ bezeichnet werden, während der Süchtige zum ›Sklaven‹ seiner Leidenschaft wird.«[118]

Grenouilleau macht in seinem Werk der zunehmenden Metaphorisierung der Sklaverei den berechtigten Vorwurf, dass sie dieses Wort lediglich in einen kritischen Hilfsbegriff verwandelt, um *jede* Beherrschung des Menschen durch den Menschen zu bezeichnen, und dass sie nicht mehr imstande ist, eine Trennungslinie zwischen einer bestimmten Ausbeutungsform, die man »Sklaverei« nennen muss, und den übrigen zu ziehen. Olivier Pétré-Grenouilleau stellt fest, dass diese Form am Ende des Neolithikums auftauchte, bevor sie sich in großem Umfang ausbreitete, ohne dass sie jemals absolute Allgemeingültigkeit erhielt: Sie unterliege vielfältigen Wandlungen, Variationen, Niedergangs- und Erneuerungsphasen, und erst mit der Entstehung der modernen abolitionistischen Bewegung sei sie wirklich zurückgegangen.

Olivier Pétré-Grenouilleau glaubt daran, dass der Historiker in den Sprachgebrauch eingreifen und somit einem Wort seinen Sinn als Begriff zurückgeben könne. Doch wenn man dem Wort seine Konnotationen nimmt, droht die Gefahr, dass man es für diejenigen, die es als Waffe benötigen, um seine kritische Potenz bringt. Dem Kommunismus, der gegen die scheinbar freie und vertragsmäßige Ausbeutung der Arbeiter durch den Kapitalismus auftritt, ermöglicht so der Zusammenhang zwischen Sklaverei, Leibeigenschaft und Lohnarbeit in der marxistischen Tradition, sich zum Erbe der Sklavenrevolten zu bekennen. Dabei denkt man vor allem an die Spartakusbewegung Rosa Luxemburgs und Karl Liebknechts, die ihren Namen von dem Sklavenrebellen Spartakus ableitete. Für die Befreiungskämpfe kommt der Metapher der Sklaverei maßgebliche Bedeutung zu: Jede Herrschaft muss auf eine Form der Sklaverei zurückgeführt werden.

Dabei kommt es nun zur dritten und letzten Auseinandersetzung in der Geschichtsschreibung. Sagen wir, dass es bei dieser Auseinandersetzung um *Gerechtigkeit* geht. Wenn man die zuweilen gemäßigten (von Pap N'Diaye[119]) und die zuweilen heftigen Kritiken (von Odile Tobner[120]), die sich gegen das vorhergehende Buch Olivier Grenouilleaus richteten, aber auch, wenn man verschiedene Werke der *Postcolonial Studies* über diese Problematik liest, stellt man fest, dass sich zwei Konzeptionen der historischen Gerechtigkeit abzeichnen: Nach Ansicht der ersten kann der Historiker versuchen, gerecht zu sein; nach Ansicht der zweiten führt der Historiker, der sich angesichts einer ungerechten Situation für gerecht hält, immer nur die Ungerechtigkeit weiter, das heißt, er dient ideologisch den Siegern, entlastet sie von ihrer gegenwärtigen Verantwortung und übt etwas mehr Druck auf die Geknechteten und ihre Nachkommen aus. Diejenigen, die eine globale Geschichte der Sklaverei kritisieren, indem sie versuchen, alle Formen der Sklaverei zum Schaden von Bevölkerungen, deren Nachkommen heute immer noch unterdrückt werden, gerecht einzuschätzen, übernehmen implizit diesen Grundsatz: *Der Historiker kann nicht gerecht sein, weil es die Geschichte nicht gewesen ist*. Aus dieser Sicht müsste man selbst die Möglichkeit infrage stellen, die Auswirkungen der Sklaverei zu bewerten oder nach dem Nutzen der Sklaverei zu fragen, was im Allgemeinen dazu führt, dieses Phänomen wenigstens teilweise zu verstehen, es also historisch rational erscheinen zu lassen (und somit ein wenig zu rechtfertigen).

Man könnte zwei Konzeptionen der theoretischen Gerechtigkeit einander entgegenstellen: die Gerechtigkeit der *Feststellung* und die Gerechtigkeit der *Wiederherstellung*. Die erste berücksichtigt die Fakten, Zahlen, Dokumente und Zeugnisse und versucht festzustellen, was geschehen ist, wie und warum es geschehen ist, also Begriffe zu definieren, Invarianten zu finden, die Identität bestimmter Phänomene durch Raum und Zeit über die Besonderheiten hinaus herauszuarbeiten, zu vergleichen, zu bewerten und gerechte Schlüsse zu ziehen.

Die Vertreter der zweiten Position gehen davon aus, dass sich historische Gerechtigkeit nicht feststellen lässt, *weil die Geschichte nicht gerecht ist*, weil sie von der Herrschaft, Ausbeutung und Autorität der Mächtigen geprägt und von den Siegern (den Männern, Weißen, Europäern, Besitzenden) geschrieben wird; also sollte die einzig wahre Ethik des Historikers darin bestehen, *das Gleichgewicht wiederherzustellen* und für Kompensation zu sorgen, das heißt, die Phänomene ungleich zu behandeln. Von diesem

Standpunkt aus wäre es nicht gerecht, alle Sklavereien – die des kolonisierenden Europa und die von afrikanischen Völkern anderen afrikanischen Völkern aufgezwungene – gleich zu behandeln. Dadurch würde scheinbare Unparteilichkeit schließlich stets einer ideologischen Sache dienen: den Westen vom Schuldgefühl zu befreien und den ehemaligen Kolonisierten ein Schuldgefühl einzuflößen.

Nun ist es durchaus nicht sicher, dass sich ein Kompromiss zwischen diesen zwei historischen Gerechtigkeiten finden lässt.

Die Geschichtsschreibung ist zu einem Schlachtfeld geworden, auf dem sich die reale, unbestreitbare Herrschaft, die Herrschaftseffekte des Historikerdiskurses und das Herrschaftsgefühl der Nachkommen aller Akteure der Vergangenheit nicht mehr unterscheiden lassen. Wir wollen versuchen einzuschätzen, um welche unversöhnliche Auseinandersetzung es hier geht, ohne dass wir Partei ergreifen. Dies ist zumindest eindeutig: In dem Maße, wie die Geschichte grundsätzlich eine Geschichte der Herrschaft, Ungleichheit und Ungerechtigkeit ist, gibt es keine absolut gerechte Lösung für die Geschichte, es gibt nicht einmal eine ganz gerechte Position gegenüber der Ungerechtigkeit, die früher begangen wurde. Warum? Weil »Wir« tatsächlich eine Form bezeichnet, die auch in die Vergangenheit eindringt, durch die sich die Menschen mit den Toten identifizieren, wobei sie die an ihnen verübten Ungerechtigkeiten nur wiedergutmachen können, indem sie für jene, als deren Erben, Nachkommen und Vertreter sie sich einschätzen, Gerechtigkeit fordern. Zwischen einer *Gerechtigkeit der Wiederherstellung*, die von der Gegenwart verlangt, das Gleichgewicht auf einer Waage wiederherzustellen, auf der die Ungerechtigkeiten der Vergangenheit gewogen werden, und einer *Gerechtigkeit der Feststellung*, die sich bemüht, in einem gegebenen Augenblick gerecht zu sein, ist nie eine Versöhnung möglich. Gerechtigkeit zwischen den »Wir« wiederherzustellen bedeutet, die unermessliche Ungleichheit der Vergangenheit durch eine umgekehrte gegenwärtige Ungleichheit in der Hoffnung zu kompensieren, ein neues Gleichgewicht für unsere Geschichte zu schaffen; Gerechtigkeit festzustellen heißt nicht, den Ballast der vergangenen Herrschaft einzuschätzen und zu versuchen, in der Gegenwart mit den Lebendigen unparteiisch zu sein. Die erste Position ist in der Gegenwart ungerecht, während sie im Verlauf der Geschichte gerecht ist, die zweite geht hingegen ungerecht mit der Geschichte um und ist gerecht in der Gegenwart. Jede Leistung der Vermittlung vermindert die Nachteile der einen Position, erkauft sie jedoch mit denen der anderen Position.

Deshalb können wir diese Lehre daraus ziehen: Herrschaft ist nicht notwendig, doch die Herrschaftsgeschichte ist es, und sie bringt unsere Identitäten so sehr aus dem Gleichgewicht, dass es uns unmöglich ist, eines Tages ganz und gar gerecht zu sein. Nie wird es ein Gleichgewicht geben, denn dadurch dass die Toten Ungerechtigkeit erlitten haben, ist es uns verboten, eines schönen Tages befreit, gerecht und von jeder Herrschaftsform endgültig entlastet zu sein. Die wahre Asymmetrie ist nicht so sehr die von der Herrschaft bei uns eingeführte, die man bekämpfen kann, als vielmehr die von Geschichte und Erinnerung an die Herrschaft bewirkte, die jeder Gerechtigkeit den Anstrich der Ungerechtigkeit, jeder Gleichheit den der Ungleichheit, jeder Befreiung den von Herrschaftswirkungen gibt, weil das »Wir« in die Zeit eindringt und zwischen Toten und Lebenden unerwartete Verpflichtungen und Solidaritäten einführt, die uns die Einbildung verbieten, in Zukunft vollkommen gleich zu sein.

Da die Klassifizierungskategorien *entgründet* wurden und wir unsere Identitäten nicht endlos ausweiten oder zusammenziehen können, schließen wir uns alle mithilfe von eingebildeten Identifikationen zusammen, welche die Toten mit den Lebenden vermischen. Dadurch wird unser Zugehörigkeitsgefühl gestärkt, das durch das Gefühl, in der Minderheit zu sein, etwas verworren wirkt. An dem Punkt, an den wir mit unserer Erzählung gelangt sind, bilden sich so unsere »Wir« heraus und führen zu jenem Zustand der Verwirrung, der, wie uns schien, die Überlagerung unserer Identitätsbildschichten am Anfang des vorliegenden Werks kennzeichnete. Was uns jedoch damals fehlte, war die Bedeutung von Herrschaftsdynamik und -geschichte als unseren Bildschichten auferlegten Bedingungen. Nun, da sich uns diese Zwänge offen zeigen, begreifen wir, dass das, was in unseren Augen nur ein Spiel der Identitäten war, tatsächlich ein Krieg ist. Es ist *der Krieg des »Wir« gegen das »Wir«*, zu dem wir gelangen, nachdem wir unser Modell fertigkonstruiert haben.

Der Krieg des »Wir« gegen das »Wir«

Was verstehen wir unter diesem »Krieg des ›Wir‹ gegen das ›Wir‹«, der an den von Hobbes beschriebenen »Krieg aller gegen alle«[121] anknüpft? Dieser Krieg stellt nicht eindeutig zwei Lager einander gegenüber, sondern teilt alle unsere Bildschichten, durchquert sie und konfrontiert um uns und in uns selbst alle möglichen Zugehörigkeiten, die die Hüllen unserer alten Klassifizierungskategorien sind, das was von unseren Arten, Gendern, Rassen, Klassen, Altersgruppen übrig bleibt, die von der Herrschaftsgeschichte aus dem Gleichgewicht gebracht und fragwürdig wurden: Es gibt keine Zusammenziehung rund um eine kleine Gruppenidentität und auch keine Ausbreitung einer universellen Identität.

Nehmen wir das Bild des »Wir« wieder auf, mit dem das Buch eingeleitet wurde: konzentrische Kreise und Ausschnitte, die sich überlappen, Trennungslinien zwischen den »Wir«, die unseren Bildschichten und ihrer Prioritätsordnung entsprechend variieren. Wir wissen, dass diese voneinander entsolidarisierten Bildschichten die phantomhaften Reste unserer Klassifizierungskategorien sind, die – vielleicht vorübergehend – ihre Grundlage verloren haben. Dies sind unsere Darstellungsebenen, die von dem, was sie darstellen, abgelöst wurden: tote Art-, Gender-, Rassen-, Klassen-, Alters- oder Generationshüllen, die uns dazu dienen, auf der Basis unserer eigenen Wirklichkeit politische Linien und Grenzen anzubringen, um Konturen zu gewinnen und uns nicht nur als reine Singularitäten, sondern auch als Besondere zu unterscheiden, die sich in Gruppen versammeln. Diese Identitäten, deren Prioritätsordnung den Vorstellungen entsprechend variieren kann, die wir uns von ihnen machen, kamen uns zunächst wie ein freies Spiel des »Wir« vor.

Wenn wir nun nicht länger naiv sind und diesem Modell Bedingungen hinzufügen, denen sich keiner von uns entziehen kann, gleicht das Spiel einem Krieg: Da es keinen Ausweg für unsere Ausdehnung und für unsere Verengung gibt, sind wir dazu verurteilt, uns innerlich zu teilen, wenn wir uns ausbreiten, und wir sind auch dazu verurteilt, außerhalb von uns unseresgleichen anzuerkennen, wenn wir uns wieder auf kleine Identitätseinheiten ausrichten. Vor allem weil wir stets unserer eigenen Form unangemessen sind, gleitet die Herrschaft in den Zwischenraum und bringt uns aus dem Gleichgewicht, sodass sie uns zwingt, durch ständige Kompensation zu funktionieren und auf die Herrschaft mit Gegenherrschaft zu reagieren. In manchen Augenblicken beschleunigt sich dieses Spiel, und das ganze Modell gerät durcheinander: Jedes »Wir«, das zugleich Gegenwärtiges und Vergangenes einhüllt, beruft sich gegen die anderen auf sein Gefühl, beherrscht zu werden und auf ein »Sie« unter den »Wir« beschränkt zu sein. Die politischen Art-, Gender-, Geschlechts-, Rassen-, Klassen- und Generationskonflikte werden undurchschaubar, die Identitäten werden nur noch strategisch gebraucht und sollen jenem Gebrauch entgegenwirken, den der Gegner von ihnen macht. Jeder von uns ist von unterschiedlichen Zugehörigkeiten, Interessen und Selbstbildern zerrissen, und das Schlachtfeld befindet sich sowohl draußen in der Gesellschaft als auch im tiefsten Herzen eines jeden.

Im zweiten Teil des vorliegenden Werks haben wir versucht, eine kleine Erzählung zu rekonstruieren, um unser

Gefühl, unser Bild und unsere Idee von uns selbst zu erklären. Es war unsere Hoffnung, so nicht nur ein Modell des »Wir«, sondern auch *unseres »Wir«* etwas klarer vorzuführen und uns zu ermöglichen, uns vorzustellen, wo wir in der Geschichte unserer politischen Subjektivität stehen: Wir haben die Antwort. Wir haben ein Bild und eine Vorstellung des Zustands von uns selbst: Wir können ihn uns an den Grenzen unserer Einbildungskraft als ein gewaltiges Einteilungssystem des Lebendigen, einen umfangreichen Komplex, eine Art von Maschinerie vorstellen, die aus Rollen, Flaschenzügen und Gegengewichten besteht, unablässig für Kompensationen sorgt und vom Denken nicht angehalten werden kann, wobei wir ihn nur in der Bewegung einer Geschichte erfassen können, die ihn ständig umgestaltet und die zuweilen, wie dies für unsere Zeit gilt, zu einem Kriegszustand aller Identitäten führt. Wir sprechen von Krieg, weil wir an den Punkt gelangt sind, an dem wir – ganz gleich, was unser politisches Lager ist – nicht mehr ein gemeinsames Bild des »Wir« erfassen können, das bei anderen kein Misstrauen erregt und nicht verdächtigt wird, die Universalisierung einer Besonderheit und die Durchsetzung der Herrschaft oder der Gegenherrschaft einer Gruppe über eine andere oder sogar einer Identitätsebene über eine andere (des Religiösen über das Geschlechtliche, des Geschlechtlichen über das Wirtschaftliche usw.) zu sein.

Dieser Krieg ist nichts anderes als die symmetrische Verallgemeinerung des Gefühls der Asymmetrie bei uns allen: Auf allen Seiten an allen Frontlinien, die uns einander entgegenstellen, herrscht die nunmehr unmöglich nachzuprüfende Gewissheit, dass sich die anderen bemühen, uns ihr »Wir« aufzuzwingen, und dass wir also im Recht sind, die Besonderheit unseres »Wir« mit allen Mitteln zu verteidigen. Im Durcheinander ist nur noch der Kampf selbst klar, die Lager dagegen sind es nicht mehr. Es geht um Besonderheit gegen Besonderheit, Identität gegen Identität, eine Lebensform gegen eine andere, unser »Wir« gegen das ihrige.

4. Kapitel

Das Ende des »Wir«

Wir treten vielleicht in einen längeren Zeitraum der Desta-
bilisierung und politischen Zerrissenheit des »Wir« ein,
doch dies ist nicht das Ende. In dem Maße, in dem wir
uns in antagonistische, aus der Vergangenheit wiederer-
standene klassenmäßige, rassische, ethnische, nationale
und religiöse Identitäten aufteilen, wird die uns allen gemeinsame Vorstellung umso deutlicher neu erscheinen: Unser Empfindungsvermögen oder unsere Menschlichkeit,
die so sehr bekräftigt wurden, dass sie nur noch wie die
heuchlerische Maske unserer Unterschiede wirkten, werden sich auf der Grundlage der feindseligen Bekräftigung
unserer Unterschiede abermals als wahr erweisen.

Um Politik zu machen, können wir nicht auf eine solche naive Vorstellung *dessen, was wir alle gemeinsam haben*, verzichten. Doch diese ökumenische Vorstellung von
uns allen – wir, die Tiere und Menschen sind, wir, die gleichermaßen Lebewesen sind – ist auch nicht das Ende des
»Wir«: Es ist nur eine ausgeweitete Vorstellung davon. Der
Krieg ist nicht das letzte Wort des »Wir«, der Frieden ebenso wenig.

Versuchen wir also, weder der einen noch der anderen
derartigen bequemen Haltung nachzugeben: bejahen wir
nicht den höheren Wert des Kampfes und verteidigen wir
auch nicht den höchsten Wert der Versöhnung. Bemühen

wir uns, »wir« als eine unstete und inadäquate Form zu denken, die weder eine agonistische noch eine irenische Rechtfertigung findet. Viele loben schließlich, nachdem sie über die politische Subjektivität nachgedacht haben, das »Wir« als eine Form, die sich im Kampf vollende: Als Schlussfolgerung aus diesen Diskursen wird oft versichert, dass der Kampf kein Ende habe, weil der Kampf selbst das Endziel sei. Er sei der eigentliche Sinn all dessen, was ein politisches Leben habe, und er sei seine eigene Belohnung. Von Nietzsche[122] bis zu dem Appell *À nos amis* (»An unsere Freunde«),[123] doch auch bei Benedetto Croce[124] oder in manchen Interpretationen des Marxismus, die auf ein notwendiges Ende der Geschichte (also auf den vorprogrammierten Sieg des Proletariats) verzichtet haben, wird der allerletzte Sinn des »Wir« zum endlosen Kampf einer politischen Subjektivität, die keinen (illusorischen) Frieden und keine (trügerische) Versöhnung kennt. Chantal Mouffe tritt auch für eine Konzeption der sozialen Räume und Identitäten ein, der zufolge ihnen Antagonismen inhärent sind. Obwohl sie in gewisser Hinsicht dem Marxismus treu bleibt, gehört sie zu denen, die von ihm keinen Horizont der universellen Versöhnung mehr (diesen identifiziert sie mit dem liberalen Denken, das den *Agon* nicht als Grundlage des Politischen anzuerkennen vermöge) erwarten, sondern die Erkenntnis all dessen, was uns einander entgegensetzt und sich als ein end- und auswegloser Konflikt darstellt:[125] Der einzige Ausweg wäre das Ende der Gesellschaft, das Ende des »Wir«. Solange die Gesellschaft kein Ende gefunden hat, kann eine Versöhnung der kollektiven Subjektivität also nur falsch und heuchlerisch sein. Und man erkennt die »Agonistiken« des »Wir« daran, dass sie einen Kampf oder sogar einen nicht lügenhaften Krieg einem Frieden vorziehen, der die Wahrheit entstellt.

Sicher, es gibt den Krieg, doch wir wollen ihn nicht. Wenden wir uns also vom Kampf als dem letzten Schlussakt ab. Am anderen Ende des ethischen und politischen Spektrums finden wir die politischen »Irenismen«, welche die Sichtweise eines notwendigen Horizonts der Versöhnung zwischen allen »Wir« bieten, wo wir endlich wahrhaftig sein würden, was wir sind: Wir alle wären dann gleich und vollendet auf einer befriedeten Erde, in einer klassenlosen Gesellschaft ohne Staat oder Macht – oder vielmehr in Gott, vielleicht im absoluten Geist geeint. Sobald man das letzte Wort einer Politik sagen und ein allerletztes Bild unseres Ziels geben muss, stellen diese zuweilen kosmischen und zuweilen irdischen irenischen Sichtweisen das Ideal eines Lebens oder einer Menschheit dar, die von ihren falschen Antagonismen befreit und endlich zu vollwertigen Subjekten geworden sind. Doch wie wir gezeigt haben, sind diese Sichtweisen nur unter der Bedingung sinnvoll, dass man die Identitäten der Art, des Genders, der Rasse und Klasse als falsche Identitäten ansieht, sich somit dazu verurteilt, gegenüber der eigentlichen Struktur des »Wir« blind zu bleiben.

Wir können nicht bei der Überhöhung einer grundsätzlichen Konfrontation, die das Wesen des »Wir« in allen Geschichtsperioden sein soll, und auch nicht am beruhigenden irenischen Horizont stehenbleiben. Es gibt kein glückliches und versöhntes Endziel des »Wir«, das wir anstreben können. Das »Wir« ist indes ein Einteilungssystcm, das sich so wenig für Ende und Frieden eignet, dass *selbst das Fehlen eines Endziels*, also der endlose Kampf, *ihm nicht als Ersatz für ein Prinzip dienen kann.* Es ist nicht unmöglich, dass das »Wir« jahrhundertelang stehenbleibt oder ruht. Nichts steht dem in logischer Hinsicht entgegen. In manchen menschlichen Kulturen hat sich die Struktur des »Wir« während sehr langer Perioden wenigstens verlangsamt, wenn sie nicht ganz erstarrt ist. Die Moderne hat vielleicht eine Zeit lang deren Bewegung beschleunigt, dadurch ändern sich die Schnittlinien: Das lässt sich schwer beurteilen. Vielleicht erklärt sich nur aus mangelhafter Information, dass uns die Einteilungen der Art, des Genders, der Rasse und Klasse bei anderen Völkern und in anderen Zeiten manchmal stabiler und dauerhafter vorkommen. Sicher ist, dass es unterschiedliche Geschwindigkeiten und Geschwindigkeitsgefühle bei der Umgestaltung der Identitätseinteilungen zwischen den »Wir« gibt. Es ist nicht unvorstellbar, dass sich das verlängern kann, was wir jahre-, jahrzehnte- und jahrhundertelang sind. Es ist nicht auszuschließen, dass sich eine Art von Frieden und Versöhnung zwischen unserer universellen Vorstellung und unseren besonderen Realitäten einstellt; nur wird dieser Frieden nie endgültig sein, und je länger er dauert, je stärker er durch die Wirkung der Geschichte und der Tradition wird, desto mehr wird er sich einem plötzlichen Bruch, einer unerwarteten und starken Reaktion aussetzen. Die Moderne war gewiss eine solche Reaktion gegen das begründete oder unbegründete Gefühl einer allzu langen Periode der Tradition, welche die Einteilung unserer Unterschiede durch Arten, Gender, Rassen und Klassen stabilisiert hatte. Die Moderne hat die klassischen Klassifizierungskategorien des Lebendigen und des Sozialen aufgelöst und stattdessen die Intensitätsvariation bevorzugt. Und der Kampf ist wieder ausgebrochen. Uns überwältigten die Notwendigkeit und das Verlangen, unsere besonderen Unterschiede darzustellen, die in der Geisteswelt von der Verbreitung universeller Identitäten durch den Humanismus, doch auch den Evolutionismus, Kommunismus und Liberalismus sowie durch die Globalisierung des Waren-, Personen- und Nachrichtenverkehrs verdeckt worden waren.

Die Bewegung des »Wir« hält inne, und die Bewegung des »Wir« setzt wieder ein. Angesichts dieser unablässig schwankenden Geschichte droht jedes Lob des ewigen Kampfes des »Wir« von der Möglichkeit eines relativen Friedens überrascht zu werden, und jeder Irenismus, der verheißt, dass wir uns schließlich zwangsläufig versöhnen, setzt sich der Gefahr aus, von tiefem Kampfesverlangen desavouiert zu werden.

Eigentlich ist »Wir« eine ständige Bewegung, die einen Ruhezustand durchmachen kann: Es kennt kein Ende und keinen Anfang, es ist eine Manifestation der lebendigen Subjektivität, die sich auf politische Weise ordnet, sich zerreißt und zusammenfügt, sich formt und verformt und immer etwas mehr als singulär und etwas weniger als universell bleibt: als etwas Partikulares. Wenn man sie sich aus möglichst großer Entfernung, an den Grenzen unseres Bildes der gesamten Geschichte und im weiteren Sinne all dessen vorstellt, was lebt, sich individuiert und organisiert, erahnt man eine Form, die niemals gerecht oder wahr ist. Es gibt keine Gerechtigkeit oder politische Wahrheit des »Wir«. Dies ist eine radikal inadäquate, wandlungsfähige Form, die aber nicht zur Wandlung verurteilt ist; sie wird von der Herrschaftsgeschichte geprägt, die sie unablässig aus dem Gleichgewicht bringt, die keine Grundlage und kein Endziel hat und die selbst kein Endziel ist: kein *struggle for life*, kein Klassenkampf, kein Kampf der

Kulturen, kein ewiger Kampf der zwei Prinzipien, des männlichen und des weiblichen. Weisen wir diese großen Bilder zurück, die das allerletzte Endziel verkörpern, und bemühen wir uns, uns rational ohne irgendein Endziel vorzustellen.

Dann zeichnet sich in unserer Gedankenwelt die innere Logik des »Wir« deutlich ab. Dies ist eine *sukzessive* Logik: In jedem Moment ändert sich das Endziel. Nie gibt es ein unwandelbares Endziel.

»Wir« ist eine dynamische Manifestation der tierischen und menschlichen Subjektivität, wodurch dem, was wir sind, immer etwas fehlt. Warum? Weil das »Wir« zu weit oder zu eng ist, weil es durch die Herrschaft aus dem Gleichgewicht gebracht ist, weil es den Lebenden nicht gerecht wird, indem es die Toten einbezieht, oder weil es den Toten nicht gerecht wird, indem es sich nur nach den Lebenden richtet. Etwas fehlt immer im »Wir«, und was uns fehlt, dient uns als zeitweiliges Endziel.

Das einzige Endziel des »Wir« ist der jeweils folgende Zustand. Und der Zustand, dem ein »Wir« entgegenstrebt, ist die Verwirklichung dessen, was ihm *jetzt* fehlt. Am Ende unserer Erkundung aller »Wir« können wir jetzt bestätigen: Ein »Wir« funktioniert immer durch Kompensation. Es ist der notwendige Mangel, der Abstand zwischen dem besonderen (intensiveren) »Wir« und dem (weiteren) universellen »Wir«, der die Logik in Bewegung setzt, der unsere politische Persönlichkeit folgt.

Erklären wir dies näher. Als wir die Einheit des Menschen bestätigten, »wir Menschen« sagten und aus der Menschheit das ideale Endziel des »Wir« machten, haben wir mehrmals festgestellt, wie weitgehend wir unsere inneren Unterschiede (so etwa die »rassischen« Unterschiede) und unsere mit den anderen gemeinsame Identität (was uns mit den übrigen Tieren verbindet) erkennen ließen. Sobald wir hingegen unsere Gemeinschaft mit allen übrigen Tierarten bestätigen, bringen wir auf einmal alles wieder zum Vorschein, was uns von ihnen trennt.

Ein »Wir« ist also eine Zwangsidentität, die umso mehr die Unterschiede zwischen den »Wir« erscheinen lässt, und es ist eine Zwangsdifferenz, die umso besser unsere mit den anderen gemeinsame Identität erscheinen lässt. Jedes beliebige »Wir« erzeugt durch übermäßige Identität einen Mangel an Differenz und durch übermäßige Differenz einen Mangel an Identität. *Und was ihm fehlt, wird zu seinem nächsten historischen Endziel.* Für ein sehr zusammengezogenes »Wir« (unser Stamm, unsere Familie) wird die universelle Ausbreitung allmählich zum Endziel, ebenso wie für ein ausgebreitetes »Wir« (wir Kinder Gottes) die Zusammenziehung wieder zu einem Endziel wird. Wer auch immer unter den Bedingungen einer sehr weiten und idealen Identität (wie etwa der Menschheit) lebt, verlangt allmählich nach einer spezifischeren und konkreteren Zugehörigkeit; wer hingegen den Bedingungen einer sehr starken, aber sehr begrenzten Identität (der Phratrie, dem Klan) unterliegt, kann nicht verhindern, dass im Lauf der Generationen das Verlangen nach einer umfangreicheren Zugehörigkeit aufkommt. Alles verdeutlicht uns am Ende einen *Mangel.* Ebenso ist unter den Bedingungen der Herrschaft die Befreiung das allerletzte Endziel des »Wir«; doch unter den Bedingungen der Befreiung ist die Herrschaft (unter dem Anschein von Autorität, Ordnung, Hierarchie und notwendiger Ungleichheit) wiederum ein Endziel. Daher gibt es keinen endgültigen Grund für das »Wir«, sondern eine den jeweiligen Umständen entsprechende geschichtliche Logik, die insgesamt weder eine des Fortschritts noch des Rückschritts, sondern eine Kompensationslogik ist, durch die sich das Einteilungssystem des »Wir« erhält, indem es sich wandelt. Was ihm in einem gegebenen Moment fehlt, dient ihm als Horizont für den nächsten Moment. Wir wollen frei sein, doch wir wollen es umso mehr, als wir es nicht sind, und wir vergessen es in dem Maße, in dem wir es werden. Etwas entgeht uns immer: Der jeweiligen Periode entsprechend ist dies ein Mangel an Universalität oder ein Mangel an Spezifik. Und kaum gewinnen wir etwas von ihr zurück, da fühlen wir uns schon der Universalität beraubt.

Dies ist das gerechteste Bild, das wir uns von einer solchen, stets ungerechten Form verschaffen können, die jedoch allen politischen Zwecken gemeinsam ist, für die man sie benutzt: ein Kompensationssystem, dem es an Identität fehlt, wenn es zu sehr differenziert, und dem es an Differenz fehlt, wenn es zu sehr identifiziert. So funktionieren unsere »Wir«, und wir ändern uns durch dieses den Umständen entsprechende Funktionieren. Unsere historischen Identitäten sind keine Gefängnisse, sondern die sich wandelnde Form unserer politischen Subjektivität.

Es kommt darauf an, die spezifischen Differenzen zwischen den »Wir« nicht als Ausdruck eines Fluchs, als ein Babel zu erleben, das uns angeblich dem Ideal der ursprünglichen Verschmelzung, der universellen politischen Gemeinschaft entrissen hat. Unsere Identitäten können und sollen nicht überwunden werden, sie sind unsere Seinsweise. Sie sind nicht falsch und auch nicht irrational. Obwohl sie nicht begründet, absolut wahr oder absolut gerecht sind, entsprechen sie einer Logik, die sich verstehen lässt, wenn man sich eine Dynamik vorstellt und wenn man sich der Herrschaftsgeschichte bewusst ist.

Muss man Schluss machen mit den Identitäten? Nein. Muss man darauf verzichten, mit den Identitäten Schluss zu machen? Auch nicht, denn der Idealismus, der ein »Wir alle« definiert und verspricht, Schluss mit allen unseren Partikularismen und Antagonismen zu machen, bringt eine Identität hervor, die ebenfalls für die allgemeine Logik des »Wir« notwendig ist.

Was soll man dann tun?

Da die Herrschaft keine notwendige Bedingung ist, können wir sie immer bekämpfen und uns eine Vorstellung vom herrschaftslosen »Wir« machen. Die Herrschaftssysteme selbst erlegen uns auf, ihnen eine Vorstellung von unserer gemeinsamen Befreiung, eine Vorstellung von »uns allen« entgegenzusetzen, die über unsere Art-, Gender-, Rassen-, Klassen- oder Generationsantagonismen hinausgeht. Jede Herrschaft trägt in sich selbst das »Wir«, in dessen Namen sie infrage gestellt werden muss. Sie kann nicht so erscheinen, als wäre sie ewig aufrechtzuerhalten. Doch die Endziele des Kampfes – jedes Kampfes – sind stets kompliziert, verdunkelt und schließlich dadurch unklar gemacht, dass die Gegenherrschaft in dem Maße, in dem »wir uns für berechtigt halten«, unfehlbar Herrschaftswirkungen hervorbringen kann. Es gibt keine Beziehung zur historischen Herrschaft, die ohne Herrschaftseffekte ist: Wenn man ein Unrecht zwischen den »Wir« wiedergutmacht, ist dies nie absolut gerecht, sondern auf relative und vernünftige Weise ungerecht. Darum müssen wir aufmerksam auf die *konträren* Wirkungen achten, die wir von einer Bildschicht zur anderen hervorrufen. Die Geschichte des Feminismus oder der Entkolonialisierung sind gute Beispiele für diese stets mögliche Umkehrung zwischen der Befreiung auf einer Ebene und Herrschaftswirkungen auf einer anderen. Obwohl wir gutwillig sind, sind wir stets der Gefahr ausgesetzt, dort das Gegenteil von dem herbeizuführen, wofür wir hier kämpfen. Ganz offensichtlich ist es keine zufriedenstellende politische Lösung, in jedem Augenblick auf unsere eigenen Herrschaftswirkungen zu achten: Wenn wir uns kontrollieren und Klarheit über die Herrschaftswirkungen gewinnen, die wir unablässig erzeugen, heißt das auch, neue derartige Wirkungen zu erzeugen, indem wir den Eindruck einer ständigen Beherrschung der Sprache und des Denkens, der Kontrolle der Wörter, Ideen und Verhaltensweisen vermitteln, die mit der Selbstbeschränkung beginnt, jedoch unausweichlich mit der Zensur der anderen endet. Seit den achtziger Jahren beruht die Reaktion auf das, was die konservativen weißen und männlichen Denker als »politisch korrekt« bezeichnet haben, auf diesem Gefühl einer symbolischen Herrschaftswirkung im öffentlichen Raum, auf der Kontrolle der Herrschaftswirkungen. Man muss es verstehen, daraus die entsprechenden Lehren zu ziehen. Wir dürfen uns daher keine Illusionen über die Befreiung und die Befreiungspolitiken machen, die indirekte Herrschaftswirkungen hatten und immer haben werden.

Dass man sich dessen bewusst ist, darf das Handeln nicht lähmen. Es darf uns nicht daran hindern, uns zu entscheiden und eine bestimmte Vorstellung von der Gleichheit zwischen den »Wir« zu verteidigen. Es muss uns vielmehr ermöglichen, zu verstehen, dass eine politische Idee keine gerechte Idee, keine reine Befreiungslösung ist

und es nicht sein kann. Vielmehr ist sie die vernünftig begründete Aushandlung von etwas weniger Herrschaft
für etwas mehr Herrschaftswirkungen. Diejenigen, die
notwendige Ungleichheit, Hierarchie und Autorität verteidigen, sollen sich nicht vor dieser paradoxen Logik
des »Wir« sicher glauben: Keine Herrschaftspolitik ist davor sicher, befreiende Wirkungen zu haben, ganz im Gegenteil, und keine reaktionäre Politik ist davor sicher,
progressive Wirkungen zu haben. Für uns gibt es keinen
wirklichen Sieg, es gibt nur Wahlmöglichkeiten, die man
eher auf sich nimmt als erleidet. Es ist nicht möglich, unter uns die Herrschaft vollständig aufzuheben, doch es ist
auch nicht möglich, dass wir uns damit zufriedengeben,
denn die Herrschaft bringt von sich aus das Prinzip ihrer
Infragestellung hervor: eine weiterreichende und glei-
chere Vorstellung des »Wir«. Es geht darum, sich für die
Gleichheit bis zu dem Punkt zu entscheiden, an dem wir
spüren, dass die hochherzige Vorstellung, die wir uns von
dem »Wir« machen, uns schließlich maßlos ausdehnt und
uns wie eine allzu straff gespannte Haut platzen lässt: Bei
jeder Gleichheit geht etwas verloren – das müssen wir tatsächlich anerkennen, damit wir diese Gleichheit anstreben können, ohne uns vorzustellen, dass sie jemals ange-
messen und endgültig sein wird.

Wir befinden uns in einer Periode, in der es möglich
sein müsste, zugleich nach diesem lebhaften Bewusstsein
der Funktionsweise des »Wir« und der sich daraus erge-
benden Unbewusstheit zu verlangen. Wir wissen, dass in
der Politik keine Vorstellung des »Wir« absolut angemes-
sen sein kann, doch wir haben auch gelernt, dass in dem
Maße, in dem es kein gerechtes »Wir« und auch kein rea-
les »Wir« gibt, die Illusion eines befreiten »Wir« sich als

ebenso rechtmäßig wie die realistische Vorstellung erweist, der zufolge Herrschaft notwendig ist. Die idealistische Illusion der Befreiung ist gewiss nicht weniger falsch, aber auch nicht weniger wahr als die hellsichtige Vorstellung einer notwendigen geschichtlichen Herrschaft; es genügt, sie als Illusion haben zu wollen. Wir können für ein Ideal der Ausdehnung und Befreiung eintreten, dies jedoch in dem klaren Bewusstsein, dass dies niemals das Ende des »Wir« sein wird. Wir brauchen uns nicht zum Glauben an irgendeinen politischen Messianismus zu zwingen. Wir wissen, dass wir niemals versöhnt sein werden, und wir bedauern es nicht. Wir haben die Logik des »Wir« verstanden. Wir fühlen uns nicht dazu *verurteilt*, für immer voneinander getrennt zu bleiben. Tatsächlich trennen wir uns unausweichlich, wenn unsere Identität falsch wird, weil sie sich so sehr erweitert hat, und wir finden uns zusammen, wenn diejenigen, die wir wegen unserer Zersplitterung gewohnheitsmäßig »die anderen« nennen, uns als unseresgleichen erscheinen. Wir können unseresgleichen nur in der politischen Zersplitterung empfinden, und wir erkennen die politische Zersplitterung nur, wenn wir uns alle als gleich ansehen.

Jetzt wissen wir, woran wir sind. Die Idee des »Wir« ist zu schwach geworden, um die intensiven Unterschiede zwischen den »Wir« zu umfassen, die sich nicht mehr durch begründete Kategorien ausdrücken lassen; wir sehen also, dass in uns so etwas wie eine gemeinsame Leidenschaft für alles aufsteigt, was uns trennt und was über eingebildete Identifikationen mit Vorfahren, Klans, Sekten und Familien vermittelt wird. Und diese Identifikationen, die bis zu den Toten reichen und unter den Lebenden unerwartete Solidaritäten und Feindseligkeiten schaffen, existieren in allen politischen Lagern, unter den Revolutionären, Reformern, Demokraten, Gläubigen, Republikanern, Patrioten oder Faschisten. Dem entgeht niemand; das ist unser Zeitalter.

Dem muss man aber auch nicht nachgeben, weil die eigene Zeit nicht zwangsläufig recht hat. Wenigstens muss man sie verstehen und ihre Tragweite einschätzen, um das zu suchen, was es uns im Moment des Kriegs der Identitäten ermöglichen wird, eine Form des Friedens zu erstreben. Dieser Frieden ist nicht das Ende des »Wir« und wird es nie sein – nicht mehr als Streit, Kampf und Krieg. Doch für jene von uns, die stets so etwas wie einen provisorischen Frieden unter uns erhoffen, ist die Zeit verallgemeinerter Feindseligkeit der entscheidende Moment, in dem wir uns bemühen können, die Wünschbarkeit der Idee des »Wir« wiedererstehen zu lassen, die wir gewohnheitsmäßig gern vergessen. Wir machen uns bereit, nicht unter den Bedingungen einer offenen Auseinandersetzung, wohl aber unter denen einer allgemeinen Verschärfung des Sinns für Unterschiede, Gemeinschaften und Zugehörigkeiten und der heftigen Ablehnung der allzu weiten und allzu leeren heuchlerischen Vereinigungen zu leben. Aus dieser Situation wird ein neues vorläufiges Ende des »Wir« hervorgehen: das Gegenteil, das heißt eine aufs Neue erwünschte Vorstellung von uns allen. Je mehr wir in einem Zustand des konflikthaften »Wir« als Eingeteilte und neu Zugeteilte leben, desto mehr wird es uns an einem Bild dessen fehlen, was wir alle sind.

Lässt sich im Hin und Her der Geschichte nichts Besseres erhoffen? Müssten wir uns mit dem klaren Bewusstsein, dass wir kein Endziel haben, uns nun als Wesen vorstellen, die unausweichlich in einer geschichtlichen Pendelbewegung zwischen Ausbreitung und Zersplitterung gefangen sind?

Es gibt das Pendel. Doch es gibt auch die Erzählung, die wir uns über uns selbst erzählen: Die Erzählung bewegt sich hingegen voran. Schon wenn wir uns selbst erzählen, wie wir es bisher in diesem ganzen Buch getan haben, haben wir uns verändert. Wir haben die Vorstellung von uns selbst vorangebracht und sind nicht mehr für die reaktionären, modernen oder postmodernen Modelle unserer Identitäten aufnahmefähig. Nun bemühen wir uns schon um den nächsten Schritt. Was wäre normaler? Das politische Denken besteht im Bemühen um den nächsten Schritt, nicht in der Konzeption einer messianischen Gestalt des allerletzten Endes.

Wenn wir anerkennen, dass unsere Situation so beschaffen ist, wie sie vom Modell des vorliegenden Buches beschrieben wird, und wenn wir dessen Logik akzeptieren, ist es nunmehr unser Ziel, überall in unserer Umgebung ein wenig nach dem Bild von uns zu spähen, das sich in den kommenden Jahren allmählich wieder herausbilden wird. Was haben wir gemeinsam, wer könnte stärker als unsere Besonderheiten werden, ohne sie deshalb zu beseitigen? Vielleicht dies: das Bewusstsein von allem, was wir zuvor im vorliegenden Werk so klar wie möglich dargelegt haben. Wen bezeichnet das »Wir« dieses Buches? Vorläufig keine anderen als jene, die das mehr oder weniger unklare Gefühl haben, zu diesem Punkt der Geschichtserzählung, die wir von uns selbst vortragen, gelangt zu sein. Darum wurden all diese Seiten in der ersten Person Plural verfasst: Mögen diejenigen, die darin Wesenszüge ihrer eigenen Eindrücke erkennen, und selbst wenn es nur einige wären, sie sich zu eigen machen, zu welchem Lager sie auch gehören. Indem wir uns gleichermaßen für alle »Wir« interessierten, haben wir nach und nach die Umrisse einer idealen Person, eines offenen und weiten »Wir« hinter allen hier von uns angeführten besonderen »Wir« gezeichnet. Indem wir es lediglich Kapitel für Kapitel zu Wort kommen ließen, haben wir eine bestimmte Vorstellung des »Wir« entworfen, die sich inmitten der Vielfalt aller politischen Identitäten äußert.

Wir hoffen, diese neue Vorstellung des »Wir« nun über das hinaus, was uns zerreißt, zu verstehen und zu verteidigen. Und in dem Maße, wie das Gefühl dessen wächst, was uns in Stücke reißt, wird gewiss wieder einmal das Bild dessen, was uns zusammenhält, ebenfalls wachsen. Weder das eine noch das andere ist unser Endziel. Es sind immer nur die fernsten Grenzen, die wir mit unserer Vorstellungskraft festlegen können, zwischen denen sich das »Wir« hin- und herbewegt. Unter dem Bild unserer geeinten Menschheit haben sich die Linien all dessen, was uns trennt, scharf abgezeichnet. Heute sehen wir nur noch das. Doch die Bewegung hört nicht auf. Schon ist der Moment gekommen, da man unter den Frontlinien der Kriege, die uns unausweichlich bald einander entgegenstellen werden, ein neues »Wir« hervorquellen sieht.

Wir haben eine Vorstellung von ihm. Jetzt suchen wir nach seinem politischen Bild, das man nie allein erfindet. Wir hoffen, dass es um uns herum in den kommenden Jahren erscheinen wird, wie eine kaum sichtbare Zeichnung auf einer Fensterscheibe, wobei die draußen sinkende Temperatur und der sich drinnen verdichtende Wasserdampf sie nach und nach erahnen lassen: Das Bild war schon da, doch man sah es nicht wirklich. Je gegensätzlicher die Bedingungen sein werden, je geteilter und unversöhnlicher wir scheinen, desto eher gibt es Aussichten, dass das Bild dessen, was wir alle sind, wieder klar hervortritt.

Möge das »Wir«, das Subjekt dieses Buches war, dessen erster Entwurf sein, indem es uns bezeichnet, uns alle, die wir uns – wenigstens zum Teil – in der bisherigen Erzählung wiedererkennen.

Dank

Ich danke Agnès Gayraud, Patrick Garcia, Denis Seel, Flora Katz, Pierre-Alexandre Fradet und Vincent Normand für ihre Lektüre und ihre Hinweise.

Anmerkungen

Buch I: Bildschichten

1 Der Sprachwissenschaftler Émile Benveniste hat die folgende
  Definition vorgeschlagen, für die unsere ganze vorliegende
  Arbeit vielleicht ein Erklärungsversuch ist: »Der Grund dafür
  ist, dass ›wir‹ kein quantifiziertes oder multipliziertes ›ich‹ ist,
  sondern ein *erweitertes* ›ich‹ über die eigentliche Person hinaus, zugleich vermehrt und mit unbestimmten Konturen.« (*Pro-
  bleme der allgemeinen Sprachwissenschaft*, aus dem Frz. von Wilhelm Bolle, München, List, 1974, S. 262.)

2 *»Wir arme Leut«*, Georg Büchner, *Woyzeck* (1837), in: ders., *Dich-
  tungen*, Leipzig, Verl. Philipp Reclam jun., 1972, S. 150.

3 Die Formulierung »We are the 99%« tauchte zum ersten Mal
  im August 2011 auf einem Flyer auf, der die Generalversamm-
  lung der *Occupy*-Bewegung in New York ankündigte.

4 Den französischen Originaltext der *Internationale* schrieb Eu-
  gène Pottier im Jahre 1871 nach der Niederlage der revolutionären Pariser Kommune. Die wörtliche Übersetzung des Originals lautet: »Wir sind das Recht, wir sind die Zahl. Seien wir
  alles, die wir nichts waren.«

5 »In our war against the government you can't locate us. We
  wear no mark; we belong to every class; we permeate every
  class of the community from the highest to the lowest […] you
  cannot locate us and you cannot stop us.« Emmeline Pankhurst, in Hartford am 13. November 1913 gehaltene Rede.

6 Als Virginia Woolf darlegt, was die Geschichts- und Gesellschafts-
  auffassung der im öffentlichen Raum handelnden Männer und
  der im privaten Raum eingeschlossenen Frauen unterscheidet,
  schreibt sie: »Es scheint daher angebracht, als unbestreitbare
  Tatsache anzuerkennen, dass ›wir‹ – wobei unter ›wir‹ ein vollständig ausgebildeter Körper mit Geist und Seele, beeinflusst
  durch Erinnerung und Tradition, zu verstehen ist – uns immer
  noch in einigen wesentlichen Aspekten von ›Euch‹ unterschei-

den, deren Körper, Geist und Seele so verschieden von uns geschult und so verschieden von uns durch Erinnerung und Tradition beeinflusst wurden. Obwohl wir dieselbe Welt erblicken wie Ihr, sehen wir sie mit anderen Augen.« Virginia Woolf, *Drei Guineen* (1938), aus dem Engl. von Anita Eichholz, München, Verl. Frauenoffensive, 1987, S. 25.

7 »We women demand an equal voice. We shall accept nothing less.« Carrie Chapman Catt, Rede auf dem Kongress der International Women Suffrage Alliance am 13. Juni 1911 in Stockholm.

8 Das »Manifest der 343« erschien am 5. April 1971 in *Le Nouvel Observateur.*

9 Monique Wittig, *La Pensée straight* (2001), Paris, Éditions Amsterdam, 2007, S. 73.

10 Claire Michard, »Assaut du discours *straight* et universalisation du point de vue minoritaire dans les essais de Monique Wittig«, *Genre, sexualité et société*, 1, Online-Zeitschrift, Frühjahr 2009, ⟨https://journals.openedition.org/gss/711⟩.

11 Dies war lange einer der Slogans der *Queer Nation*, einer 1990 in New York gegründeten militanten Organisation, die für das Recht der LGBTIQ eintritt.

12 »Nichts wird ohne uns für uns getan werden« ist die Losung mehrerer Organisationen zur Verteidigung der Rechte von Menschen mit Behinderungen (zum Beispiel des Verbandes »Nous aussi« – »Wir auch«), und sie wurde im öffentlichen Raum bei zahlreichen internationalen Foren über Behinderungen verbreitet.

13 »Yet we black women in our deepest humanity love and need black men, so we hesitate to revolt against them and to go for ourselves.« Patricia Haden, Donna Middleton und Patricia Robinson, »A Historical and critical essay for black women«; in: Edith Hoshino Altbach (Hrsg.), *From Feminism to Liberation*, Piscataway, Transaction Publishers, ²1980, S. 136.

14 »That's how they lost the Negroes. The communists recognized no plurality of interests …« Ralph Ellison, »We live separated«, Interview für die *Washington Post*, 15. Januar 1965.

15 »Wir Menschen, die von einer dunkleren Farbe als blau sind«, Curtis Mayfield, »We the people who are darker than blue«, auf dem Album *Curtis*, 1970.

16 »Wir verlangen, die Dinge selber tun zu können« (»We demand to do things for ourselves«), James Brown, »Say it loud –
I'm black and I'm proud«, Single von 1968.

17 »Meine Haut ist schwarz …«, singt Tante Sarah, die Erste der
vier farbigen Frauen in diesem Song *(»My skin is black …«)*,
Nina Simone, »Four women«, *Wild is the Wind*, 1966.

18 »Die dunkelbraunen Schatten meiner Haut setzen meinen Trä-
nen bloß ein wenig Farbe hinzu« (»The dark brown shades of
my skin only add colour to my tears«), Syl Johnson, »Is it because I'm black?«, Single von 1969. Wir möchten darauf hin-
weisen, dass der Song in der ersten Person Singular beginnt
und mit einem Appell an die erste Person Plural endet: »Wir
haben uns so stark bemüht, so stark, jemand zu sein […]. Aber
hey! Wir können jetzt nicht aufhören.« (»We've tried so hard,
so hard to be somebody […]. But hey, we can't stop now.«)

19 »I am an invisible man. No, I am not a spook like those who
haunted Edgar Allan Poe; nor am I one of your Hollywood-mo-
vie ectoplasms. I am a man of substance, of flesh and bone, fiber
and liquids – and I might even be said to possess a mind. I am
invisible, understand, simply because people refuse to see me.
Like the bodiless heads you see sometimes in circus sideshows,
it is as though I have been surrounded by mirrors of hard, distort-
ing glass. When they approach me they see only my surround-
ings, themselves, or figments of their imagination – indeed,
everything and anything except me.« Ralph Ellison, *Invisible
Man*, New York, Random House, 1952, Prolog.

20 »Wir amerikanischen Ureinwohner waren schon immer hier!«
– Eine Variante ist: »We were here first.«

21 Zit. von: Claude Liauzu, *Histoire de l'anticolonialisme en France,
du XVIe siècle à nos jours*, Paris, Armand Colin, 2007, S. 37.

22 »You Americans are so adolescent. We Indians are an ancient
people with a culture thousands of years old.« Dies berichtet
zumindest der amerikanische Abgeordnete John Vorys, wobei
er Nehru der Doppelzüngigkeit beschuldigt, weil das indische
Staatsoberhaupt zunächst voller Bescheidenheit erklärt haben
soll: »Wir Inder sind eine junge Nation, die euch braucht«, bevor er die Überlegenheit der weiseren und älteren indischen
Kultur behauptete. Zitiert von Andrew Jon Rotter, *Comrades*

at Odds: The United States and India, 1947-1964, Ithaca, Cornell University Press, 2000, S. 104.

23 Kwame Nkrumah, Ministerpräsident und danach Präsident der Republik Ghana, spricht in der Sammelausgabe seiner Reden – *I Speak of Freedom* (1961), London, Zed Books, 1973 – ebenfalls von »Wir Angehörigen der afrikanischen Rasse«. Patrice Émery Lumumba, der Ministerpräsident des Kongo, spricht in seiner Rede bei der Unabhängigkeitsfeier am 30. Juni 1960 in Léopold-ville – ein Jahr vor seiner Ermordung – im Namen von »uns, die wir Spott, Beleidigungen und Schläge kennengelernt haben, die wir morgens, mittags und abends erdulden mussten, weil wir Neger waren«.

24 So heißt es etwa: »Wir stehen nicht mehr allein mit ›den anderen‹ hinter uns. Wir stehen alle auf derselben Linie, die Muslime und wir zusammen, um zu leben, um unser gemeinsames Land mit gleicher Liebe und übereinstimmendem Interesse aufzubauen. Und weil es unser gemeinsames Land ist, sind wir, alle seine Bewohner, ganz gleich welcher Herkunft, zuerst Algerier.« Jacques Chevallier, *Nous, Algériens*, Paris, Calmann-Lévy, 1958, Kap. 11. Halten wir fest, dass Jacques Chevallier »wir« tatsächlich in zwei Bedeutungen benutzt – in einem engeren Sinne, der es ihm erlaubt, die europäischen Siedler zu bezeichnen, und in einem weiteren Sinne, der diese Siedler und die indigene Bevölkerung (»die Muslime«) umfasst.

25 Edward W. Saïd, *Orientalismus* (1978), übers. von Hans Günter Holl, Frankfurt/M., S. Fischer, 2009.

26 Simone de Beauvoir, *Das andere Geschlecht, Sitte und Sexus der Frau* (1949), Bd. 1, übers. von Eva Rechel-Mertens, Berlin, Volk u. Welt, 1989, S. 114: »Die Epochen, die die Frau als das *Andere* betrachten […].«

27 Zuweilen weist Jules Ferry auch auf seine Zugehörigkeit zu einer Untergruppe hin: »wir gemäßigten Republikaner«, wie etwa in der Rede, die er am 19. April 1891 in Vic-de-Bigorre hielt, *Discours et opinions de Jules Ferry*, Bd. 7, Paris, Armand Colin, 1898, S. 224.

28 »Nous, République française …«, Madame Destriché, »Les États-Unis d'Europe et la paix«, *États-Unis d'Europe*, Zeitschrift der Internationalen und Ständigen Friedensliga, Februar 1896.

29 »L'Appel des Indigènes« (2005), in: Houria Bouteldja und Sadri Khiari, *Nous sommes les Indigènes de la République*, Paris, Éditions Amsterdam, 2012.

30 *Les Constitutions de la France depuis 1789*, vorgestellt von Jacques Godechot, Paris, Flammarion, 1970.

31 Sylvain Maréchal, *Manifest der Gleichen* (1795), in: ders., *Was ist ein Atheist? / Manifest der Gleichen*; übertr. von Kurt Schnelle, Leipzig, Verl. Philipp Reclam jun., 1963, S. 39.

32 »Wir, das Volk der Vereinigten Staaten, von der Absicht geleitet, unseren Bund zu vervollkommnen, die Gerechtigkeit zu verwirklichen, die Ruhe im Innern zu sichern, für die Landesverteidigung zu sorgen, das allgemeine Wohl zu fördern und das Glück der Freiheit uns selbst und unseren Nachkommen zu bewahren, setzen und begründen diese Verfassung für die Vereinigten Staaten von Amerika.« *Verfassung der Vereinigten Staaten von Amerika* (1787), in: *Die Entstehung der Vereinigten Staaten und ihrer Verfassung*; hrsg. u. übers. von Angela und Willi Paul Adams, Münster, Lit, 1995, Anhang I, übers. von Emil Weiskopf, United States Information Service, Bonn, S. 427.

33 Marcel Proust, *Die wiedergefundene Zeit*, Bd. 7 von: *Auf der Suche nach der verlorenen Zeit*, übers. von Eva Rechel-Mertens, revidiert von Luzius Keller und Sibylla Laemmel, Frankfurt/M., Suhrkamp, 2004, S. 54.

34 Josef Stalin, Rede vom 7. November 1941, in: ders., *Werke*, Bd. 14, Verlag Roter Morgen, Dortmund 1976, S. 259.

35 Richard Casey, der australische Vertreter im Kriegskabinett, soll Winston Churchill geantwortet haben, als dieser Bedenken wegen der verheerenden Einsätze der Royal Air Force in Deutschland äußerte: »We hadn't started it. It's either us or them.« Churchill wird diese Formulierung danach mehrmals benutzen. Siehe: Andrew Roberts, *The Storm of War: A New History of the Second World War*, London, Penguin, 2009.

36 Es gibt sogar ein Videospiel mit dem Titel *Us and them – Cold war*, das von Icehole Games entwickelt wurde. Darin treten die historischen Persönlichkeiten John Fitzgerald Kennedy, Nikita Chruschtschow oder auch Henry Kissinger auf. Es ist außerdem der Titel eines Songs von Pink Floyd.

37 Samuel Huntington, *The Clash of Civilizations* (1996); dt.

u. d. T.: *Der Kampf der Kulturen*, aus dem Amerikan. von Holger Fliessbach, München, Wien, Europaverl., ⁵1997. (Vgl. hier insbesondere S. 36: »Zwei Welten: Wir und Die«.) Es handelt sich um die erweiterte und überarbeitete Version eines Artikels von 1993, der einen Skandal hervorrief.

38 Vgl. zum Beispiel die Kritik von Edward Saïd, »The Clash of Definitions«; in: *Reflections on Exile and Other Essays*, Cambridge, Mass., Harvard University Press, 2000, oder die von Georges Corm, *Pour une lecture profane des conflits*, Paris, La Découverte, 2012, dem zufolge Huntingtons Deutungsmuster dazu neigt, die politischen Konflikte unter einer rein religiösen Einteilung zu begraben. Marc Crépon formuliert in *L'Imposture des civilisations*, Nantes, Pleins Feux, 2002, gegen ihn den Vorwurf, er wolle vor allem das neue Objekt unserer Ängste, das neue, unserem »Wir« feindliche »Die«, bezeichnen. Marc Crépon stellt diesem »Wir« ein expandierendes »Wir« entgegen, eine immer umfassendere gemeinsame kulturelle Zugehörigkeitssphäre, wie dies der Logik des Idealisten entspricht, der stets das exklusive »Wir« des Realisten mit einem inklusiven »Wir« kritisiert. Wir hoffen, im vorliegenden Werk die notwendigen Grenzen sowohl der idealistischen Dynamik als auch der realistischen Dynamik aufzuzeigen.

39 Interview des Muftis Rafie al-Rifai mit dem ägyptischen Fernsehsender Sada al-Balad am 4. Dezember 2014.

40 »We gather the following aims: 1. To unite all Muslims under one single Ummah with a uniform Sha'ariah law.« Hassan al-Banna, *50 Point Manifesto* (1936), online verfügbar bei: wikiislam, ⟨https://wikiislam.net/wiki/50_Point_Manifesto_ _Hassan_al-Banna⟩.

41 Hassan al-Banna, »Our Mission«, in: *Five Tracts of Hasan al-Bannā' (1906-1949)*, übers. von Charles Wendell, Berkeley, University of California Press, 1978, S. 40-68.

42 Ebd., S. 36.

43 Zit. von Brynar Lya, *The Society of the Muslim Brothers in Egypt: The Rise of an Islamic Mass Movement, 1928-1942*, London, Ithaca Press, 1998, S. 204.

44 Ebd.

45 Theodor Herzl, Nachricht in »Die Welt« über den ursprüng-

lich für München geplanten (und dann in Basel am 29. August 1897 beginnenden) Ersten Zionistenkongress, zit. nach: ders., *Gesammelte zionistische Werke*, Bd. 3, Berlin, Jüdischer Verlag, 1934, S. 152.

46 Jonathan Frankel, *Prophecy and Politics: Socialism, Nationalism and the Russian Jews, 1862-1917*, Cambridge, Cambridge University Press, 1984, S. 166.

47 Ebd. Siehe auch seine Analyse der sozialistischen und laizistischen jüdischen Partei, des *Bund*, »zwischen Nation und Klasse«; S. 171-258.

48 So erklärt damals ein Sekretär der Antisemitischen und Nationalistischen Jugend, wobei er die Phraseologie Édouard Drumonts aufgreift: »Was wir revolutionären Antisemiten wollen, ist eine wahre Republik und keine Finanzplutokratie«; zitiert von Marc Crapez, »Le socialisme moins la gauche. Anticapitalisme, antisémitisme, national-populisme«, *Mots*, Nr. 55, 1998, S. 84.

49 Albert Regnard hat 1886 mehrere Artikel für *La Revue socialiste* geschrieben; Édouard Marchand ist der Autor des 1892 erschienenen *La France aux Français!* (»Frankreich den Franzosen!«).

50 Benito Mussolini, zitiert von Franz Neumann, *Behemoth. Struktur und Praxis des Nationalsozialismus 1933-1944* (1945), übers. von Hedda Wagner und Gert Schäfer, Köln, Frankfurt/M., Europäische Verlagsanst., 1977, S. 535.

51 Pier Paolo Pasolini, *Die 120 Tage von Sodom*, 1976.

52 Lucien Rebatet, *Les Mémoires d'un fasciste*, Bd. 2, 1941-1947, Paris, Jean-Jacques Pauvert / Éditions du Pilon, 1976; S. 31.

53 Siehe: »Qui sommes-nous?« (»Wer sind wir?«) auf der Website von *Génération identitaire*.

54 Paul Vaillant-Couturier, »Jeunesse«, 1937. (Nachdichtung: Stephan Hermlin, *Wir sind die Jugend dieser Zeit*.)

55 Charles Péguy, *Notre jeunesse* (1910), Paris, Gallimard, 1993. Péguy versucht zwar, die Mystik seiner Jugend neu zu beleben, doch er beginnt sein Werk, indem er das politische »Wir«, zu dem er seiner Überzeugung entsprechend nun gehört, so definiert: »Wir sind die Nachhut – und nicht nur eine Nachhut, sondern auch eine etwas isolierte, zuweilen beinahe preisgege-

bene Nachhut. Eine rückhaltlose Truppe. Wir sind beinahe Musterexemplare. Wir, wir selbst, werden Archive sein, Archive und Tafeln, Fossilien, Zeugen, Überlebende dieser geschichtlichen Zeitalter. Tafeln, die man konsultieren wird«; S. 8f. *Notre jeunesse* ist somit auch eines der ersten Werke über das politische Altern eines »Wir« – einer Generation.

56 Benoît Sabatier, *Nous sommes jeunes, nous sommes fiers*, Paris, Fayard, 2007.

57 The Who, »The kids are alright«, *My Generation*, 1965.

58 The Doors, »When the music's over«, *Strange Days*, 1967.

59 Sham 69, »If the kids are united«, 1978.

60 USA For Africa, »We are the world«, 1985.

61 Ke$ha, »We R who we R«, *Cannibal* EP, 2010.

62 Das Lied endet mit diesen Worten: »Wir sind viele, wir sind überall, das ist erst ein Anfang, der Kampf geht weiter«, Dominique Grange, »La pègre«, 1968.

63 Daniel Cohn-Bendit, »Nous sommes tous des juifs allemands«, *L'Express*, 16. April 1998.

64 Friedrich Nietzsche, *Werke*, Kritische Studienausgabe (KSA), hrsg. von Giorgio Colli und Mazzino Montinari, Berlin, de Gruyter, ²1988, Bd. 5, *Zur Genealogie der Moral* (1887), S. 271. Am Ende von Stendhals *Die Kartause von Parma* liest man das Motto »Wir Glücklichen, die wenigen«.

65 Nietzsche, *Werke*, Kritische Studienausgabe (KSA), a.a.O., Bd. 6, *Der Antichrist. Fluch auf das Christentum* (1888); S. 209.

66 Dem Motto der *Kartause von Parma*, »To the happy few«, soll der Satz Shakespeares zugrunde liegen: »We few, we happy few, we band of brothers« (»Uns wenige, uns beglücktes Häuflein Brüder«, *König Heinrich V.*, 4. Akt, 3. Szene). Offenkundig dient diese Formulierung tatsächlich dazu, ein »Wir« zu bezeichnen, das »Wir« der glücklichen und brüderlichen Minderheit.

67 Und auch: »Wir folgen aufeinander / Wir sind exklusiv / Wir sind nicht einfach«, Tristan Tzara, *Manifest des Herrn Antipryne*, zit. in: Karl Riha, Waltraud Wende-Hohenberger, *Dada Zürich: Texte, Manifeste, Dokumente*, Stuttgart, Philipp Reclam jun., 1992, S. 32. Der 1916 beim ersten Dada-Abend in Zürich verkündete Text wird »vom Anfang bis zum Ende durch das

›Wir‹ (»*wir* erklären …‹, ›*wir* wollen …‹, ›*wir* sind nicht …‹, ›*wir* sind …‹) skandiert«, betont Anne Torniche in *La Naissance des avant-gardes occidentales, 1909-1912*, Paris, Armand Colin, 2015. In der »Ersten Dadarede in Deutschland« erklärt auch Huelsenbeck unablässig: »Wir Dadaisten …«, »Wir waren die Dadas …«.

68 André Breton und Louis Aragon, »Le cinquantenaire de l'hystérie (1878-1928)« (»Der fünfzigste Jahrestag der Hysterie (1878-1928)«), in: *La Révolution surréaliste*, Nr. 11, 15. März 1928 (dt. zit. nach: Renate Schlesier, *Drei Visiten. Aus der Geschichte des Verhältnisses von Surrealismus und Psychoanalyse*; in: *Kulturtheorie*, hrsg. von Ortrud Gutjahr, Würzburg, Königshausen & Neumann, 2005, S. 201).

69 Zit. nach: Hans-Peter Riese, *Kasimir Sewerinowitsch Malewitsch*, Reinbek, Rowohlt, 1999; S. 64.

70 Guy Debord und Pinot Gallazio von der italienischen Sektion der *Situationistischen Internationale*, »Défendez la liberté partout« (»Verteidigt überall die Freiheit«), frz. Übers. von Luc Mercier, 4. Juli 1958.

71 Evgenij Samjatin, *Wir* (1920), neu übers. von Josef Meinolf Opfermann, Bremen, Europ. Literaturverl., 2014. Der umfassendere Originaltitel bedeutet einfach »Wir«. Der französische Titel (»Nous autres«) steht jedoch in der geistigen Tradition der Dissidenten und nimmt eine präzisere Bedeutung an, die eines exklusiven »Wir«, eines marginalen »Wir«.

72 *Unsichtbares Komitee, Der kommende Aufstand*, übers. von Elmar Schmeda, Hamburg, Edition Nautilus, 2010, elektron. Ressource.

73 Ebd. Das *Unsichtbare Komitee* nimmt an, wie dies oft für die Vordenker der Autonomie gilt, dass die so verstandene Kommune eine gewisse Größe nicht überschreiten darf; jenseits davon müssen sich die Kommunen aufteilen, um die abermalige Herausbildung einer »Hegemonie«, von Macht-, Übertragungs- und Herrschaftsstrukturen zu vermeiden. Die ideale Kommune ist stets ein Ganzes von bescheidener Größe, was die Frage nach dem Verhältnis zwischen einer wachsenden Vielzahl von Kommunen, also von getrennten menschlichen »Wir« aufwirft, die der Gefahr ausgesetzt sind, alle eigene Regeln zu entwi-

ckeln und sich bald als einander fremde Gruppierungen ge-
genüberzustehen, womit die unermüdliche Logik des Antagonismus und nicht mehr der Gemeinsamkeit wiederbelebt
wird.

74 Ebd.
75 Robert Antelme, *Das Menschengeschlecht* (1947), aus dem Frz.
von Eugen Helmlé, Frankfurt/M., Fischer Taschenbuch Verl.,
2001, S. 102.
76 Erasmus bezeichnet mit »wir« manchmal die Gesamtheit der
Menschen, wie etwa, wenn er sich über den Hang der Menschen
zu Gewalt und gegenseitigem Krieg aus geringfügigen Gründen wundert: »Nos, Deum immortalem, quam frivolis de causis
quam bellorum tragoedias excitamus!« (»Aus welchen nichti-
gen Gründen entfesseln wir, unsterblicher Gott, die Tragödien
der Kriege!«, *Adagia*, IV, I, 1.) Manchmal behält er das »Wir«
den Christen vor, um auch in diesem Fall einen Bürgerkrieg in
der ersten Person Plural zu beschreiben. (»Nos Christiani pug-
namus cum Christianis.« – »Wir Christen kämpfen mit Christen.«)
77 Man denke an La Boéties »wir sind alle Genossen«. *Discours de
la servitude volontaire* (1549) – *Von der freiwilligen Knechtschaft
des Menschen*, übers. von Gustav Landauer, FV Éditions, S. 22.
78 Michel de Montaigne, *Apologie für Raymond Sebond* (1595), in:
ders., *Essais*, Zweites Buch, übers. von Hans Stilett; Frank-
furt/M., btb, 2000, S. 237.
79 Wie der Historiker Dipesh Chakrabarty feststellt, bleibt dieses
artspezifische »Wir« allerdings eher eine theoretische Konstruktion als eine sinnlich wahrnehmbare Erfahrung: »Wer
ist dieses ›Wir‹? Wir Menschen erfahren niemals selbst als Art.
Das Einzige, was wir tun können, ist, die Existenz der menschlichen Spezies geistig zu verstehen oder zu erschließen; niemals können wir jedoch die Erfahrung der menschlichen Spezies als solcher machen.« Dipesh Chakravarty, »Le climat de
l'histoire: quatre thèses«, *Revue internationale des livres et
des idées*, Nr. 15, Januar-Februar 2010.
80 Francis Wolff, *Notre humanité. D'Aristote aux neurosciences*, Paris, Fayard, 2010.
81 Steven Wise, »Animal Rights. One Step at a Time«, in: Cass R.

Sunstein und Martha Nussbaum (Hrsg.), *Animal Rights. Current Debates and New Directions*, Oxford, Oxford University Press, 2004, S. 19-50.

82 Paola Cavalieri und Peter Singer, »Deklaration über die Großen Menschenaffen«, Gründungstext des »Great Ape Project« (1993), in: dies., *Menschenrechte für die Großen Menschenaffen*, übers. von Hans Jürgen Baron Koskull, München, Goldmann, 1996, S. 12-16.

83 Ebd., S. 13f.

84 Diesen Ausdruck hat Jeremy Bentham geprägt. Wir kommentieren ihn in *Nous, animaux et humains*, Paris, François Bourin Éditeur, 2012, S. 18f.

85 Donna Haraway, *A Cyborg Manifesto: Science, Technology, and Socialist-Feminism in the Late Twentieth Century*, in: dies., *Simians, Cyborgs and Women: The Reinvention of Nature*, New York, Routledge, 1991, S. 149-181 – dt.: dies., *Ein Manifest für Cyborgs. Feminismus im Streit mit den Technowissenschaften*, in: dies., *Die Neuerfindung der Natur: Primaten, Cyborgs und Frauen*, übers. von Dagmar Fink, Frankfurt/M. und New York, Campus-Verl., 1995, S. 33-72.

86 Aldo Leopold, *A Sand County Almanac*, Oxford, Oxford University Press 1949 (dt. u. d. T.: *Am Anfang war die Erde: Plädoyer zur Umwelt-Ethik*, übers. von Elisabeth M. Walther, München, Knesebeck, 1992).

87 John Baird Callicott, *In Defense of the Land Ethic: Essays in Environmental Philosophy*, Albany, NY, State University of New York Press, 1989, S. 56f.

88 Dominique Quessada hält diesen Geschichtsprozess für unausweichlich, wenn er mehrere Ausdehnungen der Sphäre des »Wir« und schließlich ein alle irdischen »Wir« umfassendes »Wir« unterscheidet: »Um den unvermeidlich gewordenen Perspektivenwechsel vorzunehmen, haben die Menschen keine andere Wahl als die, sich als ein zu einem umfassenderen ›Wir‹ gehörendes ›Wir‹, als ein ›Wir‹ in einem anderen ›Wir‹ zu begreifen: das ›Wir‹ einer Menschheit, die sich als Art denken muss, und das ›Wir‹ des Ganzen dessen, was die ungeteilte Fläche darstellt. […] Die Tatsache, ein ›Wir‹ in einem umfassenderen ›Wir‹, das heißt ein doppeltes ›Wir‹ zu sein, das sich streng

genommen nicht mehr einem ›Sie‹ oder einem ›Anderen‹ entgegenstellen lässt, bringt die Vorstellung und gleichzeitig die Erfahrung einer Schicksalsgemeinschaft hervor: Das Klima erwärmt sich überall, der Meeresspiegel steigt überall, die CO_2-Konzentration verstärkt sich überall, die Rohstoffe gehen überall zu Ende [...].« Dominique Quessada, *L'Inséparé*, Paris, PUF, 2013, S. 310 f.

89 Gilles Deleuze und Félix Guattari, *Rhizom* (1976), übers. von Dagmar Berger, Berlin, Merve, 1977, S. 5.

90 Marcel Gauchet, *L'Inconscient cérébral*, Paris, Le Seuil, 1999.

91 Paul Valéry, *Cahiers / Hefte*, Frankfurt/M., FISCHER digiBook, 2016, o. S.

92 Ebd.

93 Nietzsche, *Werke*, Kritische Studienausgabe (KSA), a. a. O., Bd. 3, *Die fröhliche Wissenschaft* (1882), S. 355.

94 Jean-Paul Sartre, *Geschlossene Gesellschaft* (1944), Neuübers. von Traugott König, Reinbek, Rowohlt, 1986, S. 58: »Ich bin ganz allein eine Menge.«

95 Henri Michaux, *Qui je fus* (1927, »Wer ich war«), in: ders., *Œuvres complètes*, Paris, Gallimard, Coll. »Bibliothèque de la Pléiade«, Bd. 1, 1998, S. 79.

96 Das »Anthropozän« bezeichnet ein hypothetisches geologisches Zeitalter, zu dem wir bereits gehören und in dessen Verlauf die Folgen der natürlichen Aktivität des Planeten Erde (Zusammensetzung der Atmosphäre, Klima, Ökosystem, Bodenqualität) und die Folgen der menschlichen Aktivität ganz ununterscheidbar geworden sein sollen, was zu einer neuen Gemeinschaft führe und ein kollektives Subjekt jenseits von Natur und Kultur konstituiere.

97 Vgl. zu diesem Thema das letzte Kapitel von: Bruno Latour, *Nous n'avons jamais été modernes*, Paris, La Découverte, 1991, S. 178 (dt. u. d. T.: *Wir sind nie modern gewesen. Versuch einer symmetrischen Anthropologie*, übers. von Gustav Roßler, Berlin, Akademie-Verlag, 1995).

98 Levi R. Bryant, *The Democracy of Objects*, Ann Arbor, University of Michigan Library, 2011.

99 Siehe das letzte Kapitel von: Graham Harman, *The Quadruple Object*, Winchester/Washington, Zero Books, 2011 (dt. u. d. T.:

Vierfaches Objekt, übers. von Andreas Pöschl, Berlin, Merve Verl., 2015).

100 Donna Haraway, a.a.O., Einleitung.

101 Thierry Hoquet, *Cyborg Philosophie. Penser contre les dualismes*, Paris, Le Seuil, 2011.

102 »We are Nature, long have we been absent, but now we return, / We become plants, trunks, foliage, roots, bark, / We are bedded in the ground, we are rocks, (…) / We are snow, rain, cold, darkness, we are each product and influence of the globe, / We have circled and circled till we have arrived home again […].« Walt Whitman, *Leaves of Grass* (1855) (dt. zit. nach: ders., *Grashalme*, übertr. von Hans Reisiger, Berlin, S. Fischer, 1922, S. 102 f., »Wir zwei, wie lange waren wir genarrt«).

103 »We two, how long we were fool'd«, ebd.

104 Brian Cox, Dokumentarfilmreihe *Wonders of the Universe,* BBC, Episode 4, 2011.

105 Don C. Nix, *The Shimmering Life: Yearning for Transcendence*, Bloomington, iUniverse, 2007, S. 7.

106 Zit. nach: Marta Kijowska, *Die Tinte ist ein Zündstoff: Stanislaw Jerzy Lec – der Meister des unfrisierten Denkens*, München, Hanser, 2009, S. 37.

107 John Lennon, »God«, *Plastic Ono Band*, 1970.

108 Pascal Quignard veranschaulicht und verteidigt dieses Ideal in seinem Werk *Sur une communauté de solitaires* (»Über eine Gemeinschaft von Einsiedlern«), Paris, Arléa, 2015: »Die Besonderheit von Port-Royal ist für mich die faszinierende Erfindung – selbst wenn sie für den Geist schwer vorstellbar ist – einer Gemeinschaft von Einsiedlern. […] Sie richteten sich nicht nach irgendeiner äußeren Regel, gehorchten niemandem, waren lediglich eifrig auf ihren Rückzug aus der Welt bedacht. […] Sie studierten. Sie duzten niemanden. Weder Gott noch die Kinder, noch die Armen, noch die Tiere. Sie grüßten die Krähen, bewunderten deren harte und schwarze Schnäbel und streichelten die Katzen.« (S. 28 f.) Die Einsiedler von Port-Royal konnten noch so sehr darauf beharren, sich in keinem »Wir« wiederzuerkennen, sie hatten trotzdem eine genau bestimmte soziale Herkunft, denn »als ›Einsiedler‹ wurden Män-

ner der Zivilgesellschaft, Aristokraten oder reiche Bürger, bezeichnet, die sich für klösterliche Lebensgewohnheiten entschieden (für deren Formen von Enthaltsamkeit, Schweigen, Kasteiung, Nachtwachen, Aufgaben, Lektüre [...].« (S. 28).

109 Ralph Waldo Emerson, *Gesellschaft und Einsamkeit* (1870); übers. von Selma Mohnicke; Bremen, Kühlmann's Buchhandlg., ²1876; S. 4.

110 Michel Derrion, *Constitution de l'industrie et organisation pacifique du commerce et du travail, ou tentative d'un fabricant de Lyon pour terminer d'une manière définitive la tourmente sociale*, Lyon, Durval, 1834, S. 9.

111 Paulus, *Der Brief an die Galater*, 3,28.

112 Alain Badiou, *Saint Paul. La fondation de l'universalisme*, Paris, PUF, 1998 (dt. u. d. T.: *Paulus. Die Begründung des Universalismus*, übers. von Heinz Jatho, Berlin, Diaphanes, 2002).

113 Karl Marx / Friedrich Engels, *Manifest der Kommunistischen Partei* (1848), in: dies., *Werke*, Berlin, Dietz Verl., 1959, Bd. 4, S. 479.

114 In *L'Épreuve du collectif* (Lagrasse, Verdier, 2016) greift Gilles Hanus diese sehr an Sartre erinnernde Unterscheidung auf, indem er das passive »Kollektiv«, das eine Gesamtheit von tatsächlich versammelten Subjekten bezeichnet (an einer Bushaltestelle wartende Personen), der aktiven »Gruppe« entgegenstellt, die die Wahl eines Interesses oder eines gemeinsamen Ziels voraussetzt. Die Gruppe kann hoffen, ein »Wir« zu gestalten, während das Kollektiv stets der Gefahr ausgesetzt ist, ins »man« abzusinken. Wir werden allerdings dafür eintreten, dass es niemals möglich ist, eine solche deutliche Unterscheidung zwischen einer erduldeten kollektiven Identität und einer gewählten Gruppenidentität vorzunehmen. Wir werden keinen Unterschied zwischen einer passiven ersten Person Plural und einer aktiven ersten Person Plural machen. Wir nennen die eine wie die andere »wir«. Was uns im »wir Frauen«, »wir Schwarzen«, »wir Weißen«, »wir Christen« interessiert, ist gerade die *Unterschiedslosigkeit* zwischen der empfangenen Seinslage und der bejahten Identität.

115 Jean-Paul Sartre, *Das Sein und das Nichts. Versuch einer phänomenologischen Ontologie* (1943), deutsch von Hans Schöneberg

und Traugott König, Reinbek, Rowohlt Taschenbuch Verl., [14]2008, S. 833.

116 Judith Butler, *Gender Trouble*, New York, Routledge, 1990 (dt. u. d. T.: *Das Unbehagen der Geschlechter*, aus dem Amerikan. von Kathrina Menke, Frankfurt/M., Suhrkamp, 1991).

117 Dies., *Undoing gender*, New York, Routledge, 2004 (dt. u. d. T.: *Die Macht der Geschlechternormen und die Grenzen des Menschlichen*, aus dem Amerikan. von Karin Wördemann und Martin Stempfhuber, Suhrkamp, Frankfurt/M., 2009, S. 9).

118 Gustave Le Bon, *Psychologie der Massen* (1895), übers. von Rudolf Eisler, Berlin, Europ. Literaturverl., 2017.

119 Elias Canetti, *Masse und Macht*, Hamburg, Claassen, 1960.

120 »Ethnopolitical action presupposes an identity group that shares valued cultural traits and some common grievances or aspirations. These sentiments and interests provide the essential bases for mobilization and shape some kinds of claims made by group leaders ... The timing of action and the choice of strategies of participation, protest, or rebellion depend largely on political opportunities external to the group, principally its relationship to the state and external actors.« Ted Robert Gurr, *Peoples versus States: Minorities at Risk in the New Century*, Washington, United States Institute of Peace Press, 2000, S. 94.

121 Siehe das Kräuterbuch von Leonhart Fuchs, *De Historia Stirpium Commentarii Insignes*, Basel, 1542. Fuchs benutzt ein alphabetisches Darstellungssystem und beansprucht noch nicht, die Pflanzen, die er in den Werken des Altertums identifiziert, zu klassifizieren.

122 Wir beziehen uns auf das Tierbuch von Conrad Gessner, *Historia Animalium*, Zürich, 1551-1558. Der erste Band behandelt die vierfüßigen lebendgebärenden Tiere (und enthält Albrecht Dürers berühmte Darstellung eines *Rhinocerus*, doch auch die eines Einhorns), der zweite die vierfüßigen eierlegenden Tiere, der dritte die Vögel, der vierte die Fische und die übrigen Wassertiere, der unvollendete letzte hätte die Schlangen und Skorpione behandeln sollen.

123 Rudolf Jakob Camerarius führt die Unterscheidung der Geschlechter bei den Pflanzen ein und eröffnet damit in *De sexu*

plantarum epistola, Tübingen, 1694, den Weg zu ihrer Klassifizierung durch ihr Fortpflanzungsprinzip.

124 Joseph Pitton de Tournefort, *Éléments de botanique, ou Méthode pour connaître les plantes*, Paris, 1694. Er unterscheidet zwei Klassifizierungskriterien (nach der Blüte und nach der Frucht); dann ordnet er die Pflanzen, indem er nacheinander die Blütenkrone, die übrige Blüte, die Blüten insgesamt, Wurzeln, Stängel und den Geschmack untersucht. Durch diese hierarchisch gegliederte Untersuchung sieht er als Erster die Gattung als eine taxonomische Rangstufe an (mehrere Arten sollen eine Gattung bilden), doch er macht daraus kein System.

125 Das erste vollständig hierarchisch gegliederte System ist Carl von Linnés Werk *Systema Naturae per regna tria Naturae, secundum classes, ordines, genera, species; cum characteribus, differentiis, synonymis, locis* (1735) (»Das System der Natur unterteilt in drei Naturreiche, Klassen, Ordnungen, Gattungen und Arten; mit ihren Merkmalen, Unterschieden, Synonymen und Orten«) (dt. u. d. T.: *Des Ritters Carl von Linné vollständiges Natursystem*, übers. von Philipp Ludwig Statius Müller, Nürnberg, Nicolaus Raspe, 9 Bde., 1773-1776), 10. Auflage des Originals: Stockholm 1758. Linné übernimmt seinen Artbegriff von John Ray: »Gemeinschaft von Individuen, die durch die Fortpflanzung andere, ihnen selbst gleiche Individuen erzeugen«.

126 Antoine Laurent de Jussieu, *Genera plantarum*, Paris 1789. Darin unterscheidet er drei Pflanzengruppen; sie unterteilen sich in fünf Klassen, die ungefähr hundert Familien umfassen, von denen manche in den heutigen Klassifizierungen immer noch gültig sind.

127 In *Le Règne animal distribué d'après son organisation*, Paris, Belin, 1817 (dt. u. d. T.: *Das Thierreich geordnet nach seiner Organisation*, übers. von F. S. Voigt, Leipzig, Brockhaus, 1831-1843), überträgt Georges Cuvier die Einteilungsprinzipien Jussieus von der Pflanzenwelt auf die Tierwelt. Der erste Band behandelt die Säugetiere und Vögel, der zweite die Reptilien, Fische, Mollusken und Ringelwürmer, der dritte die Krebstiere, Spinnen und Insekten, der letzte die Zoophyten.

128 Offenbar erscheint dieser Satz zum ersten Mal 1989 in einer Rede über die Bevorzugung des Nationalen.

129 Sophokles, *Antigone* (441 v. u. Z.).

130 William Shakespeare, *Romeo und Julia* (1597).

131 Dieses Gefühl, dass eine gemeinsame Identität bald verlorengehen kann, liegt dem Werk von Edwy Plenel zugrunde: *Dire nous* (»Wir sagen«), Paris, Don Quichotte, 2016. Der Autor bedauert, dass ein universelles »Wir« der Gleichheit – ohne eine Unterscheidung des Ursprungs, der sozialen Stellung, der Zugehörigkeit oder des religiösen Glaubens – zunehmend verschwindet. Wir bemühen uns, im vorliegenden Buch zu zeigen, dass es nicht darum geht, diesem universellen und zusammenführenden »Wir« nachzutrauern, das ebenso exklusiv wie ein anderes ist, sondern dass man die interne Logik verstehen muss, durch die jedes – sehr ausgedehnte oder sehr beschränkte – »Wir« von Einteilungskonflikten durchschnitten wird. Damit man »wir« sagen kann (ein Ideal, das wir mit dem Autor teilen), muss man zuerst den Preis einschätzen, den man für die Grundlegung jeder beliebigen politischen Identität zu bezahlen hat: das, was wir verneinen, indem wir uns bejahen.

132 Félix Boggio-Ewanjé-Epée und Stella Magliani-Belkacem, *Les Féministes blanches et l'empire*, Paris, La Fabrique, 2012.

133 Josette Trat, »*Les Féministes blanches et l'empire*, ou le récit d'un complot féministe fantasmé« (»*Die weißen Feministinnen und das Imperium* oder die Erzählung eines fantasierten feministischen Komplotts«), *Contretemps*, Online-Zeitschrift, 17. Dezember 2012, ⟨https://www.contretemps.eu/les-feministes-blanches-et-lempire-ou-le-recit-dun-complot-feministe-fan tasme/⟩.

134 Kimberlé W. Crenshaw, »Demarginalizing the intersection of race and sex: a black feminist critique of antidiscrimination doctrine, feminist theory and antiracist politics«, *University of Chicago Legal Forum*, Nr. 140, 1989; S. 139-167 (dt. u. d. T.: »Die Intersektion von ›Rasse‹ und Geschlecht demarginalisieren: Eine Schwarze feministische Kritik am Antidiskriminierungsrecht, der feministischen Theorie und der antirassistischen Politik«, in: Helma Lutz, Maria Teresa Herrera Vivar und Linda Supik (Hrsg.): *Fokus Intersektionalität: Bewegungen und Verortungen eines vielschichtigen Konzeptes*, Wiesbaden, VS Verlag, 2010, S. 33-54).

135 »Consider an analogy to traffic in an intersection, coming and going in all four directions. Discrimination, like traffic through an intersection, may flow in one direction, and it may flow in another. If an accident happens in an intersection, it can be caused by cars traveling from any number of directions and, sometimes, from all of them. Similarly, if a Black woman is harmed because she is in an intersection, her injury could result from sex discrimination or race discrimination [...]. But it is not always easy to reconstruct an accident: sometimes the skid marks and the injuries simply indicate that they occurred simultaneously, frustrating efforts to determine which driver caused the harm.« Ebd., S. 149.

136 Vor kurzem interessierte sich Joan W. Scott (*The Politics of the Veil*, Princeton und Oxford, Princeton University Press, 2007, S. 19) beispielsweise für die Diskussionen über das Verbot des islamischen Schleiers in den Schulen Frankreichs und für die Widersprüche zwischen denen, die sich auf die Republik, auf Universalismus und Säkularismus berufen, und denen, die besonders die »Unterschiede« als einziges gemeinsames Gut betonen und die nicht »ein ›Wir‹ in einer unnachgiebigen und ›ihnen‹ gegenüber gefährlich defensiven Haltung absichern« möchten.

137 »Ich schlage vor, den Begriff ›Femonationalismus‹ zu verwenden, um die politische Ökonomie der Diskursformation zu bezeichnen, die die anti-islamischen und auf (männliche) Migranten gerichteten Befürchtungen der nationalistischen Parteien, einiger Feministinnen und der neoliberalen Regierungen hinter der Idee der Gleichstellung der Geschlechter vereint.« Sara R. Farris, »Femonationalism and the Regular Army of Labor Called Migrant Women«, *History of the Present*, Nr. 2, Herbst 2012, S. 184.

138 Vgl. die Erklärung des *Combahee River Collective*, einer schwarzen lesbischen feministischen Organisation, von 1977: Es vertrat die Ansicht, dass »sich aus der Synthese dieser (rassischen, sexuellen, heterosexuellen und klassenbedingten) Unterdrückung unsere Lebensbedingungen ergeben«. (Dieser Text wurde von Elsa Dorlin ins Französische übersetzt; in: *Black Feminism. Anthologie du féminisme afro-américain, 1975-2000*, Paris, L'Harmattan, 2008.)

139 Flora Tristan, *Arbeiterunion: Sozialismus und Feminismus im 19. Jahrhundert*, übers. von Paul B. Kleiser, Frankfurt/M., isp-Verl., 1988, S. 35.

140 Patricia Hill Collins, »Learning from the Outsider within«, *Social Problems*, Oxford, Oxford University Press, Bd. 33, Nr. 6, S. 14-32. Collins bietet ein gutes erstes Beispiel der *Topologie* einer politischen Subjektivität, die von sich überschneidenden Ungleichheiten strukturiert wird, als sie sich für die Art und Weise interessiert, wie sich die schwarzen Frauen ihren Status von »Außenseitern im Innern«, also von ausgeschlossenen Frauen innerhalb eines Feldes (wobei sie als Frauen in der Gesamtheit der rassisch beherrschten Schwarzen und als schwarze Frauen innerhalb der Gesamtheit der Frauen, die Opfer der Männerherrschaft waren, beherrscht wurden), angeeignet haben. In diesem Artikel ist klar zu sehen, wie es die Intersektionalität ermöglicht, das Bewertungssystem der Subjektivitäten umzukehren und aus einer doppelt beherrschten Subjektivität eine reichere, interessantere Identität zu machen. Die Intersektionalität ermöglicht es, die gesellschaftlichen Randbereiche *neu zu fokussieren*.

141 Leslie McCall, »The Complexity of Intersectionality«, *Signs: Journal of Women in Culture and Society*, Bd. 30, Nr. 3, 2005, S. 1771-1800. Nach Ansicht McCalls handelt es sich vor allem um ein methodologisches Problem: Die Intersektionalität soll es dem Feminismus ermöglichen, »interdisziplinär« zu werden, um so die strukturellen Ungleichheiten verständlich zu machen.

142 Kimberlé W. Crenshaw, »Mapping the Margins«, *Stanford Law Review*, Bd. 43, Nr. 6, 1991, S. 1241.

143 Kimberlé W. Crenshaw, »Interview mit Bim Adewunmi«, *New Statesman*, 2. April 2014.

144 Joseph Arthur de Gobineau, *Essai sur l'inégalité des races humaines* (1855), Paris, Firmin-Didot, 1884 (dt. u. d. T.: *Versuch über die Ungleichheit der Menschenracen*, übers. von Ludwig Schemann; Stuttgart, Frommann, 1902), »Conclusion générale« (»Allgemeine Schlussfolgerung«).

145 Joseph de Maistre will mit diesem Bonmot die französische Verfassung von 1795 verspotten, die sich an alle Menschen wendet. In: *Considérations sur la France* (1797), Lyon, Rusand, 1834,

S. 90. (Dt. zit. nach: *Mit der Differenz leben. Europäische Ethnologie und Interkulturelle Kommunikation*, hrsg. von Klaus Roth, Münster, München, New York, Waxmann, ²2000, S. 148.)

146 Paul Hinschius, *System des katholischen Kirchenrechts*, Berlin, Guttentag, 1869-1886.

147 Jean Gaudemet, »Les formes anciennes de l'excommunication«, *Revue des sciences religieuses*, Bd. 23, Nr. 1, 1949, S. 64f.

148 Edgar Morin, *Autocritique*, Paris, Le Seuil, 1959.

149 Éric Bordessoule, »L'État-nation en Afrique subsaharienne, un modèle en crise?«, *Géoconfluences*, Online-Zeitschrift, 15. Januar 2006, ⟨http://geoconfluences.ens-lyon.fr/doc/etpays/Af subsah/AfsubsahScient.htm⟩.

150 Rosa Luxemburg, *Frauenwahlrecht und Klassenkampf*, aus: »*Frauenwahlrecht*«, *Propagandaschrift zum II. sozialdemokratischen Frauentag*, Stuttgart, 12. Mai 1912, in: dies., *Gesammelte Werke*, Bd. 3, Berlin, Dietz Verl., 1974, S. 162.

151 ⟨http://vegaweb.org/vegetarisme-et-classe-sociale-t18752. html⟩.

152 Guy Debord, *Die Gesellschaft des Spektakels* (1967), Hamburg, Edition Nautilus, 1978, § 62.

Buch II: Zwänge

1 Augustin Pyrame de Candolle, *Théorie élémentaire de la bota-nique, ou Exposition des principes de la classification naturelle et de l'art de décrire et d'étudier les végétaux*, Paris, Deterville, 1819; S. 193. – Frz. Erstausg.: 1813; dt. zit. nach: ders., *Theore-tische Anfangsgründe der Botanik, oder Erklärung der Grundsät-ze der natürlichen Classeneintheilung und der Kunst, die Gewäch-se zu beschreiben und zu studieren*, übers. von Joh. Jacob Römer, Erster Theil, Zürich, Füßli, 1814, S. 185.

2 Jody Hey, *A Reduction of ›Species‹ and a Resolution of the Spe-cies Problem*, New Brunswick, Rutgers University, 1997. Jody Hey gehört zu denen, die den Standpunkt vertreten, dass sich das Problem der unmöglichen objektiven Kategorisierung in Form von »Arten« erst regeln lasse, wenn wir anerkennen, dass unsere Taxa subjektiv sind und dass die »Kategorien« mensch-liche Denk- und Sprachgebilde sind, die benutzt werden, um den Geist unserer Art, der sich mit der Vielfalt der lebenden Organismen auseinandersetzen muss, zu ordnen. Das Paradox ist dann, dass die Einteilung der Arten von einer Anordnung des Erkenntnisapparats unserer Art, also von einer *Art*eigen-schaft herrühren würde. Der Unterschied zwischen den Arten würde sich durch einen artspezifischen Unterschied erklären, was kaum zufriedenstellend ist.

3 Massimo Pigliucci, »Species as Family Resemblance Concept: the (Dis-)solution of the Species Problem?«, *Biology and Philos-ophy*, Nr. 4, 1989. Massimo Pigliucci vertritt den Standpunkt, dass das Problem der Definition des Begriffs »Art« (*Species*) nicht so sehr zur Biologie als vielmehr zur Sprachphilosophie gehört. Im Sinne Wittgensteins schlägt er eine Auflösung die-ses Problems vor, indem er »Art« als einen Begriff ansicht, der durch »Familienähnlichkeit« funktioniere. Wittgenstein dach-te, dass beispielsweise die Spiele nicht durch das Wesen des

Spiels, sondern durch Ähnlichkeiten untereinander verbunden seien, wie denjenigen, die es zwischen den Mitgliedern derselben Familie gebe (Größe, Gesichtszüge, Augenfarbe ...), und er nahm an, dass man sie so definieren könne, ohne sich auf irgendeine Essenz zu beziehen. Wenn man Wittgensteins Idee rückwirkend auf das Problem der Definition der Art anwendet, besteht das Paradox darin, dass die Metapher, die das Wesen einer Definition durch einfache Verwandtschaftsähnlichkeiten ersetzen soll, das konkrete Prinzip der Verwandtschaft zwischen den Organismen begründen müsste: die Zugehörigkeit zu derselben Art. Das Verwandtschafts*konzept* würde sich also durch die *Metapher* der Verwandtschaft erklären, von der man nicht mehr allzu genau weiß, wie man sie definieren soll.

4 Guillaume Lecointre und Hervé Le Guyader, *Biosystematik* (2006), übers. von Claudia Schön; Berlin und Heidelberg, Springer, 2006, S. 8.

5 Peter Singer, *Animal Liberation. Die Befreiung der Tiere*, übers. von Claudia Schorcht, Reinbek, Rowohlt, 1996.

6 Tom Regan, *The Case for Animal Rights*, Berkeley, University of California Press, 2004 (dt. u. d. T.: »Die Tierrechtsdebatte«; in: Internationale Arbeitsgemeinschaft Tierethik (Hrsg.), *Tierrechte. Eine interdisziplinäre Herausforderung*, Erlangen, Fischer, 2007, S. 71-88).

7 Steven Wise, *Drawing the Line: Science and the Case for Animal Rights*, New York, Perseus, 2002.

8 Martha Nussbaum, *Frontiers of Justice: Disability, Nationality and Species Membership*, Cambridge Mass., Harvard University Press, 2006 (dt. u. d. T.: *Die Grenzen der Gerechtigkeit – Behinderung, Nationalität und Spezieszugehörigkeit*, aus dem Amer. von Robin Celikates und Eva Engels, Berlin, Suhrkamp, 2010).

9 Vernor Vinge, »The Coming Technological Singularity«, *Whole Earth Review*, Winter 1993.

10 In Frankreich waren sie im Jahre 2000 ungefähr hunderttausend.

11 Zum gleichen Zeitpunkt zählte man von ihnen in Frankreich ebenfalls ungefähr hunderttausend.

12 Michel Foucault, *Über Hermaphrodismus / Herculine Barbin*, aus dem Frz. von Annette Wunschel, Frankfurt/M., Suhrkamp, 1998.

13 Siehe zum Beispiel den Artikel von Judith Butler über die (den) intersexuelle(n) Caster Semenya, eine Leichtathletin (einen Leichtathleten) aus Südafrika mit einem XY-Genotyp, (den) die der Weltleichtathletikverband einem Geschlechtstest unterzogen hatte: »Wise Distinctions«, *London Review of Books*, 20. November 2009: »Tatsächlich frage ich mich, warum wir uns verpflichtet fühlen, das Geschlecht endgültig zu bestimmen, wo wir doch wissen, dass das Geschlecht doppeldeutig sein kann (und dies für wenigstens zehn Prozent der Bevölkerung ist – und für weitaus mehr, wenn man ›psychologische Faktoren‹ berücksichtigt), und die von uns benutzten Standards, um es zu ›bestimmen‹, offenkundig veränderlich und nicht immer in sich kohärent sind (die chromosomischen, hormonellen, anatomischen, um nur einige zu nennen).«

14 Thomas Laqueur, *Making Sex: Body and Gender from the Greeks to Freud*, Cambridge Mass., Harvard University Press, 1990 (dt. u. d. T.: *Auf den Leib geschrieben. Die Inszenierung der Geschlechter von der Antike bis Freud*, aus dem Engl. von Jochen Bussmann, Frankfurt/M. u. New York, Campus, 1992).

15 Beatriz Preciado, *Testo Yonqui*, Madrid, Espasa Calpe, 2008 (dt. u. d. T.: *Testo Junkie. Sex, Drogen und Biopolitik in der Ära der Pharmapornographie*, aus dem Frz. von Stephan Geene, Berlin, b-books, 2016).

16 So resümiert Preciado ihr Projekt in einem Artikel, der am 14. Oktober 2008 in *Libération* erschien. Preciado beschreibt dieses Protokoll einer freiwilligen Vergiftung in: *Testo Junkie*, a. a. O., S. 11.

17 Ebd.

18 Ebd.

19 Diese Kritik wird selbst im Rahmen der Gender Studies vorgebracht: In einem Artikel, der in der Zeitschrift *Differences* (Bd. 26, Mai 2015) erschien, haben Robyn Wiegman und Elizabeth Wilson zu einer *queer theory without antinormativity*, also zu einer Theorie der Überschreitung der Geschlechter aufgerufen, die nicht mehr zwangsläufig eine Kritik der Normativität

sein sollte, denn sie vertreten den Standpunkt, dass »die Anti-normativität im akademischen Bereich kanonisch geworden ist und folglich ironischerweise den Status einer Norm erhalten hat, was ein für alle Mal beweist, dass Normen unvermeidlich sind und man sich ihnen nicht dauerhaft entgegenstellen kann«. Doch in der Politik ist nichts schwieriger, als anzuerkennen, dass die minoritäre Vorstellung, die wir verteidigt haben, wenigstens in manchen Kulturbereichen majoritär geworden sein kann. Auf diese Schwierigkeit sind viele progressive Denkrichtungen am Ende der Neuzeit gestoßen.

20 Gobineau, *Versuch über die Ungleichheit der Menschenracen*, a. a. O., S. 141.

21 Ebd.

22 Ebd., S. 141 f.

23 Ebd., S. 143.

24 Johann Friedrich Blumenbach, *De generis humani varietate nativa*, Göttingen, Friedrich Andreas Rosenbusch, 1775. (Dt. u. d. T.: *Über die natürlichen Verschiedenheiten im Menschengeschlechte*, nach der dritten Ausgabe und den Erinnerungen des Verfassers übers. von Johann Gottfried Gruber, Leipzig, Breitkopf u. Härtel, 1798.) – Die französische Ausgabe – *De l'unité du genre humain et de ses variétés* (1795) (übers. von Frédéric Charles Chardel, Paris, Allut, 1804) – gibt einen guten Überblick über Blumenbachs Ansichten zu den Unterschieden zwischen den Menschen nach der Anerkennung des Unterschieds zwischen allen Menschen und den anderen Tieren. Blumenbach stellt fest, dass es tatsächlich eine einheitliche menschliche Art gebe, diese jedoch *Varietäten* und *Variationen* aufweise, die man messen könne.

25 Samuel George Morton, *Crania Americana: or, a comparative view of the skulls of various aboriginal nations of North and South America: To which is prefixed an essay on the varieties of the human species*, Philadelphia, Dobson, 1839. Mortons Arbeit wurde von Stephen J. Gould kommentiert und kritisiert: Er hat die fehlerhaften Methoden und die Messirrtümer des Forschers hervorgehoben, um aus ihm eines der Embleme des pseudowissenschaftlichen Rassialismus im 19. Jahrhundert zu machen. Diese Kritik wurde danach infrage gestellt und

nuanciert. Man hat Gould beschuldigt, dass ihn sein Antirassismus teilweise verblendete und dass er Mortons Zahlenangaben ungerecht beurteilte. Seitdem hat der – zugleich wissenschaftliche und politische – Streit um die Interpretation der Messungen Mortons nicht aufgehört.

26 Gobineau, a.a.O., S. 150.

27 Ebd., S. 154.

28 Claude Lévi-Strauss, »Rasse und Kultur«, in: ders., *Der Blick aus der Ferne*, aus dem Frz. von Hans-Horst Henschen und Joseph Vogl, Frankfurt/M., Suhrkamp, 2008 (Rede auf der UNESCO-Konferenz vom 22. März 1971), S. 23.

29 Ders., *Rasse und Geschichte* (1952), in: ders., *Strukturale Anthropologie, II*, übers. von Traugott König, Frankfurt/M., Suhrkamp, 1992, S. 363 f.

30 Ders., »Rasse und Kultur«, a.a.O., S. 51.

31 So kritisiert Allan Bloom in der Einleitung zu *The Closing of the American Mind*, New York, Simon & Schuster, 1987 (dt. u.d.T.: *Der Niedergang des amerikanischen Geistes*, übers. von Richard Giese, Hamburg, Hoffmann und Campe, 1988), die Idee der »Öffnung«, die nach seiner Ansicht vom Postmodernismus und Relativismus vorgebracht wird; sie sei keine kritische Öffnung mehr, sondern eine Öffnung der Indifferenz, ein standardmäßiger freier kultureller Raum, und sie kenne keine mögliche Begrenzung mehr.

32 Philippe Muray schildert sehr oft das allgemeine Verschwinden der Grenzen – zwischen Mann und Frau, Kind und Erwachsenem, Mensch und Tier, Mensch und Maschine –, das die Moderne kennzeichnen und teilweise mit unserer intuitiven Erkenntnis einer historischen Entgründung der Klassifizierungskategorien übereinstimmen soll. Doch in seinem Fall geschieht dies, um eine Kritik zu formulieren, die »jene, die erbittert für einen freien Kapitalverkehr eintreten, und jene, die sich für den freien Verkehr der auf derselben Seite kämpfenden Personen (insbesondere der allerheiligsten Immigranten) eintreten«, gleichstellt. »Sie alle sind frenetische Exterritorialisierer, Grenzenauslöscher, also Anhänger der neuen konfusen Traumwelt, aus der die alten Souveränitäten, die Produkte der Menschwerdung, für immer verbannt sind.« *Festivus festivus*.

317

Conversations avec Élisabeth Lévy, Paris, Fayard, 2005, Gespräch vom September 2001. Wenn man Murays Vorstellung akzeptiert, erkennt man deutlich, dass man notwendige Grenzen unmittelbar in der Welt wieder ziehen müsste – doch man erkennt nicht allzu deutlich, wo oder wie das geschehen sollte (mithilfe welcher unveränderlicher Grenzziehung der Nationen, wenn man zum Beispiel die neueste und sehr bewegte Geschichte ihrer Festlegung auf dem afrikanischen Kontinent kennt).

33 Régis Debray, *Lob der Grenzen* (2010), aus dem Frz. von Nicole Neumann, Hamburg, LAIKA-Verlag, 2016.

34 »Europas Schönheit und Größe (...) bestehen darin, dass es ein Maximum an Vielfalt auf einem Minimum an Raum geboten hat, was tatsächlich dem Vorhandensein von Grenzen zu verdanken ist. Die Grenze bedeutet keinen Ausschluss, sie erinnert uns daran, dass es anderes gibt und dass es nicht zwangsläufig das Schicksal der Menschheit ist, der Vereinheitlichung entgegenzugehen«, Alain Finkielkraut, Wortbeitrag im Fernsehsender France 5 (am 4. Dezember 2012).

35 Lévi-Strauss, *Der Blick aus der Ferne*, a.a.O., »Vorwort«, S. 14.

36 Dabei handelt es sich um einen vor kurzem geprägten Begriff, der in den politisch aktiven Kreisen spontan zirkuliert. Die transfeministische und dekoloniale Aktivistin Lalla Kowska-Régnier benutzt dieses Wort beispielsweise am Ende eines Interviews mit der Schweizer transfeministischen Website *L'émiliE* (vom 13. Februar 2012).

37 »Man muss sich endgültig von den Sichtweisen jener Gesellschaftsklassen lösen, die Erwägungen zur Rasse übergehen.« Elizabeth Esch und David Roediger, »Pour déracialiser, il faut penser la race (et la classe)« (»Man muss die Rasse (und die Klasse) gedanklich erfassen, um zu entrassifizieren«) (2006), franz. Übers. des engl. Originals von Mathieu Bonzom, *Période*, Online-Zeitschrift, 18. Juni 2014, ⟨http://revueperiode.net/pour-deracialiser-il-faut-penser-la-race-et-la-classe/⟩.

38 Die vor kurzem erschienene Arbeit von Houria Bouteldja, *Les Blancs, les Juifs et nous* (»Die Weißen, die Juden und wir«), Paris, La Fabrique, 2016, ist hochinteressant, unter anderem deshalb, weil man darin eine schwankende Haltung zwischen der

Sorge, einen strategischen Gebrauch der Rasseneinteilungen (Schwarze, Weiße, doch auch Juden, die sie von den Weißen unterscheidet) beizubehalten – wobei sie präzisiert, dass es sich um konstruierte und unwahre historische Kategorien handele –, und der immer größeren Versuchung entdecken kann, diese Einteilung anzunehmen, um die weißen Privilegien und die von den Herrschenden geschriebene Geschichte zu überwinden. Einerseits seien die Rassen »Produkte der modernen Geschichte, ebenso wie ›Arbeiter‹ oder ›Frauen‹« (S. 13). Die Autorin erkennt an, dass der Begriff »Weißer« relativ ist und das Lager des Unterdrückers, des Herrschenden bezeichnet: In den Augen der Dritten Welt sei sie selbst »weiß«. Andererseits bezeichne »Weißer« in den rassialistischen Klassifikationen den europäischen Mann. Es soll also zwei Weiße geben: *relative* Weiße und *absolute* Weiße. Ein funktionales Weiß und ein wesensmäßiges Weiß: das Weiß der Haut. Diese Doppeldeutigkeit untergräbt jedes Denkmodell, das die politischen Verhältnisse re-rassialisieren will: Ein und derselbe Begriff dient dazu, eine transzendentale historische Funktion (den Herrschenden, den Unterdrücker, den Herrn) und eine biologische Zugehörigkeit (die Hautfarbe, die Familienherkunft) zu bezeichnen. Folglich besteht die ganze Strategie darin, die geschichtliche Funktion durch die biologische Zugehörigkeit zu erklären und dem Weißen – der versucht, sich der Bestimmung zu entziehen, dass ihn seine biologische Zugehörigkeit vorläufig zu dieser geschichtlichen Funktion verurteilt – zu entgegnen: Die geschichtliche Rasse wurde von der natürlichen Rasse nur unterschieden, damit man beide besser vermischen konnte. Das geschichtliche Weiß als Herrschaft kommt vom Weiß der Haut (Europas). Houria Bouteldja lässt die Geschichte der Rassenherrschaft tatsächlich im Jahre 1492 mit dem europäischen Imperialismus und dann mit der Konstruktion des weißen Subjekts im Gegensatz zum Schwarzen, dem Objekt des Sklavenhandels, beginnen. Die europäische rationalistische Philosophie und insbesondere Descartes werden beschuldigt, das weiße patriarchale Subjekt begründet zu haben. Die Autorin gibt dem »Wir« des berühmten Satzes von Descartes »wir werden uns gleichsam zu Herren und Besitzern der Natur machen« die Schuld, die Begründung des weißen Mannes geschaffen zu haben, der unterjocht, raubt, stiehlt, vergewaltigt und Völkermord begeht (S. 30), was paradox wirkt, wenn man die cartesische Ethik kennt. Der Humanismus entgeht nicht der Kritik am »Weiß-Sein«. Das weiße »Wir« wird als eine Maschine angesehen, um auszuschließen, was nicht »Wir« ist. Es ist ein umfassendes Immunsystem: »Das Immunsystem eines Organismus ist ein biologisches System, das aus einer koordinierten Gesamtheit von Erkennungs- und Verteidigungselementen besteht, die das ›Selbst‹ vom ›Nichtselbst‹ unterscheidet« (S. 38). In diesem Augenblick ist zu erkennen, wie sehr die von der Autorin verwendete biologische Metapher die Versuchung kennzeichnet, die rassische Identität zu renaturalisieren. Die Rasse ist somit ein Immunitätsprinzip der Menschengruppen. Dabei lässt sich nicht erkennen, wie man die Frage nach dem Ursprung des »Weiß-Seins« auf Dauer vermeiden kann: Warum haben denn die Männer mit weißer Hautfarbe nach Ansicht von Houria Bouteldja das »Weiß-Sein« als Geschichtsfunktion (das heißt die Teilung in Rassen und die Herrschaft) erfunden? Wie lässt sich verhindern, das historische »Weiß-Sein« wieder mit einer natürlichen Weiße, der Natur des weißen Mannes, zu begründen? Die Autorin zeigt sich manchmal versucht, so etwas wie eine transhistorische Essenz des »Weiß-Seins« neu zu definieren, doch sie ringt sich nicht dazu durch. Sie hofft immer noch auf ein universelles »Wir«, ein »Wir« aller »Wir«, das uns zu den Sackgassen zurückführt, die wir im nächsten Kapitel untersuchen: »Das ›WIR‹ der Begegnung, das ›WIR‹ der Überwindung der Rasse und ihrer Aufhebung, das ›WIR‹ der neuen politischen Identität, das wir zusammen erfinden müssen, das ›WIR‹ der dekolonialen Mehrheit. Das ›WIR‹ der Vielfalt unserer Glaubensvorstellungen und Überzeugungen, ihrer Komplementarität und Irreduzibilität.« (S. 139) Hier wird die Rasse noch als strategische Kategorie benutzt. Im Grunde erscheint die ganze Struktur dieses Diskurses als eine Ableitung der auf die Rassen angewendeten Dialektik der Klassen: So wie das Proletariat als die mehrheitliche Klasse erschien, die zur Beseitigung aller Klassen berufen war, bilden die Nichtweißen die mehrheitliche rassische Gesamtheit, welche die Beseitigung aller Rassen verheißt; was in der marxistischen Vorstellung die Bourgeoisie für das Klassensystem war, das sind die Weißen für das Rassensystem. Darum versteht man die Wiedereinführung dieser alten magischen Gleichung: Es gibt einen Teil von uns, dessen Identitätsbestätigung das Verschwinden aller Teilungen zwischen den »Wir« ermöglichen wird. Houria Bouteldja glaubt so, die politische Bestätigung der nichtweißen Rassen und die Perspektive einer Beseitigung aller Rassenunterschiede zu versöhnen; diese werde all jene bestärken, die mit Universalismus und Antirassismus verbunden seien. Deshalb schwankt ihr Buch, wie jedes radikal dekoloniale Denken, zwischen der einfachen strategischen Wiederaneignung der rassischen Trennungen der »Wir« und einer gewissen nichtweißen rassialistischen Epistemologie, welche die Geschichte neu schreiben und das »Weiß-Sein« wieder in die menschliche Natur einschreiben soll – und zwar als grundsätzlichen Ausdruck nicht mehr der Überlegenheit, sondern des Übels der Herrschaft. Im ersten Fall ist die Rasse nur eine unbegründete Konstruktion: Jeder Beliebige hätte weiß sein können. Die Schwarzen hätten die Weißen sein können. Es hat sich ergeben, dass die Weißen (dieser Hautfarbe) in der modernen Geschichte die Rolle der (herrschenden) Weißen gespielt haben. Im zweiten Fall ist die Rasse eine begründete Konstruktion: Die Weißen sind nicht grundlos Weiße. Es ist zu befürchten, dass man so die Rasse am Ende immer neu begründen wird, sobald man sie politisch benutzt: Dann hat man den weißen Rassialismus nach Art Gobineaus überwunden, um ihn noch besser umzukehren. Man wird eine nichtweiße Wissenschaft loben, die der weißen Wissenschaft überlegen, da nicht hegemonial sei, die natürlichen Wesen achte und die Alterität berücksichtige. Und man wird finden, dass der nichtweiße Körper schöner als der weiße Körper sei.

39 Colette Guillaumin, *L'idéologie raciste* (1972), Paris, Gallimard, 2002, S. 92.

40 Valentin Chémery, Carine Fouteau, Paul Guillibert, Thibault Henneton, Fabien Jobard und Sophie Wahnich, »La race n'existe pas, mais elle tue« (»Die Rasse gibt es nicht, und doch tötet sie«), *Vacarme*, Nr. 71, Frühjahr 2015, S. 1. Der Artikel zi-

tiert diesen Satz von südafrikanischen Antiapartheid-Kämpfern, den Esch und Roediger (a. a. O.) ebenfalls kommentieren: »The way to non-racialism is through race.« Man müsste die Rasse benennen und gedanklich erfassen, damit man sie bekämpfen kann – womit man sich selbstverständlich der Gefahr aussetzt, eines Tages von dieser Bezeichnung und diesem Gedanken vereinnahmt zu werden.

41 Nicht nur der menschlichen Gesellschaft, denn man kann, wie Frans de Waal in *Chimpanzee Politics. Power and Sex among Apes*, London, Jonathan Cape, 1982 (dt. u. d. T.: *Unsere haarigen Vettern: neueste Erfahrungen mit Schimpansen*, aus dem Engl. von Siglinde Summerer und Gerda Kurz, München, Harnack, 1983), die Kräfteverhältnisse innerhalb einer nichtmenschlichen Population ausgehend von einem Klassensystem interpretieren.

42 »The classes are: bureaucrats and theocrats in the Asiatic mode of production; freemen, slaves, plebeians, and patricians under slavery; lord, serf, guild master and journeyman under feudalism; industrial capitalists, financial capitalists, landlords, peasantry, petty bourgeoisie, and wage laborers under capitalism.« Jon Elster, *An Introduction to Karl Marx*, Cambridge, Cambridge University Press, 1986, S. 124.

43 Joseph Schumpeter, *Kapitalismus, Sozialismus und Demokratie*, übers. von Susanne Preiswerk, Bern, Francke, 1946 (engl. Orig.: *Capitalism, Socialism, and Democracy*, New York/London, Harper, 1942), 1. Teil, »Die marxistische Lehre«.

44 Georg Lukács, *Frühschriften II. Geschichte und Klassenbewußtsein* (1922), Bd. 2, Darmstadt und Neuwied, Luchterhand, ²1977.

45 Louis Chauvel, »Le retour des classes sociales«, *Revue de l'OFCE*, Nr. 79, Oktober 2001.

46 Ebd.

47 Pierre Bourdieu, *Sozialer Raum und »Klassen«*, übers. von Bernd Schwibs, Frankfurt/M., Suhrkamp, 1985.

48 Chantal Jaquet, *Les Transclasses ou la non-reproduction*, Paris, PUF, 2014.

49 Pierre Macherey, »Compte rendu de ›Les Transclasses ou la non-reproduction‹« (»Besprechung von ›Die *Transclasses* oder die Nichtreproduktion‹«), Blog *La Philosophie au sens large*, 7. Oktober 2014, ⟨https://philolarge.hypotheses.org/1499⟩.

50 Alain Bihr, *Les Rapports sociaux de classes*, Lausanne, Page Deux, 2012, »Einführung«.

51 Vgl. einen Artikel des Soziologen Michel Crozier, der sich mit dem Kulturkreis der Angestellten beschäftigt: »Classes sans conscience ou préfiguration de la société sans classes« (»Bewusstseinslose Klassen oder Vorwegnahme der klassenlosen Gesellschaft«), *Archives européennes de sociologie*, Bd. 1, Nr. 2, 1960. Wenn man diesen Artikel liest, kann man sich fragen, ob die Mittelklassen, die sich ihrer selbst und ihrer kollektiven Interessen nur schwach bewusst sind, nicht eine in soziale *Variationen* und nicht mehr in extensive Klassen eingeteilte Gesellschaft voraussehen lassen, womit sie auf paradoxe Weise den marxistischen Traum einer klassenlosen Gesellschaft verwirklichen – dies jedoch in einem eher liberalen als kommunistischen Sinne.

52 Ernesto Laclau, *La Guerre des identités*, aus dem Engl. übers. von Claude Orsoni, Paris, La Découverte, 2000, S. 9. (Engl. Orig. u. d. T.: *Emancipations*, London, Verso, 1994.)

53 Raymond Boudon, *Soziologische Stichworte: ein Handbuch*, Opladen, Westdt. Verl., 1992 – Artikel »Soziale Schichtung«, S. 490.

54 Comenius vertritt außerdem den Standpunkt, dass der Lehrer nur die universelle Lehrmethode nachzuahmen habe, die ihm die Natur biete und wofür die etappenweise Entwicklung der Pflanze oder des Vögelchens gute Beispiele seien. Vgl. Jacques Prévot, *L'Utopie éducative. Coménius*, Paris, Berlin, 1981.

55 Honoré de Balzac, *Die Frau von dreißig Jahren* (1844), übertr. von Werner Blochwitz, Leipzig, Verlag Philipp Reclam jun., [3]1963, S. 232.

56 Claire Schneider, »40 ans, c'est le nouveau 30 ans!«, *Marie Claire*, November 2011.

57 Gustave Flaubert, *L'Éducation sentimentale* (Urfassung von 1845), dt. zit. nach: ders., *Jules und Henry oder die Schule des Herzens*, übertr. von Eduard Wilhelm Fischer, Berlin, Propyläenverl., [2]1921, S. 32.

58 Für die modernen Soziologen hat sich seit den Arbeiten von Maurice Halbwachs gezeigt, dass das Alter kein *natürliches* Klassifizierungsprinzip der individuellen Leben, sondern eine von der Gesellschaft konstruierte Einteilung ist. Es eignete

sich also für Veränderungen. Dies hat den Beginn eines bestimmten *Konstruktivismus* bezeichnet, der es ermöglichte, die soziale Ausgestaltung der Dauer der Lebensalter und der Staffelung der Generationen in Abhängigkeit von den sozialen Klassen zu untersuchen. Zum Beispiel: Man hat verstanden, dass die Kindheit bei den arbeitenden Klassen nicht ebenso lange wie bei der Bourgeoisie dauerte und dass »die Verzögerung des ›endgültigen‹ Eintrittsalters in den Beruf, die Verzögerung der Fruchtbarkeitsperiode der Paare und deren Konzentration auf einen kürzeren Zeitraum zusammen mit anderen sekundären Ursachen dazu tendieren, die Verkürzung der Periode des vollkommenen Reifezustandes zu begünstigen (diejenige, die man durch uneingeschränkte Berufsausübung, den Status als Verheiratete und Eltern definieren kann), wozu auch das Prinzip einer Verjüngung der der Jugend nächsten Altersperiode gehört, sodass man dann von einer zweiten Jugend (zwischen 25 und 35 Jahren) sprechen kann, die auf die vollständige und klassische Jugend folgt (diejenige, die ungefähr von 18 bis 25 Jahren reicht).« Jean-Claude Chamboredon, »Classes scolaires, classes d'âge, classes sociales« (»Schulklassen, Altersklassen, soziale Klassen«), *Enquête*, Nr. 6, Online-Zeitschrift, 27. Juni 2013, ⟨https://journals.openedition.org/enquete/144⟩.

59 »Sie hat Gesicht und Körper einer etwas über Zwanzigjährigen …« (»She has the face and body of a 20-something …«), *Daily Mail*, Online-Artikel, 31. Mai 2013.

60 Wir haben eine derartige Spekulation in der Erzählung »Hélicéenne« vorgeführt, in: 7, Paris, Gallimard, 2015.

61 Shubha Bhatthacharya, »*Intersectionality – bell hooks«*, *Indian Journal of Dalit and Tribal Social Work*, Bd. 1, Dezember 2012, S. 61-90. Bhatthacharya definiert folgendermaßen ein »antikategoriales« Herangehen an die soziale Komplexität, die uns wie ein vollkommenes Symptom der Entgründung der klassischen Klassifizierungskategorien erscheint: »Die vorliegende Analyse geht von der Behauptung aus, dass die Gesellschaft zu komplex ist, um auf endliche Kategorien reduziert zu werden. [...] Mit diesem Ansatz wird die Überzeugung vertreten, dass das soziale Leben unwiderruflich allzu komplex ist, dass es überaus vielfältige und fließende Bestimmungen von Struk-

turen und Themen enthält und dass die Einführung von festen Kategorien in die Gesellschaft nichts anderes bedeutet, als Ungleichheiten in einem bereits ungleichen System zu verewigen. [...] Die Dekonstruktion der Kategorien wird so angesehen, dass sie an der Dekonstruktion der Ungleichheit selbst beteiligt ist und zu ihr gehört.« (S. 65)

62 Aurelius Augustinus, *Kommentar zum Galaterbrief* (Gal., 3,26-29). Übers. nach: Saint Augustin, *Commentaire de l'épître aux Galates*, in: ders., *Œuvres complètes*, Bd. V, ins Franz. übers. von Abbé Jean-Baptiste Raulx, Bar-le-Duc, Guérin & Cie., 1867.

63 Dies ist eine Bedeutung der Sure 33, »Al-Ahzab« (»Die Gruppierungen«), V. 35: »Siehe, die muslimischen Männer und Frauen, die gläubigen, die gehorsamen, die wahrhaftigen, standhaften, demütigen, Almosen spendenden, fastenden, ihre Scham hütenden und Allahs häufig gedenkenden Männer und Frauen, bereitet hat ihnen Allah Verzeihung und gewaltigen Lohn.« *Der Koran*, aus dem Arab. übers. von Max Henning, Leipzig, Verl. Philipp Reclam jun., 1970, S. 382.

64 Ebd.

65 Buddha, *Diamant-Sutra [Sutra der Vollkommenen Weisheit]*, aus: Thich Nhat Hanh, *Das Diamant-Sutra. Kommentare zum Prajnaparamita Sutra*, übers. aus dem Amerikan. von Ursula Richard, Zürich, München, Theseus Verlag, 1993, S. 2.

66 Friedrich Engels, *Der Ursprung der Familie, des Privateigentums und des Staats* (1884), in: Marx/Engels, *Werke* (MEW), Berlin, Dietz Verl., 1975, Bd. 21, S. 168.

67 Louis Althusser, *Für Marx* (1965), aus dem Frz. von Karin Brachmann und Gabriele Sprigath, Frankfurt/M., Suhrkamp, 1968, S. 187.

68 Delos Banning McKown, *The Classical Marxist Critiques of Religion: Marx, Engels, Lenin, Kautsky*, New York, Springer, 2012.

69 Ernest Mandel, *Von der sozialen Ungleichheit zur klassenlosen Gesellschaft* (1955), Zürich, Veritas-Verlag, ²1975, Kapitel »Das angestrebte sozialistische Ziel«, S. 92.

70 Georg Lukács, *Die Rolle der Moral in der kommunistischen Produktion* (1919), in: ders., *Frühschriften II. Geschichte und Klassenbewußtsein,* Bd. 2, a. a. O., S. 91.

71 Ebd.

72 Walter Benjamin, [von Giorgio Agamben wiederentdeckte] These »Über den Begriff der Geschichte« [1940], XVIIa. [1. Paralipomena], in: Rolf Tiedemann, Hermann Schweppenhäuser (Hrsg.), Walter Benjamin. *Gesammelte Schriften*, Bd. I.3, Frankfurt/M., Suhrkamp, 1991, S. 1231 f.

73 Pierre Teilhard de Chardin, *La Place de l'homme dans la Nature*, Paris, Albin Michel, 1949 (dt. u. d. T.: *Die Entstehung des Menschen*, übertr. von Günther Scheel, München, Beck, 1961).

74 Ray Kurzweil, *The Singularity is Near: when Humans Transcend Biology*, New York, Viking Press, 2005 (dt. u. d. T.: *Menschheit 2.0: Die Singularität naht*, übers. von Martin Rötzschke, Berlin, Lola Books, ²2014).

75 Kevin Kelly, *What Technology Wants*, New York, Viking Press, 2010.

76 Andrew Cohen, *Evolutionary Enlightenment*, New York, Select Books, 2011.

77 Carter Phipps, *Evolutionaries: Unlocking the Spiritual and Cultural Potential of Science's Greatest Idea*, London, Harper Perennial, 2012.

78 Howard Bloom, *The Global Brain: the Evolution of Mass Mind from the Big Bang to the 21ˢᵗ Century*, New York, Wiley, 2000 (dt. u. d. T.: *Global brain: die Evolution sozialer Intelligenz*, aus dem Amerikan. von Florian Rötzer, Stuttgart, Dt. Verl.anst., 1999).

79 Steven Pinker, *The Better Angels of Our Nature: why violence has declined*, New York, Viking Press, 2011 (dt. u. d. T.: *Gewalt: eine neue Geschichte der Menschheit*, aus dem Amerikan. von Sebastian Vogel, Frankfurt/M., Fischer, 2013).

80 Ebd.

81 Ebd., S. 22.

82 Cavalieri und Singer, »Deklaration über die Großen Menschenaffen«, a. a. O.

83 Charles Darwin: *»Gradual illumination of men's minds by advance of science«*, Brief 12757 an Edward Bibbins Aveling, 13. Oktober 1880.

84 Thukydides, *Der Peloponnesische Krieg*, übers. u. hrsg. von Helmuth Vretska und Werner Rinner; Stuttgart, Philipp Reclam jun., ³2004.

85 Cornelius Castoriadis, *Thucydide, la force et le droit. Ce qui fait*

la Grèce, Bd. 3, Paris, Le Seuil, 2011, Seminar vom 6. Februar 1985.

86 Niccolò Machiavelli, *Erörterungen über die erste Dekade des Titus Livius*, übers. von W. Grüzmacher, Berlin, Heimann, 1870, Buch II, Kap. 4, S. 122.

87 Arnold J. Toynbee, *A Study of History*, Oxford, Oxford University Press, 1934-1961 (dt. Ausg.: *Der Gang der Weltgeschichte, Aufstieg und Verfall der Kulturen*, übers. von Jürgen von Kempski, Frankfurt/M., Zweitausendeins, 2009).

88 Carl Schmitt, *Der Begriff des Politischen* (1932), Berlin, Duncker & Humblot, ²1963, S. 26.

89 Chantal Mouffe, *The Challenge of Carl Schmitt*, New York, Verso, 1999.

90 Carl Schmitt, *Staatsethik und pluralistischer Staat* (1930), in: ders., *Positionen und Begriffe im Kampf mit Weimar – Genf – Versailles*, Hamburg, Hanseatische Verlagsanstalt, 1940, S. 141.

91 Ders., *Der Begriff des Politischen*, a.a.O., S. 39.

92 Ders., *Theorie des Partisanen* (1963), Berlin, Duncker & Humblot, ²1975, S. 85.

93 Ders., *Der Begriff des Politischen*, a.a.O., S. 49.

94 Sigmund Freud, *Das Unbehagen in der Kultur* (1929), in: ders., *Gesammelte Werke*, Frankfurt/M., S. Fischer, Bd. XIV, 1948, S. 473.

95 Konrad Lorenz, *Das sogenannte Böse: Zur Naturgeschichte der Aggression*, Wien, Borotha-Schoeler, 1963.

96 »Wir sind die einzigen Liebenden, die am Leben gelassen wurden«, Jim Jarmusch, *Only Lovers Left Alive*, 2013.

97 »Warum aber, Sokrates, [...] sagen wir nicht, daß alle lieben [...]?« Platon, *Das Gastmahl*, übers. von Friedrich Schleiermacher, hrsg. von Heinrich Conrad, München, Verl. G. Müller, 1919; 2. Teil, 2. Bd, 205a.

98 Zit. von Michel Messu, »Explication sociologique et domination sociale« (»Soziologische Erklärung und soziale Herrschaft«), *SociologieS*, Online-Zeitschrift, 15. November 2012, ⟨https://journals.openedition.org/sociologies/4198⟩.

99 Étienne de La Boétie, a.a.O., S. 23.

100 Aristoteles, *Politik*, übers. von Eugen Rolfes, Hamburg, Meiner, ⁴1981, Erstes Buch, 1255a, § 5.

101 Ebd., Erstes Buch, 1252a, § 2.

102 Augustinus lehnt es ab, die Sklaverei als zum Naturrecht ge-
hörend anzusehen: Er sieht in ihr eher eine Erscheinungsform
der Bestrafung der Sünde – entweder der persönlichen oder
der Erbsünde. Hauptgrund für die Sklaverei sei die Sünde,
welche die erschaffene Natur durch den Sündenfall aus dem
Gleichgewicht bringe, denn: »Doch ist von Natur, wie Gott
den Menschen anfangs schuf, niemand eines Menschen oder
der Sünde Knecht.« Aurelius Augustinus, *Vom Gottesstaat*,
aus dem Latein. übertr. von Wilhelm Thimme, München, DTV,
³1991, 19. Buch, 15, S. 558.

103 Jacques Annequin, Stichwort »Grèce« (»Griechenland«), *Dictionnaire des esclavages*, Paris, Larousse, 2010.

104 Moses I. Finley, *Ancient Slavery and Modern Ideology* (1980) (dt.
u. d. T.: *Die Sklaverei in der Antike*, aus dem Engl. von Chris-
toph Schwingenstein, Andreas Wittenburg und Kai Broder-
sen, München, Beck, 1981).

105 So etwa spricht Claude Meillassoux von »Fremdheit« *(extranéi-
té)* in Bezug auf die Auffassung Moses I. Finleys; er betont die
Tatsache, dass der Sklave ein völlig Fremder bleibe: Ihm, dem
Entsozialisierten, sei es verboten, verwandtschaftliche Bindungen in seiner Aufnahmegesellschaft anzuknüpfen – er sei ein
»Antiverwandter«. *Anthropologie de l'esclavage. Le ventre de
fer et d'argent*, Paris, PUF, 1986 (dt. u. d. T.: *Anthropologie der
Sklaverei*, aus dem Frz. von Eva Moldenhauer, Frankfurt/M.
und New York, Campus-Verlag, 1989).

106 Alain Testart, *L'Esclave, la dette, le pouvoir. Études de sociologie
comparative*, Paris, Éditions Errance, 2001, S. 24.

107 Alain Testart, »De la fidélité servile« (»Über Sklaventreue«),
in: Olivier Grenouilleau (Hrsg.), *Esclaves*, Presses universi-
taires de Rennes, 2012, S. 113.

108 Olivier Pétré-Grenouilleau, *Qu'est-ce que l'esclavage? Une histoire globale*, Paris, Gallimard, 2014, S. 271.

109 Ebd.

110 »Le ver est dans le fruit, le réveil dans le rêve.« Dt. zit. nach:
Paul Verlaine, *Nevermore (II) (Saturnische Gedichte)*, in: ders.,
Poetische Werke, übertr. von Sigmar Löffler, Leipzig, Insel,
1977, S. 81: »Der Wurm ist in der Frucht, der Weckruf in
den Träumen.«

111 Philippe Muray trifft die strategische Entscheidung, sich den Siegen des Feminismus (und aller anderen Minderheiten) entsprechend zu verhalten, sodass er den Feminismus wie eine herrschende Ideologie behandelt. Man denkt auch an den Essay von Christopher Lasch, *Women and the Common Life: Love, Marriage, and Feminism*, New York und London, Norton & Comp., 1997; er verbindet den Erfolg des Feminismus mit den Siegen des Wirtschaftsliberalismus und mit der Förderung des Individualismus und Karrierismus, sodass er die Feministinnen beschuldigt, die herrschende Gesellschaftsordnung nicht infrage gestellt, sondern stattdessen vollendet zu haben (und dabei sieht er von ihren internen Spaltungen und den Auseinandersetzungen ab, die sie zu diesem Thema stets beschäftigt haben).

112 Dies ist zum Beispiel die Position des Soziologen Éric Fassin, wenn er zum Gegenangriff übergeht und in einem Interview erklärt, dass »dies tatsächlich das Zeichen einer ideologischen Hegemonie der Rechten ist. Man will uns weismachen, es heiße angeblich, sich dem ›politisch Korrekten‹ entgegenzustellen, wenn man Gräuelgeschichten über Frauen und Homosexuelle, Muslime und Schwarze erzählt. Nun besteht darin aber der diesem Diskurs innewohnende Widerspruch: Man verunglimpft die Opferhaltung der Minderheiten, und danach präsentiert man den heterosexuellen weißen Mann als Opfer der Tyrannei der Minderheiten.« (*Regards*, Dezember 2014) Die zutreffende Analyse Éric Fassins setzt jedoch voraus: 1.) dass man eine *objektive* Diagnose der Herrschaft begründen kann, der zufolge die von den Minderheiten (so etwa Frauen, Schwarzen, Homosexuellen) erlittene Herrschaft real und ersten Grades sein soll, während die vom reaktionären heterosexuellen Weißen erlittene Herrschaft fantasiert, symbolisch und zweiten Grades sein soll (das Gefühl, beherrscht zu werden, wäre lediglich das Gefühl, nicht mehr zu herrschen) – und 2.) dass man von den Wirkungen seines eigenen Diskurses und davon absieht, wie er von manchen als Ausdruck einer symbolischen Machtposition rezipiert wird, weil Éric Fassin als Autor dieser Zeilen ein weißer Akademiker ist und die Möglichkeit öffentlicher und medialer Wortmeldungen hat. Die bloße Tatsache, dass wir uns

das Recht zuerkannten, eine öffentliche Lektion zu erteilen, um die *Wahrheit* über die reale Herrschaft wiederherzustellen, verurteilt uns dazu, Herrschaftswirkungen zu produzieren. Das ist unvermeidlich.

113 Dipesh Chakrabarty, *Provincializing Europe. Postcolonial Thought and Historical Difference*, Princeton, New Jersey, University of Princeton Press, 2000 (dt. u. d. T.: »Europa provinzialisieren. Postkolonialität und die Kritik der Geschichte«, übers. von Martin Pfeiffer, in: Sebastian Conrad und Shalini Randeria (Hrsg.), *Jenseits des Eurozentrismus. Postkoloniale Perspektiven in den Geschichts- und Kulturwissenschaften*, Frankfurt/M. und New York, Campus-Verl., 2002, S. 283-312).

114 Wenn Nathan Wachtel über die peruanischen Indios des 16. Jahrhunderts schreibt und sich mit der spanischen Eroberung auseinandersetzt, will er die »Sicht der Besiegten« (*La Vision des vaincus*, Paris, Gallimard, 1971) wiedergeben und greift dabei eine Idee Walter Benjamins aus dessen siebenter These »Über den Begriff der Geschichte« auf; siehe Benjamin, a. a. O.

115 Zu dieser Vorstellung von differenzierten oder nicht übereinstimmenden »Raum-Zeiten«, der zufolge man bestimmte territoriale und historische Bereiche einteilen könne, in denen die betreffenden Populationen nicht den gleichen Regeln und Werten folgend leben sollen – wofür der Universalismus kein Verständnis aufbringen würde –, siehe Sadri Khiari, »Nous avons besoin d'une stratégie décoloniale« (»Wir brauchen eine dekoloniale Strategie«); in: *Race et capitalisme*, Paris, Syllepse, 2012. Er stellt vor allem fest: »Eine dekoloniale Grenzstrategie zu denken setzt voraus, sich von der Auffassung eines einzigen und homogenen politischen Feldes zu trennen«, denn diese Auffassung würde es ermöglichen, aus dem Kolonialismus hervorgegangene Populationen mit den Maßstäben einer globalen, aufgrund der westlichen Geschichte konstruierten Geschichte zu messen.

116 Pétré-Grenouilleau, *Qu'est-ce que l'esclavage?*, a. a. O.

117 Ebd., S. 195.

118 Ebd., S. 15.

119 Pap N'Diaye hat bestimmte Thesen Olivier Pétré-Grenouilleaus angefochten, wobei er ihn zugleich gegen die Beschuldi-

gungen des Rassismus und Revisionismus verteidigte, die ein Kollektiv von Nachkommen von Sklaven aus Réunion, den Antillen und Guayana geäußert hatte.

120 »Nach den Anschuldigungen gegen die Araber, die sie dem Abendland gleichstellen, ist das zweite Hauptargument der weißen Wissenschaft bei dem Versuch, die Geschichte Frankreichs von einem unrühmlichen Kapitel zu entlasten, die Zusammenarbeit der Afrikaner beim Sklavenhandel«, schreibt Odile Tobner. Sie erklärt weiter: »Man wird dem Leser des Historikers nie empfehlen, kritischen Geist gegenüber einer Geschichte zu beweisen, die niemals vollkommen objektiv ist. Die Geschichte lügt stets in gewisser Hinsicht, wenigstens durch Auslassung, denn man kann nicht die Fakten in ihrer Gesamtheit verzeichnen. Vor allem ist die Geschichte eine Angelegenheit der Autorität, und die Autorität ist in diesem Fall die der Sieger.« Odile Tobner übt heftige Kritik am Werk Olivier Pétré-Grenouilleaus und an seiner »ideologischen Funktion«. Sie wirft ihm vor, »drei Formen des Sklavenhandels zu kennzeichnen: den arabisch-muslimischen, den innerafrikanischen und den europäischen Sklavenhandel«, während »es tatsächlich nur einen einzigen Negerhandel, das heißt einen auf ausschließlich rassistischer Grundlage, gegeben hat, und das ist der von den Europäern praktizierte«. Odile Tobner, *Du racisme français. Quatre siècles de négrophobie*, Paris, Les Arènes, 2007.

121 Dieser Satz ist dank seiner lateinischen Formulierung in die Geschichte eingegangen: »*Bellum omnium contra omnes.*« – »[Hierdurch ist offenbar, daß sich die Menschen […] in jenem Zustand befinden, den man Krieg nennt, und zwar im] Krieg eines jeden gegen jeden.« Thomas Hobbes, *Leviathan* (1651), übertr. von Jutta Schlösser, Hamburg, Meiner, 1996, S. 104 (Kap. XIII, »Vom Naturzustand der Menschen in bezug auf ihr Glück und ihr Elend«). (»They are in that condition which is called war, and such war, as is of every man, against every man.«)

122 Friedrich Nietzsche ist sich dessen bewusst, dass eine Lebensform, die sich durch den Kampf mit einem anderen erhält, sich den absoluten Frieden oder die Vernichtung des anderen nicht als Endziel vorstellen kann: »Wer davon lebt, einen Feind zu bekämpfen, hat ein Interesse daran, dass er am Leben bleibt.«

Ders., *Menschliches, Allzumenschliches* (1879), Kritische Studienausgabe (KSA), a. a. O., Bd. 2, S. 326.

123 Da das *Unsichtbare Komitee* pluralistisch ist, erkennt es gern an, dass es keine Form der Befriedung des »Wir« anstrebt: »Unsere Partei wird nie eine friedliche Einheit sein.« *An unsere Freunde*, aus dem Frz. von Birgit Althaler, Hamburg, Edition Nautilus, 2015, S. 91. Die Autoren leiten hieraus eine ethische Konzeption ab, der zufolge es nur ein agonistisches Glück geben kann: »Auf die Frage nach seiner Auffassung von Glück antwortete Karl Marx: ›Kämpfen.‹ Auf die Frage ›Weshalb kämpft ihr?‹ antworten wir: weil davon unsere Vorstellung von Glück abhängt.« (Ebd.)

124 »Leben ist Kampf, und der Kampf hat kein Ende; die Stase des Guten ist ebenso absurd wie die Stase des Bösen (…). Die Ethik der Freiheit weist das Ende nicht dem inkohärenten Begriff der Ruhe, des Endes der Mühsal, des Glücks und der Seligkeit, sondern dem kohärenten und unzweideutigen Begriff des zu schaffenden Werks zu (…). Die liberale Konzeption ist sich bewusst, dass dies nicht Frieden, sondern Krieg, nicht Bequemlichkeit, sondern Leiden bringt.« Benedetto Croce, »Libertà e giustizia« (»Freiheit und Gerechtigkeit«); in: *Discorsi di Varia Filosofia*, Bd. 1, Bari, Laterza, 1945, S. 270 ff.

125 Chantal Mouffe, *Agonistics: Thinking The World Politically*, London, Verso, 2013 (dt. u. d. T.: *Agonistik – Die Welt politisch denken*, aus dem Engl. von Richard Barth, Berlin, Suhrkamp, 2014).